Lao She
Sperber über Peking

Lao She
Sperber über Peking

Roman

Aus dem Chinesischen
von Silvia Kettelhut

Mit einem Nachwort
von Wolfgang Kubin

Herder
Freiburg · Basel · Wien

Text der chinesischen Originalausgabe:
Zhenghong qi xia
Peking: Renmin wenxue 1990

Alle Rechte vorbehalten – Printed in Germany
© Verlag Herder Freiburg im Breisgau 1992
Herstellung: Freiburger Graphische Betriebe 1992
ISBN 3-451-22577-8

1

Eines weiß ich genau: Weilten meine Tante und die Schwiegermutter meiner ältesten Schwester heute noch unter den Lebenden, so würden sie noch immer über jenen Abend streiten, an dem ich das Licht der Welt erblickte: Hatten die Wehen oder das Gas aus dem Kohleofen meine Mutter bei meiner Geburt bewußtlos gemacht?

Zum Glück haben die beiden alten Damen schon das Zeitliche gesegnet und sind von den Verwandten und Freunden zu Grabe getragen worden. Sonst ließe mir – ganz gleich, ob mir nun ein Alter von sechzig oder siebzig Jahren vergönnt sein würde – eines keine Ruhe: Hätte die Schwiegermutter recht, so hätte ich das Licht der Welt überhaupt nicht erblickt.

Nun scheint mir eine Erklärung fällig: Weil ich ein paar Jahre verspätet zur Welt kam und meine älteste Schwester sehr jung verheiratet worden war, hatte sie, als sie ein Brüderchen bekam, schon eine Schwiegermutter. Und zwar eine, die stets an ihrer vorgefaßten Meinung festhielt. Eines ihrer Vorurteile saß so tief, daß ich um keinen Preis ihre Aufmerksamkeit auf mich zu lenken wagte. Kaum erblickte sie mich, schon riß sie Fenster und Türen auf, um den »Gasgeruch« zu vertreiben.

Und noch etwas: Ich will hier nicht schwarzweißmalen und die Schwiegermutter zugunsten meiner Tante herabsetzen. Das ist gar nicht nötig. Ehrlich gesagt, auch die Tante kümmerte es wenig, ob es mich nun gab oder nicht. Sonst wäre ihre spätere Angewohnheit, ihre Pfeife auf meinem Kopf auszuklopfen, wohl nur schwer zu verstehen. Wußte sie denn nicht, daß ich einen Kopf und keinen Ziegelstein auf meinen Schultern trug?

Gleichwohl fühlte sich meine Tante verpflichtet, die Wahrheit über mich herauszubekommen, und führte darüber heftige Auseinandersetzungen mit der Schwiegermutter. Ihrer Meinung nach war die Ohnmacht der Mutter bei meiner Geburt auf den großen Blutverlust zurückzuführen, und meine späteren Nachforschungen ergaben, daß diese Version wohl die richtige war. Wie hätte denn auch die Tante, die in der Mitte ihres Lebens Witwe geworden und in das Haus ihres Bruders gezogen war, nicht über alles bestens unterrichtet sein sollen? Mein Weinen hatte sie damals vom Schlaf abgehalten. Da konnte ich doch wohl kaum eine Gaswolke gewesen sein!

Noch etwas anderes konnte ich in Erfahrung bringen: Wenngleich sie oftmals ihre eigenen Wege ging, nutzte meine Tante, seit sie zu uns gezogen war, ihre Stellung als Schwägerin aus und kommandierte meine Mutter herum; ließ sie Tee servieren, Wasser holen, den Tisch abwischen und den Fußboden fegen. Dies zu verlangen hielt sie für selbstverständlich, und sie hatte dabei keinerlei Gewissensbisse. Da ihr eine so zuvorkommende Behandlung eigentlich auch zustand, kann ich schlecht über sie herziehen. Blicken wir doch einmal zurück: Welche Schwägerin hätte zu jener Zeit nicht die Frau ihres Bruders traktiert?

In den Wochen vor und nach meiner Geburt konnte meine Mutter die Tante natürlich nicht wie sonst ständig bedienen. So nimmt es nicht wunder, daß ich meiner Tante schon ein Dorn im Auge war, ehe ich überhaupt das Licht der Welt erblickt hatte. Doch trotz ihrer Selbstsucht muß ich ihr dankbar sein. Hätte sie nicht jene heftigen Meinungsverschiedenheiten, ja fast tätlichen Auseinandersetzungen mit der Schwiegermutter gehabt, so gäbe es heute wenigstens zwei Versionen über Tag und Stunde meiner Geburt. Gerade dieses verheißungsvolle Datum aber ist mir besonders ans Herz gewachsen.

Es war wirklich ein glücklicher Tag. Und einige Jahre später mußte selbst meine Tante, nachdem sie wieder einmal ihre Pfeife auf meinem Kopf ausgeklopft hatte, sich Gedanken darüber machen, ob sie damit fortfahren dürfe. Denn schließlich kam ich am frühen Abend des dreiundzwanzigsten Tages des zwölften Monats des Mondkalenders zur Welt, just zu jenem Zeitpunkt, da alle Pekinger, auch der Kaiser und alle seine Zivil- und Militärbeamten, dem gen Himmel auffahrenden Gott des Herdes huldigten.

Damals lehrten einen die mondlosen Nächte in Peking noch das Fürchten. Kein elektrisches Licht erhellte die Alleen, und auch in den kleinen Gassen – den Hutongs – gab es nicht den geringsten Lichtschein. Ging man des Nachts ohne Laterne aus, konnte einen die Angst so verwirren, daß man den Heimweg nicht mehr fand. Manchmal irrten die Heimkehrenden die ganze Nacht umher. Man führte dies auf »von Geisterhand gebaute Mauern« zurück.

Doch an jenem Abend, da ich die Dunkelheit der Welt erblicken sollte, wurde sicher keinem einzigen Pekinger der Weg von mysteriösen Mauern versperrt. Gewiß, auch an diesem Abend gab es hie und da Menschen, die vor Hunger oder Kälte starben oder ermordet wurden. Doch dies hatte mit den Geistern nichts zu tun. Ganz gleich, wie härtnäckig sie auch waren – alle blieben sie ausnahmslos zu Hause, um sich auszuruhen. Sie wagten es nicht, auch nur einen Fuß vor die Tür zu setzen, und konnten so den Nachtschwärmern den Weg nicht versperren, um sich an ihren Irrwegen zu ergötzen.

Unzählige Straßenhändler boten die traditionell zu diesem Fest gehörenden Malzbonbons feil, mit denen man dem Abbild des Herdgottes den Mund verklebte, um seinen Bericht im Himmel zu versüßen. Bei Anbruch der Dunkelheit zündeten sie Laternen an, die ihre Verkaufsstände und Wagen fast taghell erleuchteten. Mit zunehmender Dunkelheit wurde auch ihr Marktgeschrei lauter und ungeduldiger, denn gegen acht Uhr endeten die Opfer für den Herdgott, und es fanden sich für ihre Spezereien kaum noch Käufer. Eingeschüchtert durch das lautstarke Anpreisen der Waren, zogen selbst die waghalsigsten Geister es vor, zu Hause zu bleiben – von ihren zurückhaltenderen Kollegen ganz zu schweigen; denn es gab, wie ich betonen möchte, durchaus auch weniger mutige Geister.

Schon um fünf oder sechs Uhr hörte man vereinzelte Knallfrösche explodieren. Gegen sieben Uhr – gerade als ich geboren wurde – brannten die Leute vor ihren Häusern und Läden ganze Ketten von Feuerwerkskörpern ab, und nicht nur besagte Geister, sondern auch die vielen Hunde – gleich ob schwarz, gelb, groß oder klein – flohen in die Häuser und zitterten vor Angst. Wie Blitze zerteilten die Leuchtkörper die tiefschwarze Nacht und ließen auch weitentfernte Baumwipfel sichtbar werden. Dann trug man das auf Papier gemalte Konterfei des Herdgottes in die Innenhöfe und verbrannte Weihrauchstäbchen und Zypressenzweige. Und gerade wenn der Gott die ihm dargebrachten Leckereien verzehrte, ging sein Abbild in Flammen auf, so daß von jedem Hof ein Feuerschein ausging. Der Herdgott aber stieg empor in den Palast des Himmels.

Just in diesem Augenblick verschlug es mich auf die Erde. Das mußte die Tante ja nachdenklich stimmen: »Der Kleine ist von außergewöhnlicher Herkunft. Vielleicht hat der Gehilfe des Herdgottes nicht von den Opfergaben lassen können, hat deshalb den Aufstieg in den Himmel verpaßt und ist nun hiergeblieben.« Diese Vermutung erklärt, warum die Tante bei all der Abneigung gegen mich auch ein Quentchen Achtung verspürte.

Bis heute habe ich nicht herausfinden können, welche Meinung der Herdgott über meine Tante hatte. Doch ich bin sicher, daß die Tante ihrerseits ihn nicht allzu ernst nahm. Sie hatte ihm auch keinen Altar in ihrem Zimmer errichtet. Erst nachdem meine Mutter bei uns vor den Abbildern des Herdgottes und des Gottes des Reichtums drei Räucherstäbchen aufgestellt hatte, ließ sich die Tante blicken, um vor dem Altar halbherzig ein Gebet herunterzuleiern. Wäre ich dabeigewesen, so hätte sie mir gewiß einen bitterbösen Blick zugeworfen. Hielt sie mich doch für den Gehilfen des Herdgottes, der eigens auf die Erde hinabgestiegen war, um zu überprüfen, wie es um ihre Frömmigkeit stand.

An dieser Stelle darf nicht unerwähnt bleiben, welche Einstellung die Schwiegermutter zu Göttern und Buddha hatte. Sie wohnte sehr komfortabel. Mitten in ihrem schönsten Zimmer thronte auf einem mit gelbem Tuch bedeckten Tisch ein geschnitzter buddhistischer Altar, der fast bis an die Zimmerdecke reichte. Dort stand das Abbild des Gottes Guan, des Kriegsgottes mit dem roten Gesicht und dem langen Bart. Zum Frühlingsfest servierte ihm die Schwiegermutter fünf Schüsselchen mit Trockenobst, das sie wie kleine Pagoden aufzuschichten pflegte, und fünf Schüsselchen mit roten Mondkuchen, außerdem eine Auswahl von frischem und getrocknetem Obst. Die Altäre des Gottes des Reichtums, des Herdgottes und des Unsterblichen Zhang – der die Hunde des Himmels vertreibt und Söhne und Enkel bringt – waren seitwärts angeordnet, so daß der Eindruck entstehen mochte, nicht der Herdgott, sondern der Gott Guan sei der wichtigste Beschützer dieses Hauses.

Mußte sich die Schwiegermutter ihrem Mann und ihrem Sohn gegenüber behaupten, so tat sie das mit solcher Entschiedenheit, daß sie selbst die Götter und Buddhas in diesem Zimmer beschimpfte und nicht das geringste Erbarmen mit ihnen hatte. Sie konnte auf die Heiligenbilder zeigen und rufen: »Bande, ihr! Eßt meine Süßigkeiten und meine Äpfel, aber kümmert euch einen Dreck um mich! Halunken!«

Daß die Tante es wagte, dieser älteren Dame, die sogar Götter und Buddhas verwünschte, wie eine Ebenbürtige entgegenzutreten und ihr bei Zwistigkeiten Paroli zu bieten, verdient – unter uns gesagt – doch einige Anerkennung. Sowenig ich sie auch mochte – bei ihren heftigen Auseinandersetzungen mit der Schwiegermutter war ich doch stets auf der Seite der Tante.

Denn an der Schwiegermutter auch nur eine einzige gute Eigenschaft zu entdecken gelang mir selbst beim besten Willen nicht. Und wenn von jemandem gesagt wird, er führe das große Wort, so muß ich noch heute unwillkürlich an sie denken. Als erstes erinnere ich mich an ihre Augen. Was war das nur für ein wildes Augenpaar! Wenn sie jemandem begegnete – gleich, ob sie ihn willkommen heißen oder sofort angreifen wollte –, starrte sie ihm ins Gesicht. Sie meinte vielleicht, mit ihren weit aufgerissenen Augen bestimmte Gefühle ausdrücken zu können – für andere aber blieben diese Augen vollkommen leer und rätselhaft. Die Schwiegermutter hatte feiste Wangen, die stets wie zwei Giftbeutelchen trübselig nach unten hingen. Wenn sie hustete oder sprach, verwandelten sich Stimmbänder und Mundhöhle gleichsam in ein Megaphon. Sie war der Auffassung, daß, solange die Stimme dröhnte, auch die Worte Überzeugungskraft hätten. Viel verstand sie nicht von der Welt, vor allen Dingen nicht, wie man haushielt. Aber einen anstarren und kritisieren, das konnte sie – darin war sie nicht zu schlagen.

Auch wenn ich die Pfeife meiner Tante niemals vergessen werde – besonders wenn sie noch mit glühendem Orchideentabak gefüllt war –, so erschien mir die Tante im großen und ganzen doch humorvoller als die Schwiegermutter. Sie war eine recht vornehme Erscheinung, mit straffen Wangen, die durchaus nicht wie Giftbeutelchen anmuteten. War sie friedlich gestimmt, so blickte sie einen mit klaren, ausdrucksvollen Augen an. Doch leider zog manchmal aus heiterem Himmel ein Sturm in ihnen auf, so daß sie teuflisch und eiskalt aufblitzten.

Aber ich will Sie nicht mit diesen Augen langweilen. Meine Tante spielte gerne das »Weberschiffchen-Kartenspiel«. Jedesmal wenn sie zwei oder drei Münzschnüre gewonnen hatte, summte sie mit tiefer Stimme eine Melodie aus einer Peking-Oper. Es hieß, daß ihr verstorbener Ehemann, mein Onkel also, Opernsänger gewesen war. In der Zeit der Reformen ... aiya, nun habe ich aber etwas Wichtiges vergessen.

Schauen Sie, ich habe Ihnen nur über Monat, Tag und Uhrzeit meiner Geburt berichtet, das Jahr dabei aber ganz vergessen. Ich kam 1898 zur Welt, im berühmten Jahr der Reformbewegung.[1]

Es ist doch recht sonderbar: Damals, als Begriffe wie Modernisierung und Reform in aller Munde waren, wechselte meine Tante sofort das Thema, wenn die Rede auf das Theater oder auf Begriffe wie »Kostüme« oder »Gage« kam. Nur wenn sie an Festtagen zwei Becher Rosenwein getrunken hatte, ging sie so weit zu sagen: »Ein Opernsänger braucht sich seines Berufs nicht zu schämen.« Dennoch hat niemand sie jemals den Künstlernamen meines Onkels erwähnen hören, noch, ob er das Fach des Jünglings oder das der älteren Frau gespielt hatte.

Eine andere Frage ist, ob mein Onkel ein Angehöriger eines mandschurischen Militär-Banners war. Hätte er einem Militär-Banner angehört, so wäre er wahrscheinlich einer von jenen Amateur-Opernsängern gewesen, die sich einen Platz im Rampenlicht der Peking-Oper erkauften. Er wäre also eine berühmte Persönlichkeit gewesen – warum sollte die Tante dann nicht wagen, seine Leidenschaft einzugestehen? War er vielleicht hauptberuflich Opernsänger gewesen? Aber das würde ja auch keinen Sinn ergeben. Lief denn nicht jeder stolze Bannermann, der sich – trotz der Reformen und Staatsstreiche, die sich damals zusammenbrauten – der Oper verschrieben hatte und damit sein Geld verdiente, Gefahr, in Unehren entlassen zu werden? War mein Onkel vielleicht kein Mandschu, sondern ein Han-Chinese? Wieder falsch! Wie hätte die Tante dann nach seinem Tod jeden Monat so viel Geld und Getreide erhalten können, daß damit mehrere Bannerleute ausgekommen wären?

---

[1] Während der »Hundert-Tage-Reform« stand der junge Kaiser Guangxu unter dem Einfluß seines liberal gesinnten Beraters Kang Youwei, der eine Reform der Institutionen und Gesetze verfolgte. Ein Staatsstreich der von der Kaiserin Cixi geführten konservativen Opposition beendete die Bewegung.

Bis heute ist es mir nicht gelungen, über diesen Abschnitt der Familiengeschichte Klarheit zu erlangen. Ob mein Onkel nun Opernsänger war oder nicht, tut nicht viel zur Sache. Aber eines ist mir vollkommen unverständlich: Mit welchem Recht erhielt meine Tante, eine Witwe – die mit besonderer Vorliebe ihre Pfeife auf meinem Kopf ausklopfte –, den Sold mehrerer Bannerleute? Mein Vater war ein aufrechter Banner-Soldat, dessen vornehme Aufgabe es war, den Kaiserlichen Palast zu bewachen. Sein Monatssold betrug nur drei Unzen Silber, und einige Münzen davon waren obendrein gefälscht. Auf welche stolzen Kriegsverdienste konnte denn mein Onkel – jemand, der Rollen von Jünglingen oder älteren Frauen gesungen hatte und vielleicht sogar Han-Chinese war – zurückblicken, daß er meiner Tante eine so erfreuliche Pension hinterlassen konnte? Fast könnte man denken, es sei hier nicht mit rechten Dingen zugegangen.

Ob der Fehler nun beim Kaiser lag oder bei anderen, die Tante führte jedenfalls ein angenehmes Leben. Sie erhielt eine hohe Pension, hatte aber nur geringe Ausgaben: in unserem Haus wohnte sie umsonst, und in meiner Mutter hatte sie eine Dienerin, die sie nicht zu bezahlen brauchte. Sie war die »Millionärin« unserer Gasse.

Dies ist wohl einer der Gründe dafür, daß sie es wagte, sich in Streitigkeiten mit der Schwiegermutter einzulassen. Diese sagte immer wieder: »Mein Vater war von Adel, mein Mann ist Offizier in der kaiserlichen Garde, und mein Sohn ist Major in der Kavallerie.« Das alles entsprach zwar der Wahrheit, doch in ihrer Schatztruhe hätte man vergeblich nach Kostbarkeiten gesucht. Ihr volles Gesicht bezeugte ihre Vorliebe fürs Essen. Keineswegs gönnte sie sich nur dann etwas Gutes, wenn sie Geld hatte. Weit gefehlt! Hatte sie nicht genug, so nutzte sie ihren Namen als Tochter eines Adligen und Frau eines Offiziers, um anschreiben zu lassen. Und sie genoß es nicht nur, selbst Schulden zu machen, sondern blickte überdies auf alle Freunde und Bekannte herab, denen der Mut oder die

Lust fehlte, sich zu verschulden. Laut hat sie es niemals gesagt, doch bei sich dachte sie bestimmt: Wozu gehört man denn zu den Bannerleuten, wenn man sich nichts auf Pump kauft?

Ich sagte bereits, daß der Schwiegermutter das Essen besonders am Herzen lag. Übermäßig wählerisch war sie jedoch nicht. Sie mochte nur Huhn, Ente, Fisch und Schweinefleisch, machte sich aber nichts aus Wild, Meeresfrüchten und anderen Leckereien. Nur wenige Ausnahmen gab es: Im Winter pflegte sie zwei in den Gewächshäusern von Fengtai gezogene grüne Gurken, die noch gelbe Blütenblätter an der Spitze hatten, zu kaufen, um sie dem Kriegsgott zu opfern. Im Frühling besorgte sie dann in Binsen gewickelte Kirschen – die ersten reifen Kirschen von den Ming-Gräbern. Diese breitete sie auf dem Opfertisch aus; und das alles nur, um Vornehmheit und Überfluß zur Schau zu stellen. Wenn sie wirklich hungrig war, erstand sie als Ersatz für die Kirschen »Bergbohnen« – sie waren billig und schmeckten auch ganz annehmbar – und stopfte sie mit vollen Händen in den Mund. Kurzum, sie verschuldete sich sehr oft und kümmerte sich keinen Deut um die Höhe ihrer Schulden.

Ihre Gläubiger schaute sie mit besonders großen, runden Augen an; und wenn sie sich vor ihnen rechtfertigen mußte, bekam ihre Stimme einen eifernden Klang: »Hören Sie, ich bin die Tochter eines Adligen und die Frau eines Offiziers. Meine Familie und die meines Ehemannes verfügen über ein geregeltes Einkommen, und meine Unterstützung – Silber und Reis – werde ich demnächst bekommen. Auch wenn ich mit meinen Zahlungen ein paar Tage im Verzug bin, werde ich euch keinen einzigen Pfennig schuldig bleiben. Warum regt ihr euch eigentlich so auf?«

Bei diesen selbstsicheren Worten fühlten sich die Gläubiger unvermittelt an die Macht und Pracht der Mandschu-Truppen erinnert, als sie vor über zweihundert Jahren den Paß bei Shanhaiguan überquerten. Dies allein reichte aus, daß sie sich vierzig Li[2] weit zurückzogen. Führten die Worte der Schwiegermutter nicht zu der erhofften Reaktion, so riß sie die Augen noch weiter auf und ließ ein Lachen hören, daß den Gläubigern der Schreck in die Glieder fuhr. Mit Tränen wäre sie wahrscheinlich weitergekommen – diese Mischung aus Härte und Heiterkeit aber verwirrte die Leute.

Sie herausgeputzt zu sehen war ein zweifelhaftes Vergnügen. Da jedoch äußere Erscheinung und gesellschaftliche Stellung eng zusammenhängen, mußte sie sich einfach angemessen kleiden. Hüllte sich die modische Welt in changierende Seidenstoffe, so ging es einfach nicht an, daß sie schlichte Seide trug. Schmückte man sein Haar mit Spangen, die mit Eisvogelfedern verziert waren, so war es undenkbar, daß sie sich Goldspangen ins Haar steckte. Ihre ungezählten Roben – gefüttert und ungefüttert, aus Baumwolle, Pelz und Seide – und die dazugehörigen Accessoires – sowohl für die kalte als auch für die warme Jahreszeit – lösten einander im Pfandhaus ab, sehr zum Wohlgefallen seines Besitzers.

Schenkt man denen Glauben, die der Frau Yamas, des Gottes der Unterwelt, schon begegnet waren, so unterschieden sich die beiden Damen in ihrem Putz allerdings kaum voneinander. Bis heute habe ich nicht herausfinden können, wie ihr Mann trotzdem immer so frohen Sinnes sein konnte.

Schon in meiner Kindheit fand ich ihn sehr liebenswürdig. Und in der Tat, er war nicht nur stets wohlgelaunt, sondern auch wirklich ein liebenswürdiger Mensch. Sein einziger Fehler war, daß ihm das Geld recht locker saß. Zuerst fällt mir sein Husten ein, ein klarer und voller, ja geradezu melodischer Husten, der sofort darauf schließen ließ, daß er zumindest den vierten Beamtenrang bekleidete. Stets war er sehr korrekt gekleidet, wobei ihn eine

---

[2] Chinesisches Wegemaß; ca. 650 Meter.

Wolke von Mottenkugelduft umgab. Böse Zungen behaupteten, das liege daran, daß er seine Kleidung gerade erst wieder beim Pfandhaus eingelöst habe. Doch frage ich mich, ob es sich dabei nicht lediglich um üble Nachrede handelte.

Ob Sommer, ob Winter – stets trug er vier Vogelkäfige mit sich herum, in denen sich zwei Rotkehlchen und zwei Blaukehlchen befanden. Er hatte nur diese vier Vögel, und da sich diese Sänger bei Adligen ebenso wie beim einfachen Volk großer Beliebtheit erfreuten, waren sie auch für einen Offizier durchaus standesgemäß. Nur einmal hatte er die Hälfte seines Jahresgehalts für einen schneeweißen Sperling ausgegeben. Doch gerade, als die Kunde von dem weißen Sperling bis in das letzte Teehaus gedrungen war, ging dieser aus unerfindlichen Gründen ein – so daß der Schwiegervater danach, auch wenn er einen schneeweißen Raben gesehen hätte, ganz gleichgültig geblieben wäre.

Besonders im Winter freute ich mich über seinen Besuch. Dann hütete er in seiner Brusttasche stets wenigstens drei kalebassenförmige Grillenbehälter, die jedem Antiquitätenhändler Ehre gemacht hätten. Hatte ich auch keinen Blick für die Kalebassen, so öffneten mir doch die grasgrünen Grillen das Herz, wenn sie sich dann und wann – als hielte nun endlich der Sommer Einzug – zu einem hellen und klaren Zirpen entschlossen.

Wenn er uns besuchte, glaubte ich in meiner kindlichen Einfalt, er komme, um mit mir zu spielen – und nicht, um der Verwandtschaft seine Aufwartung zu machen. Kam er auf edle Vögel und kostbare Grillen zu sprechen, so merkte er nicht, wie die Zeit verging, und meine Mutter mußte ihn bitten, mit uns zusammen zu speisen, obwohl wir uns eine Einladung kaum leisten konnten.

Auch er war von kindlicher Einfalt. Wenn meine Mutter andeutete, daß er zum Essen bleiben solle, hustete er melodiös und rhythmisch und sagte nach kurzem Lachen: »Gnädige Frau, ich muß zugeben, daß ich tatsächlich einen kleinen Appetit zu verspüren meine. Aber machen

Sie um Himmels willen keine Umstände! Lassen Sie doch einfach ein paar gebratene Fleischklößchen, Schweinefleisch mit Ei und Gemüse, eine mittelgroße Schüssel von sauerscharfer Suppe mit einer besonders großen Prise Pfeffer und Koriander aus der ›Friedliebenden Erhabenheit‹ bringen – so bescheiden sollten wir es halten.«

Noch ein oder zwei Tage nach einem solchen »bescheidenen« Mahl glänzten die Augen meiner Mutter ungewöhnlich feucht. Hätte man den Schwiegervater nicht höflich bewirtet, so hätte er möglicherweise die Schwiegertochter seinen Unmut spüren lassen. Andererseits waren solche Einladungen aber sehr kostspielig. Die Pflege guter verwandtschaftlicher Beziehungen war damals, um einen zeitgemäßen Ausdruck zu verwenden, wirklich nervig.

Wenngleich der Schwiegervater Offizier vierten Ranges war, sprach er doch nicht gerne darüber, wie man Truppen kommandiert oder Kriege führt. Einmal habe ich ihn gefragt, ob er reiten und mit Pfeil und Bogen schießen könne. Seine Antwort erschöpfte sich in einem Hustenanfall, und sogleich brachte er die Rede wieder auf die hohe Kunst des Vogelzüchtens. Und es lohnte sich wirklich, seinen langen Ausführungen zu diesem Thema, über das er ein Buch hätte schreiben können, zuzuhören. Schon allein über die Schnitzereien an seinen vier Vogelkäfigen konnte er sich eine halbe Ewigkeit lang auslassen – ganz zu schweigen von der Wissenschaft, Rotkehlchen und Blaukehlchen zu züchten, ihren Käfig beim Spazierengehen richtig zu schwenken und ihnen in der Zeit, in der sie ihr Federkleid wechseln, die rechte Fürsorge angedeihen zu lassen. Und nicht nur die Vogelkäfige selbst, auch ihre Futternäpfe aus Porzellan, ihre Wasserbassins und sogar die kleine Bambusschaufel zum Beseitigen des Vogelschmutzes waren von höchster Erlesenheit, und jeder pries sie als Kunstgegenstände. In der Tat, er schien seinen Beruf als Militärbeamter vergessen zu haben und widmete – fast als wäre er süchtig – seine ganze Kraft dem Streben nach künstlerischer Verfeinerung, ob es dabei um kleine

Näpfe und Bassins oder um seinen Husten und sein Lachen ging.

Außerdem war der Schwiegervater ein talentierter Opernsänger. Einige Adlige konnten die alten männlichen Rollen singen, andere die Oper vom Affenkönig zum besten geben, und einige Mandschu-Beamte, die als Amateure begonnen hatten, waren nun gefragte Schauspieler der Peking-Oper. Sowohl die klassische Oper als auch die Volksoper waren aus dem Leben der Mandschu nicht wegzudenken: sie gaben nicht nur ein begeistertes Publikum ab, sondern sahen sich auch gern selbst – maskenhaft geschminkt – auf der Bühne stehen. Schließlich gefielen sie sich als Komponisten von Intermezzi, Trommelgesängen und den vom rhythmischen Schlagen mit Bambushölzern begleiteten Klapperballaden.

Da wollte der Schwiegervater natürlich nicht nachstehen. Doch leider fehlte ihm für die Gründung einer eigenen Schauspieltruppe das nötige Geld. Als Leiter einer solchen Amateurgruppe hätte er Tag und Nacht bei den verschiedensten Festen – sei es, daß ein Säugling seinen ersten Erdenmonat vollendete oder der Geburtstag einer älteren Dame gefeiert wurde – auftreten, die An- und Abreise selbst bezahlen und sich mit einer Schale Tee zufriedengeben müssen. Zwar hätte er sich seinen Ruhm erkaufen müssen, wäre aber dafür bald stadtbekannt gewesen.

So aber mußte er sich bescheiden, Mitglied einer bereits bestehenden Truppe zu werden. Zu seinem Repertoire gehörten einige Klapperballaden; und war seine Schauspielkunst auch nicht überragend, erfreute er sich doch größter Beliebtheit und erntete stets den stürmischen Beifall seiner Freunde und Verwandten. Doch nichts ist vollkommen: Während eines Auftritts entdeckte er unter den Zuschauern seine Frau, die ihn so sehr an die Frau Yamas, des Gottes der Unterwelt, erinnerte, daß er seinen Text vergaß.

Als er nach diesem Mißgeschick heimkehrte, versuchte er, seinen Unmut im Zaume zu halten, denn bei einer lautstarken Auseinandersetzung mit seiner Frau hätte er sich nur einen rauhen Hals geholt. Doch diese kam ihm mit nicht enden wollenden Tiraden zuvor: Die vielen Schwierigkeiten und die steigenden Schulden habe man nur ihm und seiner Schauspielerei, wegen der er die eigentliche Arbeit vernachlässige, zu verdanken. Er erwiderte nichts – nur als sie Luft holte, summte er »dingeliding« die einleitenden Takte eines Stücks für dreisaitige Laute.

In schweren Zeiten tröstete er sich mit der Kunst und konnte auf diese Weise guten Mutes sein – diesen allerdings bezeichnete seine Frau als pure Schamlosigkeit. Bis heute ist es mir nicht gelungen herauszufinden, wer von beiden dem anderen unrecht tat. Doch lassen Sie mich nun zu meiner Geburt zurückkommen.

Als ich geboren wurde, hielt mein Vater gerade in irgendeinem Winkel des Kaiserlichen Palastes Wache. Seit alters her soll der Mann nicht den Mond anbeten und die Frau nicht dem Herdgott opfern. Die Tante war Witwe, und meine Mutter und meine zweite Schwester waren ja auch Frauen. Und ich war – obwohl männlichen Geschlechts – der wichtigen Aufgabe noch nicht gewachsen. So fand sich bei uns niemand, der dem Herdgott das Opfer hätte darbringen können.

Meine Tante bekam einen Wutanfall. In der Bäckerei »Zum Orchideenkelch« hatte sie drei Tage zuvor eine Malzbonbon-Spezialität erstanden, die sich als eine Reihe von kleinen, steinharten Klötzchen entpuppte, die einem entweder die Zähne zerbrachen oder sie herauszogen. Natürlich hieß es, sie seien von besserer Qualität als die weichen Bonbons vom Markt, die schon zu schmelzen begannen, wenn sie das Feuer auch nur von weitem sahen. Außerdem hatte die Tante noch ein Pfund gemischten Konfekts aus Zuckersirup und Sesam mitgebracht. All diese Köstlichkeiten stellte sie – fest verschlossen in einem kleinen Tontopf – an einen kühlen Ort, damit weder der Herdgott noch irgendein anderer sie entdecken konnte. Denn nach dem Opfer für den Herdgott wollte sie heimlich einen Teil der Süßigkeiten herausnehmen und im verborgenen in aller Seelenruhe genießen. Selbst wenn sie ihr einen halben Zahn kosten würden – keine Menschenseele würde es bemerken. Dieses Vorhaben ließ sich jedoch erst in die Tat umsetzen, nachdem der Herdgott der Erde auch wirklich den Rücken gekehrt hatte – andernfalls hätte die Tante den ewigen Zorn des Himmels auf sich gezogen.

»Im ganzen Haus kein einziger Mann!« brauste sie auf. Mit ihrer aufschäumenden Wut brachte sie meine zweite Schwester – ein aufrichtiges Mädchen und zu gutherzig, um sich durchsetzen zu können – völlig aus der Fassung, so daß sie mit Tränen in den Augen nur noch unablässig »Tante, Tante!« rufen konnte.

Zum Glück kam meine älteste Schwester noch zur rechten Zeit. Sie war eine hübsche, jungverheiratete Frau. Mit großen, dunklen Augen und einem schmalen Kinn, weiß wie das Blatt einer Lotosblüte, war ihr Antlitz von wunderbarer Klarheit. Gleich ob sie einen Mantel von scharlachrotem Atlas oder einen eng anliegenden Qipao aus blauer Baumwolle trug, ob sie das Haar hochgesteckt oder nach Mandschu-Brauch zu einem Knoten gebunden hatte – stets war sie elegant und adrett, so daß es eine Freude war, sie anzuschauen. Sie hatte eine schmale, aufrechte Gestalt und eine feenhaft schlanke Taille. Bezeugte sie ihre Ehrerbietung mit einem Hofknicks, so wirkte dies würdevoll und graziös. Wenn sie lachte, beugte sie sich ein wenig vor, als hätte sie Mühe, Luft zu holen – doch war ihr Lachen immer unschuldig und freundlich.

Bei allen Freunden und Verwandten war sie beliebt – auch bei der Tante. Nur die Schwiegermutter war der Meinung, daß sie weder hübsch noch gescheit war, und verhöhnte sie nur allzugern: »Dein Vater ist nur ein Kavallerist mit drei Unzen Silber im Monat.«

Das Gehabe der Schwiegermutter war so gespreizt und pedantisch, daß ihre Dienerinnen nichts zu lachen hatten. Sie war der festen Überzeugung, daß Dienstmädchen sich aufopfern und sich vom ersten Tage an zu Tode arbeiten sollten. Als dann ihr Sohn meine Schwester geheiratet hatte, setzte sie kurzerhand alle Bediensteten vor die Tür und betraute meine Schwester mit Aufgaben, die zehn Dienerinnen ausgelastet hätten. Bald wagte meine Schwester oft mehrere Tage lang nicht, ihr Haar zu lösen, und manchmal legte sie sich abends mit ihrer – wie zu einem kleinen Prachtbogen aufgetürmten – Frisur zur Ruhe. Ihr langes Haar zu kämmen war sehr zeitaufwendig; und hätte sie, nachdem die Schwiegermutter sich morgens von ihrer Bettstatt erhoben und sich durch lautes Husten bemerkbar gemacht hatte, dieser unfrisiert einen guten Morgen gewünscht, so wäre das ein schlimmes Vergehen gewesen.

Schon wenn der Tag dämmerte, mußte sie aufstehen, um für die Schwiegermutter in Öl gebackene Teigstangen und süße Sesambrötchen zu kaufen. Sie war jung und brauchte ihren Schlaf, aber nachdem sie geheiratet hatte, übte sie sich darin, frühmorgens aufzuwachen. Dann stahl sie sich lautlos zur Tür, um nach den Sternen zu schauen. War es noch zu früh zum Aufstehen, huschte sie zu ihrem Kang zurück, kleidete sich an und döste im Sitzen vor sich hin; sich noch einmal niederzulegen, wagte sie nicht, da sie fürchtete, wieder einzuschlafen und ihre Arbeit nicht rechtzeitig beginnen zu können.

Sie kochte, nähte, servierte Tee und machte sauber. Ihren Fleiß belohnte die Schwiegermutter, indem sie ihr noch mehr Arbeit aufbürdete und sie noch mehr schund. Sie selbst jedoch legte ihre Hände in den Schoß – wenn sie sich nicht gerade Eßbares in den Mund schob. Mochten sich ihre Hände auch nicht bewegen – Augen und Mund waren um so lebhafter. Kaum wurde sie auch nur des Schattens meiner Schwester gewahr, so ließ sie schon eine neue Salve von Befehlen auf sie niedergehen.

Meine Schwester hatte wirklich alle Hände voll zu tun. Damit ihr nichts durcheinandergeriete, plante sie ihre tägliche Arbeit bis ins einzelne. Einige Monate nach ihrer Heirat zeigten sich zwischen ihren Augenbrauen zwei schmale, tiefe Falten. Ihrem Mann wollte sie sich aus Angst vor einem Streit nicht anvertrauen. Auch der Mutter mochte sie ihr Herz nicht ausschütten, denn das Schicksal der Tochter hätte sie sehr bekümmert. Und wenn die Mutter sie fragte, lachte sie: »Alles ist in Ordnung, wirklich, alles ist in Ordnung. Sorge dich nicht um mich, Großmutter!« (So nannten wir unsere Mutter.)

Natürlich wagte meine Schwester noch weniger, sich der Tante anzuvertrauen, wohl wissend, daß diese das Temperament eines Feuerwerkskörpers hatte und schon wegen einer Lappalie explodieren konnte – doch ihre Hilfe verschmähte sie nicht: Die Schwiegermutter verlangte zwar, daß meine Schwester sich zurechtmachte, war aber nicht bereit, ihr auch nur einige Groschen für Rouge, Puder und Haaröl zu geben. So konnte meine Schwester auf die Frage der Tante, ob sie Geld brauche, jedesmal nur den Kopf senken, womit sie zugab, nicht einen einzigen Pfennig zu besitzen.

Der Tante fiel die Rolle einer Wohltäterin nicht leicht, doch da wir Mandschu die Frauen der väterlichen Seite der Familie ehren, war sie gewillt zu helfen. Als Tante väterlicherseits sympathisierte sie natürlich mit der Tochter ihres Bruders – nicht ohne dabei allerdings ihre eigene Stellung zu verbessern. Überdies erwiesen sich die Bedürfnisse meiner Schwester als sehr bescheiden, so daß man ihre Probleme mit einigen Münzschnüren aus der Welt schaffen konnte. Warum sollte sich die Tante da nicht schon mal wohlwollend und gütig zeigen?

Die Schwiegermutter wußte wohl davon, sagte aber nichts. Sie sah es als ganz selbstverständlich an, daß eine jungverheiratete Frau von ihrer Familie unterstützt wurde. Töchter waren eben ein schlechtes Geschäft. – Diese Umstände machen vielleicht verständlich, warum meine Tante es wagte, sich der Schwiegermutter gegenüber so herausfordernd zu verhalten.

Meine Schwester kam nicht etwa deshalb zu uns, weil sie geträumt hätte, daß meine Mutter einem Drachen oder

Tiger das Leben schenken würde – das hätte ihrem kleinen Bruder eine große Zukunft prophezeit. Es war nur das bevorstehende Neujahrsfest, für das sie weder Seidenblumen, Rouge oder Puder noch kandierte Früchte hatte. Das Trockenobst sollte ein Geschenk für ihren Mann sein.

Dieser war – obwohl schon verheiratet und ein Kavallerist, der allerdings nicht reiten konnte – ähnlich wie sein Vater noch ein halbes Kind. Was sollten Vater und Sohn auch versuchen, das unergründliche Sein zu erforschen, wenn ihnen doch ein stattliches Einkommen und stets genügend Reis beschieden waren. Nach ihrer Ansicht lag der Sinn des Lebens darin, sich jeden Tag aufs neue dem Amüsement hinzugeben.

Anders als der Schwiegervater züchtete der Mann meiner Schwester weder Rot- noch Blaukehlchen, sondern hielt sich – gemäß seiner Vorliebe für das Heldenhafte – Sperber und Würger, die er zum Spatzenfangen ausschickte. Nach kurzer Zeit war er dieser Vögel jedoch überdrüssig und begann, Tauben zu züchten. Jede seiner Tauben war ein oder zwei Unzen Silber wert. »Fliegende Silberbarren« – so pflegte er sie stolz zu nennen. Er hatte sich bei Antiquitätenhändlern eine ansehnliche Sammlung von Taubenpfeifen – die am Gefieder der Vögel befestigt werden und beim Flug wie sanfte Flöten klingen – zusammengekauft. Sie alle stammten aus den Werkstätten namhafter Handwerker.

Auf sein gemischtes Trockenobst mochte der Ehemann meiner Schwester einfach nicht verzichten. In jedem Jahr wiederholte sich das gleiche Schauspiel: Aus ausländischem buntem Papier bastelte er kleine Schälchen, auf denen er die kandierten Bohnen, Mandeln und anderes Zuckerwerk geschickt anordnete, geradeso, als opferte er die Leckereien sich selbst. Und während er werkelte, fanden so manche Süßigkeiten den Weg in seinen Mund, so daß sie, bevor er die Schälchen überhaupt fertiggestellt hatte, oft schon verzehrt waren. Das machte ihm aber gar nichts aus. Nachdem die kandierten Früchte »geopfert«

waren, machte er sich daran, Papierlaternen für das Laternenfest zu bauen. Und wenn die Laternen fertig waren, begann er, Drachen herzustellen.

Diese kleinen Basteleien nahmen ihn sehr in Anspruch, und er erzählte jedem, den er traf, davon – ob er nun auf Interesse stieß oder nicht. Nach solchen längeren Diskussionen entschloß er sich dann oftmals – auf eine geniale Neuerung hoffend –, seine Pläne zu ändern.

Fand er keine Zuhörer, dann mußte meine Schwester sich die ganze Litanei anhören, so daß ihr am Ende der Kopf vor lauter Laternen und Drachen nur so schwirrte. Und weil sie während des braven Zuhörens ihre Arbeit versäumte, bekam sie auch noch die Ungeduld der Schwiegermutter zu spüren.

Die kostspieligen Liebhabereien des Schwiegervaters und Ehemanns bereiteten meiner Schwester großen Kummer. War die Haushaltskasse leer, so kam es unweigerlich zu einem Streit, an dem sich alle Familienmitglieder eifrig beteiligten. Konnte man den Streit nicht beilegen – und dies war meist der Fall –, dann wurde meine Schwester beschuldigt und bestraft. Obgleich ihr Mann sie sonst nicht schlecht behandelte, fehlte ihm bei diesen Auseinandersetzungen doch der Mut, seine Frau nicht zu schelten. Denn als Mann konnte man vieles hinnehmen – nur von den Altvordern als »Pantoffelheld« bezeichnet zu werden, das ging zu weit.

Meine Schwester aber eignete sich im Lauf der Zeit eine ganz neue Fähigkeit an: Wurde der Streit unerträglich laut, schien sie nichts oder nur noch ganz wenig zu hören – geradeso, als wären ihren Ohren Blitzableiter gewachsen. Arme Schwester!

Kaum bei uns angekommen, wußte sie schon, was zu tun war. Sie beauftragte meine zweite Schwester, eine Hebamme herbeizurufen und der ungefähr nur einen Li entfernt wohnenden Familie ihres Mannes Bescheid zu geben, daß sie heute möglicherweise etwas später nach Hause komme. Die Schwester eilte von dannen.

Mit einem Lächeln gab die Tante meiner älteren Schwester zum Neujahrsfest mehrere frisch gedruckte rote Gutscheine der »Bank zur Wohlhabenheit«, wie sie traditionell an Kinder und Bedienstete verschenkt wurden. Auf ihnen waren der legendäre Held Liu Hai und die goldene Kröte abgebildet; ihr Wert entsprach je zwei Münzschnüren. Gleichzeitig aber übertrug die Tante meiner Schwester die ganze Verantwortung für meine bevorstehende Geburt, so daß man sie nicht zur Rechenschaft ziehen konnte, wenn etwas passierte.

Als meine zweite Schwester bei den Schwiegereltern ankam, ließen Vater und Sohn im Hof gerade Feuerwerkskörper explodieren. In diesem Jahr hatten sie sich weit höher verschuldet als in den Jahren zuvor. Am dreiundzwanzigsten Tag des zwölften Monats des Mondkalenders ging das Mondjahr zu Ende, und es wäre an der Zeit gewesen, sich über die Rückzahlung ihrer Schulden und die Verringerung ihrer Ausgaben Gedanken zu machen, um sich die unangenehmen Besuche der Gläubiger, die am letzten Tag des Jahres die ausstehenden Beträge eintreiben wollten, zu ersparen. Doch die beiden hatten andere Dinge im Kopf.

Die Schwiegermutter hatte irgendwo noch ein paar Groschen beschaffen können und erstklassige Malzbonbons – mit und ohne Sesam – erstanden. Diese hatte sie vor das Abbild des Herdgottes gelegt und befahl ihm mit weit aufgerissenen Augen: »Iß die Leckereien, die ich dir geopfert habe, und leg ein gutes Wort für mich im Himmel ein! Wehe dir, du verbreitest dort Unsinn über mich!«

Auch die beiden Männer hatten eine noch nicht versiegte Quelle angezapft und sich Feuerwerkskörper gekauft. Beide hatten sich ihre langen Röcke ausgezogen. Der Schwiegervater hatte sich eine alte, weitärmelige Mandarinjacke aus Fuchsfell übergeworfen, die er nicht zugeknöpft hatte; dazu trug er einen breiten Baumwollgürtel – eine gewagte Zusammenstellung. Sein Sohn, erhitzt vom Feuer der Jugend, trug nur eine kurze wattierte Jacke und gab trotz seines Niesens vor, nicht zu frieren.

Zuerst explodierten hell und in rascher Folge die aneinandergebundenen Knallfrösche, dann sprühten wilde Funken durch den Hof und stimmten in das lärmende Spektakel ein. Während sein Sohn sich um die Kanonenschläge kümmerte, widmete sich der Schwiegervater den Doppelböllern: pipapipa, dong, pipapipa, dong, dang; es entstand ein regelmäßiger Takt. Nach diesem Konzert lächelten die beiden Feuerwerker einander zu; sie waren sich einig, daß sich in der ganzen Stadt niemand mit ihnen messen könne und sie den Beifall der gesamten Nachbarschaft verdienten.

Sosehr meine zweite Schwester sich auch bemühte, das ihr Aufgetragene auszurichten – ständig wurde sie vom Lärm der Kanonenschläge und Doppelböller unterbrochen. Und so kam es, daß die Schwiegermutter sie nicht verstand und glaubte, die Ohnmacht der Mutter sei auf das Kohlengas zurückzuführen.

»So ist's recht!« übertönte sie das Getöse, »ihr armseligen Leute wißt nicht, wie man Obacht gibt; mich deucht, es macht euch Freude, euch mit Gas zu vergiften.« Um ihren Worten einen besseren Klang zu verleihen, sagte sie »mich deucht« – und nicht einfach »ich glaube«. Dann wechselte sie ihre Kleider, denn sie wollte – wohlwollend und gütig, wie sie war – höchstpersönlich das Leben meiner Mutter retten.

Der Offizier und der Kavallerist waren viel zu sehr mit ihrem Feuerwerk beschäftigt, als daß sie von meiner zweiten Schwester Notiz genommen hätten. Doch auch wenn sie ihre Worte verstanden hätten, hätten sie nicht von ihrem Feuerwerk abgelassen.

Ich kam auf die Welt – und meine Mutter wurde ohnmächtig. Die Schwiegermutter nahm im Zimmer der Tante Zuflucht; die beiden Giftbeutelchen an ihren Wangen schaukelten nur so, als sie mit weit aufgerissenen Augen ihr bestes Mittel gegen Gasvergiftungen verriet. Die

Tante zündete mit geübter Hand ihre mit Orchideentabak gestopfte Pfeife an, steckte das alte Mundstück aus Jade in den Mundwinkel, zog die Augenbrauen hoch und war bereit zum Streit.

»Hausmittel können schwere Krankheiten heilen.« Die Schwiegermutter tat so, als zitiere sie aus den Klassikern.

»Für eine Geburt braucht man derlei Mittelchen nicht«, griff die Tante an.

»Das kommt darauf an, wer das Kind zur Welt bringt.« Die Schwiegermutter freute sich, nun ihre Trümpfe auffahren zu können.

»Wer immer auch niederkommt – ein Mittel gegen Gasvergiftung braucht man nicht.« Die Tante nahm die lange Ebenholzpfeife aus dem Mundwinkel und deutete mit dem Pfeifenkopf auf die Nase der Schwiegermutter.

»Teuerste Tante«, wandte sich diese betont freundlich an sie, um dann um so heftiger auf sie loszugehen, »mit einer Gasvergiftung kann man kein Kind gebären.«

Als das Wortgefecht soweit gediehen war, drückte meine Schwester mich bereits an ihre Brust. Sie weinte, weil meine Mutter noch nicht wieder zu sich gekommen war, und freute sich zugleich über den kleinen Bruder. Meine zweite Schwester stand schluchzend im Vorraum. Es war bitterkalt. Wie groß meine Lebenskraft auch war – ohne die Wärme meiner Schwester wäre mein Leben ernstlich gefährdet gewesen.

2

Wenn die Tante besonders gut gelaunt war und nett zu mir sein wollte, nannte sie mich »kleiner Hundeschwanz«, denn ich wurde – wie schon erwähnt – am Ende des Jahres 1898 geboren, und das war das Jahr des Hundes. Obgleich sie also guter Dinge war und nur spaßen wollte, machte sie sich dabei unbeliebt: Ich wollte doch kein Hundeschwanz sein. Den Stolz eines Kindes zu verletzen ist zwar kein

Verbrechen – aber ein Fehler ist es allemal. Und noch heute steigt mir die Schamröte ins Gesicht, wenn ich an der Hundeschwanzgasse vorbeikomme.

Nun will ich aber die Hundeschwänze einmal ganz beiseite lassen und von wichtigeren Dingen berichten. Ich kam sozusagen gerade noch rechtzeitig zur Welt, um das Verlöschen des Glanzes der Qing-Dynastie mitzuerleben. Damals wußte jeder, daß die Schwiegermutter, obwohl sie oft prahlte, ihr Vater sei von Adel und ihr Mann Offizier, doch nur ein großes Mundwerk hatte und leeres Geschwätz von sich gab. Sogar die Sesambrötchenverkäufer zeigten anklagend auf sie, wenn sie ihr Geld eintreiben wollten: »Unsere Sesambrötchen essen, aber nicht ans Bezahlen denken. Ist das etwa ehrlich?«

Obwohl wir einfachen Bannerleute über ein gesichertes Einkommen verfügten, kam es uns manchmal so vor, als zöge sich langsam eine um unseren Hals liegende Schlinge zu. Unsere ganze Familie lebte von den zwei Unzen Silber, die mein Vater monatlich nach Hause brachte, und den Reiszuteilungen im Frühjahr und im Herbst. Zum Glück war meine Mutter eine gute Wirtschafterin, die uns vor einem Bettlerdasein rettete.

Der Staub von über zweihundert Jahren hatte bei den meisten Bannerleuten die Fähigkeit zur Selbstprüfung und jeden Ehrgeiz verschüttet. Wir hatten uns an einen ganz besonderen Lebensstil gewöhnt: Die es sich leisten konnten, waren anspruchsvoll, und die es sich nicht mehr leisten konnten, versuchten, doch wenigstens den Schein zu wahren. Sie alle versanken im Sog von Maßlosigkeit und Völlerei. Man brauchte sich nur den Schwiegervater anzuschauen, für den Beamtenpflicht und militärische Fähigkeiten nebensächlich zu sein schienen. Er und seine Freunde und Verwandten vertraten offenbar die Auffassung, seine Aufgaben erschöpften sich im Beziehen des Gehalts, dem Singen von Klapperballaden und dem Vogelzüchten.

Ähnlich verhielt es sich mit meinem Schwager. Seine

»fliegenden Silberbarren« waren nicht nur sein größtes Glück, er hätte sich sogar jederzeit für einen seiner Lieblinge geopfert. Auch wenn er auf dem Weg zu dringenden geschäftlichen oder privaten Angelegenheiten war, schaute er ununterbrochen zum Himmel, ohne zu bedenken, daß er eine alte Dame zu Fall bringen oder sich selbst eine Beule holen könnte. Er mußte einfach zum Himmel blicken: Vielleicht gab es ja doch einmal eine Taube, die ihren Schwarm verloren hatte und niedrig flog, um sich nach einem Ruheplätzchen umzuschauen. Dann wäre er – und hätte er es noch so eilig gehabt – sofort nach Hause gelaufen und hätte einige Tauben losgeschickt, damit sie ihm diesen vom Himmel gesandten »Silberbarren« einfangen konnten. Fremde Tauben einzufangen war ihm die schönste Freude. Und kam es deswegen zum Streit, war er sogar bereit, »seine« Tauben mit Waffengewalt zu verteidigen – zum größten Entsetzen meiner Schwester.

Der Schwiegervater und mein Schwager waren klug, gewandt und gewissenhaft, doch waren es gerade die belanglosen Dinge, denen ihr Herz gehörte. Sie fachsimpelten über Grillenbehältnisse, begutachteten Taubenpfeifen und kosteten gebratene Fleischklößchen. Die großen Dinge dieser Welt vermochten ihr Interesse jedoch nicht zu wecken. So war ihr Leben wie ein leichter Traum: klar und doch ein wenig verworren.

Die Frauen waren sehr gesittet. Meine Schwester zum Beispiel: Waren ältere Leute zu Besuch, mußte sie – stets lächelnd – oft stundenlang auf den Beinen sein. Überall mußte sie ihre Augen haben. Die Teeschalen wollten nachgefüllt, die Wasserpfeifen nachgestopft und die Fidibusse zur rechten Zeit angeblasen werden. Graziös überreichte sie den Rauchenden ihre Pfeifen, und voller Harmonie waren die sanften Bewegungen ihrer Lippen beim Anblasen der Fidibusse. Sie erntete das Lob und die Anerkennung der älteren Damen – abgesehen von der Schwiegermutter –, und niemand bemerkte, daß ihr vom langen Stehen oft die Füße geschwollen waren. Da sie sich bei solchen Gesellschaften nicht anmaßte, viel zu reden, jedoch auch nicht wie versteinert herumstehen mochte, wählte sie zur passenden Gelegenheit bescheidene und sich ziemende Worte und regte so die Unterhaltung der Damen an.

Meine Schwester hatte diese Kunst schon im Elternhaus gelernt und konnte sie nun – etwas verfeinert – bei größeren Anlässen anwenden. Ob ein Baby drei Tage alt wurde oder seinen ersten Monat vollendete, ob Erwachsene ihren vierzigsten oder fünfzigsten Geburtstag feierten – bei all diesen Anlässen galt es, diese Fertigkeit wie bei einem Wettbewerb zur Schau zu stellen. Hochzeits- und Beerdigungsfeiern verlangten natürlich noch brillantere Darbietungen: sogar die Stimmlage beim Lachen mußte wohlbemessen und taktvoll sein, die Respektsbezeigungen hatten formvollendet zu sein.

Begegneten sich Tante und Schwiegermutter auf solchen Feiern, mußten sie sich – und dabei war ihnen jedes Mittel recht – gegenseitig überrumpeln, versteckte Anspielungen machen, einander bezwingen und sich dann selbst zum großen Vorbild erheben.

Die Gastgeberin dagegen mußte umsichtig sein und Gezänk dieser Art schlichten. Sie mußte mehrere angesehene Damen bitten, ihr bei der Aufstellung der Tischordnung und der Festlegung der Reihenfolge, in der die Gäste an die Tafel gebeten wurden, zu assistieren, denn schon die kleinste Verletzung der Rangordnung der Geladenen hätte unüberschaubare Folgen haben können. Die Damen mußten genau untersuchen, wie die Cousine des Patenkindes der Cousine der Großmutter mütterlicherseits zur Witwe des älteren Bruders des Blutsbruders des Schwiegervaters der jüngeren Schwester stand, so daß beiden der rechte Platz zugewiesen wurde und sie zufrieden die Speisen genießen konnten. Was aber war zu tun, wenn beide Gäste ebenbürtig waren? Ganz einfach: den Damen war nicht nur das Geburtsdatum der Freunde und Verwandten, sondern auch die Stunde der Geburt bekannt. Denn es war ja durchaus möglich, daß Gäste gleichen Ranges auch noch am gleichen Tage das Licht der Welt erblickt hatten. War die Frau des zweiten Bruders eine Stunde früher zur Welt gekommen als die des sechsten Bruders, so war das Problem gelöst. Wenn aber der sechste Bruder den dritten Beamtenrang innehatte und damit zwei Dienstgrade über dem zweiten Bruder stand, dann mußte man noch einmal überdenken, wo die beiden Schwägerinnen Platz nehmen sollten.

War sie auch des Lesens und Schreibens nicht kundig, so war meine Schwester doch ein wandelnder Kalender: sie hatte die Geburtstage und Horoskope sämtlicher Freunde und Verwandten im Kopf. Und obwohl sich die Schwiegermutter sehr bemühte, mein genaues Geburtsdatum zu vertuschen, kann ich Ihnen heute versichern, daß ich am frühen Abend des dreiundzwanzigsten Tages des zwölften Monats des Jahres 1898 geboren wurde, weder früher noch später.[3] Meine Schwester kann es bezeugen.

Hochzeits- und Beerdigungsfeiern waren so wichtig, daß es ein großer Frevel gewesen wäre, diese Bräuche nicht geziemend zu achten. Meine Mutter konnte die Ausgaben hierfür nie genau vorhersehen, denn wer weiß schon, wann jemand zu sterben oder auf die Welt zu kommen gedenkt. Fielen daher mehrere freudige oder traurige Ereignisse in einen Monat, so mußte sie in ihren Haushaltsbüchern rote Zahlen schreiben. Es ging auch nicht an, um die Ausgaben zu verringern, den Tanten väter- und mütterlicherseits zum Geburtstag nicht seine Aufwartung zu machen oder den weitläufig Verwandten nicht zu gratulieren oder zu kondolieren. Man hätte sich die Verachtung der Freunde und Verwandten zugezogen, hätte mit Schmach und Schande beladen sein Leben gefristet und wäre ehrlos gestorben.

Überdies war es nicht damit getan, nur Geschenke zu

---

[3] Das ist der letzte Abend im Jahr nach dem chinesischen Mondkalender; er fiel nach westlicher Zeitrechnung auf den 3. Februar 1899.

schicken – die Höflichkeit gebot es, daß man an der Feierlichkeit auch teilnahm. Und dann war es nicht genug, daß man ein Geschenk überreichte – auch geputzte Schuhe und reinliche Strümpfe, ein neues Haarband, neue Seidenblumen und Kleider nach modischem Schnitt gehörten dazu. Das allein kostete schon ein kleines Vermögen. War der Weg zu den Feierlichkeiten nur kurz, dann konnte man ihn zu Fuß gehen; waren jedoch lange Strecken zu bewältigen, dann mußte – wohl oder übel – ein Eselskarren gemietet werden. In jener zivilisierten Zeit waren die Straßen der Stadt – wie das Innere von Weihrauchurnen – drei Fuß hoch mit Staub und Sand bedeckt. Erreichte man dann nach einer Reise von acht oder zehn Li endlich den Ort der Festlichkeit, so hatte sich der Sonntagsstaat in die aschfarbene Hülle eines Erdgeistes verwandelt. Das war doch wirklich lächerlich. Und umsonst war so eine Fahrt auch nicht.

Leistete man einer solchen Einladung Folge, konnte man sich nicht allein mit Geld und Geschenken aus der Affäre ziehen; auch während des Festes blieb der Geldbeutel nicht verschont: Konnte man sich denn ausschließen, wenn sich die Gesellschaft zu einem Kartenspiel entschlossen hatte? War es denn zu vermeiden, jedem der Nichten und Neffen oder Enkel zweihundert Kupfermünzen zukommen zu lassen? Nun, Familienfeiern konnten den Gastgeber um Hab und Gut bringen – warum sollte es den Gästen da besser gehen?

Am meisten Angst hatte meine Mutter davor, zur Ehrenmutter ernannt zu werden, wenn Mädchen durch Heirat unsere Familie verließen oder in sie aufgenommen wurden. Dies war eine große Ehre: Witwen, im Jahr des Tigers geborene Frauen und Frauen mit nicht einwandfreiem Lebenswandel – auch wenn sie noch keinen Angehörigen verloren hatten – waren für diese Aufgabe nicht geeignet. Nur einer untadeligen und gewissenhaften Dame stand dieser Titel zu. Meine Mutter konnte diese Ernennungen nicht ausschlagen. Wer mochte auch auf diese Ehre verzichten? Doch als Ehrenmutter mußte sie nicht nur einen Eselskarren mieten, sondern – auch wenn sie sonst keine Bediensteten hatte – erfahrene und geschickte Dienerinnen einstellen. Und ohne jemanden, der ihr aus dem Wagen half und sie begleitete, wäre sie keine richtige Ehrenmutter gewesen.

Es verstand sich zudem, daß Garderobe und Schmuck von herausragender Eleganz zu sein hatten, um die Bewunderung der Hochzeitsgesellschaft zu finden. Meiner Mutter war es ganz besonders unangenehm, sich hierfür Kostüme und Requisiten auszuleihen, doch einen Umhang aus Atlas für Dutzende Unzen Silber, einen Mantel mit bestickten Aufschlägen, Broschen, Ohrringe und Haarnadeln aus Gold konnte sie sich einfach nicht leisten. So blieb ihr nichts anderes übrig, als ihre Not der Tante mitzuteilen. Diese war mit Garderobe und Schmuck komplett ausgestattet, allein das Verleihen fiel ihr schwer. Nach dem Tod ihres Mannes hatte man sie natürlich nicht mehr zur Ehrenmutter ausersehen; und auch zu seinen Lebzeiten war ihr diese Ehre nicht allzuoft zuteil geworden. Und wer hätte meine Tante denn auch in den Blickpunkt der Öffentlichkeit bitten mögen, wo doch bis dato ungeklärt geblieben ist, ob mein Onkel nun Opernsänger war oder nicht? Dieses Mißtrauen bestrafte meine Tante nun, indem sie nichts verleihen wollte.

So mußte wohl oder übel mein Vater eingreifen. Unter Geschwistern brauchte man kein Blatt vor den Mund zu nehmen, und schließlich – vielleicht nachdem er seiner Schwester versichert hatte, daß ein Opernsänger sich seines Berufs nicht schämen muß – rückte sie ihre den Geruch von Mottenkugeln ausströmenden Roben und ihr altmodisches, schweres Geschmeide heraus.

Durch die – unvermeidliche – Teilnahme an solchen festlichen Anlässen stieg das Ansehen meiner Mutter in den Augen der Freunde und Verwandten. Alle lobten, daß sie das Geld nur dort ausgab, wo es am dringendsten benötigt wurde. Aber gerade diese unerläßlichen Ausgaben bereiteten meiner Mutter große Sorgen – besonders dann, wenn das Gehalt meines Vaters nicht pünktlich ausgezahlt wurde.

Als ich zur Welt kam, verfügte meine Familie über regelmäßige Einkünfte; deren tatsächlicher Wert verringerte sich jedoch, da Gewicht und Silbergehalt des Geldes ständig abnahmen. Anschreiben zu lassen gehörte für uns schon zum Alltag. Die Händler, die süße Sesambrötchen, Kohle und Wasser verkauften, malten bei uns – wie auch bei anderen Kunden – weiße Striche an die Türpfosten. Jeweils zu fünft zusammengefaßt, erinnerten die Striche ein wenig an Hühnerkrallen. Was wir brauchten, kauften wir auf Kredit; hatten wir das Gehalt dann bekommen, zahlten wir unsere Schulden entsprechend der Anzahl der »Hühnerkrallen« zurück. Meine Mutter hatte alles im Griff: Nur die Sesambrötchenverkäufer und die Kohle- und Wasserhändler durften unsere Türpfosten bemalen; den Händlern, die Süßigkeiten feilboten, blieb dies untersagt.

Meine Tante trank von unserem Wasser und nahm sich von unseren Kohlen, ohne jemals etwas dafür zu bezahlen – unsere Sesambrötchen jedoch rührte sie nicht an, denn in ihrer roten Lackdose hielt sie stets einen Vorrat von den »Acht Wohlgenüssen«, einem Gebäck erstklassiger Qualität, verwahrt. Und wenn sie durch die Tür mit den von den Händlern bemalten Pfosten trat, zwinkerte sie dem Türgott zu und bedeutete ihm, daß sie mit diesen Zeichen nichts zu tun hatte.

Die Türpfosten der Schwiegereltern zierten noch mehr Zeichen, denn außer meiner Schwester, die keine Schulden machen durfte, kauften die anderen Familienmitglieder alles, wofür man ihnen Kredit einräumte. Ihr Mann hatte gut reden: »Wir zahlen, wenn wir unser Gehalt bekommen: So verlieren wir unser Gesicht nicht.«

Außer bei den fliegenden Händlern ließ meine Mutter nur in den Geschäften, die Öl, Salz und Getreide anboten, anschreiben. In Restaurants verkehrten wir nicht und zählten auch nicht zu den Kunden der großen Seidenhändler, der Juweliere und der Apotheke »Halle des Wohlbefindens«. Jeden Monat waren einige Bündel Weihrauchstäbchen und ein wenig Teestaub zu besorgen, doch Geschäfte, die mit diesen Dingen Handel trieben, verlangten sofortige Bezahlung und wollten sich nicht auf einen späteren Zeitpunkt vertrösten lassen.

Blieb der Kreis unserer Gläubiger auch überschaubar, so war es bei uns doch gang und gäbe, das Korn zu essen, ehe es auch nur gesät war. Mit anderen Worten: Mit dem monatlichen Sold beglichen wir die ausstehenden Rechnungen. War dann alles bezahlt, hatten wir kaum noch etwas übrig, so daß wir uns erneut verschulden mußten. Unvorhersehbare Ausgaben – wenn meine Mutter etwa zur Ehrenmutter ernannt wurde oder wenn Kinder geboren wurden – vereitelten jedoch unser lobenswertes Streben, die Schulden abzutragen: der Schuldenberg wuchs und wuchs. Folglich war die Mutter, auch wenn das Gehalt pünktlich ausgezahlt worden war, nie ohne Sorgen.

Die Tante war ein Hansdampf in allen Gassen. Sie spielte Karten, schlenderte durch den Tempel zum Schutz des Vaterlandes[4], besuchte Freunde und Verwandte und schaute sich von Amateuren dargebotene Peking-Opern, die für Frauen geöffnet waren, oder Kostümproben an. Wenn sie Karten spielte, mußte meine Mutter oft bis Mitternacht auf sie warten. Und wenn es plötzlich zu regnen oder zu schneien begann, dann holten meine Mutter und meine zweite Schwester die Tante mit einem Regenschirm ab, denn meiner Mutter war es trotz der großen Umstände lieber, es ihrer Schwägerin recht zu machen, als ihren Zorn auf sich zu ziehen.

Die Wutausbrüche meiner Tante nahmen die unterschiedlichsten Formen an, so daß selbst Götter und Geister ihre liebe Not hatten, die Launen der Tante

---

[4] Dies ist der Huguosi beim Xinjiekou.

vorauszusagen. Hatte sie sich erst über den zu kalten Tee aufgeregt, konnte sie so lange wettern, bis er zu einem kochend heißen geworden war, an dem sie sich die Zunge verbrannte; und dann beschuldigte sie die ganze Familie – einschließlich unseres gelben Hundes –, es darauf abgesehen zu haben, daß sie sich die Zunge verbrenne, damit sie nichts mehr essen könne und Hungers sterben müsse. Der Prozeß, den sie uns wegen versuchten Mordes machte, konnte leicht drei oder vier Tage währen.

Anders als die Tante ging meine Mutter – außer zu Hochzeiten und Beerdigungen – nur selten aus. Sie liebte das Gleichmaß der Hausarbeit. Sie konnte waschen und nähen, den Jungen die Haare schneiden und den Bräuten vor der Hochzeit die Gesichtshärchen mit einem feinen Seidenfaden abrasieren, so daß ihre Haut nach dem Schminken wie Samt schimmerte.

Manchmal hatte mein Vater gerade Dienst, wenn seine Amtsstelle – der Yamen – die Gehälter austeilte, und meine Mutter mußte das Geld abholen. Obwohl wir nicht weit vom Yamen entfernt wohnten, war sie dann sehr aufgeregt, geradeso, als ginge die Reise bis ins Südchinesische Meer, nach Hainan. Die Silberbarren – die mit der Zeit immer kleiner wurden – wechselte sie noch auf dem Heimweg in Bargeld ein. Damals konnte man Geld bei den Tabakhändlern aus Shanxi, in den Kerzengeschäften der Moslems oder bei Privatbanken und Geldwechslern eintauschen. Wollte meine Mutter auch nicht geizig wirken, so ging sie doch schüchtern und entschieden zugleich zu verschiedenen Stellen, um sich nach dem günstigsten Kurs umzuschauen – schließlich hing die Haushaltsplanung eines ganzen Monats von diesem bißchen Bargeld ab. Manchmal fiel der Kurs, noch während sie sich bei den Geldwechslern erkundigte. Dann hatte sie ganz umsonst spekuliert und sogar noch einige hundert Münzen verloren.

War die Mutter mit dem Bargeld zu Hause angekommen, begannen ihre Sorgen erst recht. Meine zweite

Schwester schenkte ihr sofort eine Schale starken Tee ein, der lange in einer kleinen Tonkanne neben dem Ofenfeuer gezogen hatte – manchmal hatte er sogar Aroma. Aus Furcht, die Mutter bei ihrem Grübeln zu stören, blieb meine Schwester stumm. Sie stahl sich aus dem Haus und zählte die Zeichen an den Türpfosten. Diese würden die Haushaltsplanung für den nächsten Monat bestimmen. Nachdem meine Mutter ihre Schale geleert hatte, entledigte sie sich ihres langen Mantels und setzte sich mit übereinandergeschlagenen Beinen auf den Kang. Einige Münzen ersetzten ihr den Abakus – die großen Münzen stellten eine ganze Münzschnur, die kleinen einen Teil davon dar. Ein paar Münzen in der Hand abwiegend und vor sich hin murmelnd, berechnete sie, wie viele für die Schulden zurückzuzahlen waren, und stapelte diese Münzen dann zu ihrer Linken. Als sie bemerkte, daß zu ihrer Rechten – hier lag das verbleibende Haushaltsgeld – kaum eine Münze übriggeblieben war, nahm sie einige Münzen vom linken Stapel und überlegte: Dem Öl- und Salzhändler könnte man ein paar Nettigkeiten sagen, so daß er sich vielleicht mit etwas weniger zufriedengäbe. Doch bei diesem Gedanken wurden ihre Handflächen feucht, und schnell legte sie die eben aufgenommenen Münzen wieder an ihren Platz zurück. Nein, sie ertrug es nicht, den Gläubigern zu schmeicheln: zurückzahlen, nur alles zurückzahlen! Selbst wenn nichts mehr übrigbliebe, war das doch besser, als vom Händler oder seinen Gehilfen gemahnt zu werden.

Nach dem gegen die konfuzianische Tradition gerichteten Taiping-Aufstand, dem Einmarsch englischer und französischer Truppen und der Niederlage Chinas im Krieg gegen Japan 1894/95[5] wurden nicht nur die langna-

---

[5] Durch die »ungleichen« Verträge nach dem Opiumkrieg 1840–1842 mußte China u. a. seine wichtigsten Häfen für den Außenhandel öffnen und dem Ausland die Einrichtung von Konzessionen und Niederlassungen zugestehen. Der Krieg gegen Japan hatte sich an Chinas ehemaligem

sigen Ausländer, die auf den Kaiser und seine Bannerleute herabsahen, immer überheblicher – auch die Öl- und Salzverkäufer aus Shanxi und die Geldwechsler aus Shandong bezeugten den Angehörigen der Banner nicht mehr den gehörigen Respekt. Mit ihren hefekloßgroßen Augen glotzten sie die Bannerleute an, verhöhnten sie, daß sie für ihr tägliches Brot nicht bezahlen konnten, und drohten, ihnen keinen Kredit mehr zu gewähren. Sogar ein Stück kalten Sojabohnenkäse mußte man bar bezahlen. Hatte meine Mutter für Innen- und Außenpolitik auch keinen Sinn, diese Veränderungen blieben ihr nicht verborgen. Und wenn sie die Lage mit meinem Vater – der, wie erwähnt, mit der bedeutungsvollen Aufgabe betraut war, den Kaiserpalast zu bewachen – besprach, so lachte er nur bitter und sagte leise: »Laß uns nur erst die Schulden bezahlen!«

Der Stapel links von meiner Mutter überragte den zu ihrer Rechten bei weitem. Schweißperlen zeigten sich an ihren Schläfen, und von den Schwierigkeiten völlig überwältigt, starrte sie vor sich hin. Endlich faßte meine Schwester sich ein Herz und sprach sie an: »Großmutter, zahl die Schulden zurück, dann wirst du dich gleich besser fühlen! Im nächsten Monat brauchen wir keine Haarschleifen, kein Puder und Haaröl. Vor dem Herdgott werden wir einige Kotaus mehr machen und ihm zu verstehen geben, daß er sich, weil wir sparen müssen, fortan mit einem Weihrauchstäbchen begnügen muß.«

Meine Mutter seufzte: »Ach, ich bringe es nicht übers Herz, den Herdgott zu kränken.«

»Wenn wir uns einschränken müssen, dann kann uns der Herdgott doch nicht zürnen«, entgegnete meine zweite Schwester und machte einen Vorschlag: »Laßt uns einfach mehr Bohnensaft trinken und weniger feste

---

Tributstaat Korea entzündet. In seiner Folge mußte China Gebiete an Japan abtreten und Reparationen zahlen.

Nahrung zu uns nehmen; laßt uns häufiger Sojabohnenkäse mit Zwiebeln essen und weniger Kurzgebratenes zubereiten! So können wir doch schon eine Menge sparen.«

»Ein verständiges Kind bist du!« Meine Mutter fühlte sich ein wenig getröstet. »Gut, schnallen wir den Gürtel enger! Gehst du, oder soll ich gehen?«

»Ruh dich nur aus, ich gehe.«

Meine Mutter ordnete die Münzen und Scheine, gab sie meiner zweiten Schwester und ermahnte sie mehrmals: »Komm schnell wieder heim, wenn du die Schulden bezahlt hast, denn trotz deiner Zöpfe bist du doch kein Kind mehr. Und erlaube Herrn Wang vom Restaurant Bianyifang[6] nicht, dein Kamel zu ziehen. Sag ihm, du seist eine junge Dame!«

»Herr Wang wird bald siebzig Jahre alt, was soll er mir schon anhaben?« gab meine Schwester lachend zurück, nahm das Geld und ging hinaus. Manchmal zogen alte Leute kleine Kinder aus Spaß oder um ihre Zuneigung zu zeigen, an der Nase: das nannte man »jemandem das Kamel ziehen«.

Nachdem die Schwester gegangen war, starrte meine Mutter auf das kleine Geldhäufchen, das noch auf dem Kang übrigblieb. Sie wußte nicht, wie wir einen Monat lang damit auskommen sollten. Da sie waschen und nähen konnte und schwere Arbeit nicht scheute, hatte sie schon oft daran gedacht, alte Freunde wie Herrn Wang um Arbeit zu bitten, damit sie etwas verdienen könne und unsere Familie sich nicht nur von Bohnensaft ernähren müßte.

Auch meine Schwester hatte darüber nachgedacht, wie unsere Not wohl zu lindern sei, und war eine geschickte Handarbeiterin geworden – sei es, daß sie Sohlen für Baumwollschuhe nähte, Strümpfe stopfte, stickte oder Kleider mit Knebeln und Ösen versah. Sie hätte es nicht als

---

[6] Dies ist das alte Peking-Enten-Restaurant in der Chongwenmenwai dajie.

Erniedrigung angesehen, für jemanden wie Herrn Wang oder Herrn Jin, der Hammelfleisch verkaufte, zu waschen oder zu nähen. Auch wenn sie Han-Chinesen oder Moslems waren, so hatte sie sie schon als Kind gekannt, und die Familien waren eng miteinander befreundet.

Meine älteste Schwester hatte ihr anvertraut, daß Onkel Jin dem Schwiegervater zwei Schafe geschenkt hatte, als dieser ihm zu einem Posten mit einem Gehalt von vier Unzen Silber im Monat verholfen hatte. Meine zweite Schwester war verblüfft: »Onkel Jin ist doch ein Moslem!« »Stimmt«, gab meine Schwester ihr recht, »aber behalt es für dich. Wenn man es oben erfährt, verliert der Schwiegervater seinen Beamtenposten.« Meine zweite Schwester schwieg, und der Schwiegervater konnte seinen Posten behalten.

Meine zweite Schwester dachte über den Handel zwischen Onkel Jin und dem Schwiegervater nach und kam zu der Überzeugung, daß eine Hand die andere wasche, ob es nun die eines Mandschu, eines Han-Chinesen oder eines Moslems war. Und wenn eine gute Stellung für ein paar Schafe zu haben war, konnte man sich – so folgerte sie – mit einem Kamel sicherlich einen Adelstitel erkaufen. Als ich später auch etwas von diesen Dingen verstand, sah ich, daß meine zweite Schwester mit ihrer Schlußfolgerung ins Schwarze getroffen hatte.

Die Tante jedoch wollte auf gar keinen Fall erlauben, daß meine Mutter und meine zweite Schwester arbeiten gingen. Gegen Herrn Wang oder Onkel Jin hatte sie nichts einzuwenden – ganz im Gegenteil, sie kam häufiger mit ihnen zusammen als wir. Hatte sie Gäste geladen, ließ sie vom Bianyifang Spezialitäten aus Suzhou kommen, und bei schlechtem Wetter bestellte sie bei Onkel Jin erstklassigen Hammelbauch oder gebratenen Nacken. Uns waren solche Tafelfreuden leider nicht vergönnt.

Meine Tante beharrte darauf, daß es sich einfach nicht schickte, als Frau die Hausarbeit anderer zu verrichten. »Was würde euch dann noch von den alten Mägden aus

Sanhe unterscheiden?« Meine Mutter wußte, daß Hunger und Kälte diese Mägde nach Peking getrieben hatten, wo sie Arbeit suchten – allein zur Arbeit waren sie nicht geboren. Sie wagte aber nicht, der Tante zu widersprechen, sondern lachte nur und kam nie wieder auf dieses Thema zurück.

So sehr bedrückten unsere finanziellen Schwierigkeiten meine Mutter: Wenn sie erfuhr, daß die Nachbarstochter zur Rechten in wenigen Tagen heiraten würde oder der Nachbarssohn zur Linken sich bald eine Frau nehmen wollte, trank sie unzählige Schalen Tee aus der kleinen Tonkanne. Sie verspürte keinen Hunger, klagte aber über einen trockenen Mund. Tagelang mochte sie dann nicht lächeln – außer wenn sie einige Worte mit der Tante wechselte. Arme Mutter!

Ich weiß nicht, wie meine Mutter in jungen Jahren aussah, denn ich war ihr jüngstes Kind und erblickte das Licht der Welt erst, als sie das vierzigste Lebensjahr schon lange vollendet hatte. Aber seit ich mich erinnern kann und bis zu ihrem Tod, meinte ich, daß sie als junge Frau ebenso hübsch wie meine Schwester gewesen sein mußte. Noch mit fünfzig Jahren war sie eine würdige und gepflegte Erscheinung, fast so, als hätte sie ein sorgenfreies Leben genossen. Ihre kleine Statur fiel wegen ihres sicheren Auftretens gar nicht auf. Ihr gelbliches Gesicht strahlte – gleich ob sich in ihm Freude oder Traurigkeit widerspiegelte – stets Ruhe aus. Dieses Gesicht mit der zierlichen Nase und den dunklen, leuchtenden und immer offen blickenden Augen war das Antlitz einer aufrichtigen Frau, die niemandem etwas Böses wollte. Auf den ersten Blick wirkte sie ein wenig schwach. Schaute man ihr jedoch dabei zu, wie sie ganze Berge von Wäsche bewältigte, so wurde einem klar, daß sie stets ihren Mann stand, auch wenn ihr die Sorgen schwer zu schaffen machten.

Nur einen Tag nach meiner Geburt zerbrach sie sich trotz großer Erschöpfung und blasser Lippen schon wieder den Kopf: bei Hochzeits- und Beerdigungsfeierlichkeiten war sie – ungeachtet unserer finanziellen Not – stets großzügig. Nun war ihr selbst noch ein Sohn geschenkt worden, und die Freunde und Verwandten würden bald kommen, um zu gratulieren. Womit konnte man sie nur bewirten? Mein Vater war vom Dienst noch nicht heimgekehrt und hatte sein Gehalt für den ersten Monat des neuen Jahres noch nicht erhalten. Die Tante um Hilfe zu bitten wäre meiner Mutter unangenehm gewesen. Und es hätte auch keinen Zweck gehabt, mit der jüngsten Tochter darüber zu sprechen. Als ihr Blick auf das magere Baby neben ihr fiel, für das sie fast ihr Leben hatte hingeben müssen, schossen ihr die Tränen in die Augen.

3

Und tatsächlich: am nächsten Morgen hielt auch schon die Schwägerin – die Frau des Bruders meiner Mutter –, gestützt von meinem Cousin Fuhai, mit Pauken und Trompeten bei uns Einzug. Bis heute vermag ich nicht zu sagen, wie sie von meiner Geburt erfahren hatte. Aber hätte sie einen Besuch bei uns etwa auslassen können? Damals gehörte es sich, daß eine Frau im Wochenbett von ihrer Familie versorgt wurde – ein weiterer Beweis dafür, daß es ein Verlustgeschäft war, eine Tochter zu haben. Es genügte nicht, die Braut mit Kleidern für alle vier Jahreszeiten und mit Gold- und Silberschmuck auszustatten und ihr Truhen, Schränke, Tische, Stühle und sogar Federstaubwedel mitzugeben – man mußte sie auch versorgen, wenn sie Mutter wurde.

War die Schwägerin auch von kleinem Wuchs, so hustete sie doch recht geräuschvoll. Kaum war der Winter hereingebrochen, stellte sich ihr Asthma wieder ein, und sie wurde von nicht enden wollenden Hustenanfällen geschüttelt. Wenn sie zwischendurch einmal verschnaufen konnte, zog sie gurgelnd an ihrer Wasserpfeife, den nächsten Hustenanfall abwartend. Als sie und Fuhai wohl noch einen halben Li von unserem Haus entfernt waren, rief die zweite Schwester meiner Mutter freudig zu: »Die Tante kommt! Die Tante kommt!« Obwohl meine Mutter wußte, daß deren Tugenden sich einzig und allein in ihrem gewaltigen Husten erschöpften, lächelte sie: Die Schwägerin hatte Wind und Wetter getrotzt und war die erste, die zum freudigen Ereignis gratulierte. Ihr Besuch bestätigte meiner Mutter, wie sehr ihre Familie sie achtete. Sie wollte meiner zweiten Schwester antworten, brachte aber kein Wort über die Lippen, und so lief die Schwester hinaus, um die Schwägerin zu begrüßen.

Dann geleiteten sie und Fuhai die Schwägerin langsamen Schrittes herein – so behutsam und geduldig, daß sie für den kurzen Weg vom vorderen Tor bis in den Hof sage und schreibe über zwanzig Minuten brauchten. Da sie mit einer Hand die Schwägerin stützte und ihr mit der anderen Hand auf den Rücken klopfte, konnte meine Schwester dem Cousin die Wasserpfeife, die Schachtel mit Eiern und braunem Zucker und das in Binsen verpackte Zimt- und Biskuitgebäck nicht abnehmen.

Nachdem sie Atem geschöpft hatte, gab die Schwägerin ein kurzes Gemurmel von sich, auf das Fuhai meiner Schwester die Schachtel und das Gebäck überreichte und die Schwägerin in die Gemächer der Tante führte. Wie sehr sie das Asthma auch quälte, sie wußte doch genau, wem die erste Aufwartung gebührte. Auch war sie so geistesgegenwärtig, die mitgebrachten Speisen meiner zweiten Schwester zu geben, denn die Tante hätte sich gewiß an ihnen gütlich getan. Sie hatte zwar auch allerlei Leckereien vorrätig, doch beim Anblick von so vielversprechenden Schachteln und Bündeln war sie stets überzeugt, daß ein Teil davon ihr zustehe.

Der Besuch der Schwägerin bei der Tante geschah nur um der Etikette willen. Sie mußte die Tante nur begrüßen, ein wenig husten, und schon konnte sie diese Aufgabe als erledigt betrachten. Die Tante ihrerseits hätte sich nur zu einem sparsamen Lächeln bequemen müssen – weil aber Fuhai mit von der Partie war, hieß sie die beiden wortreich willkommen.

Fuhai war bei den Freunden und Verwandten sehr beliebt. Er war von kleinem Wuchs und doch kräftig, war stämmig und dabei doch zierlich, genoß die Blüte seiner Jugend und war doch schon reif und erfahren. Er hatte ein klares, rundes Gesicht und große Augen mit zwei Lidfalten. Noch ehe er den Mund öffnete, sah man ihm an, daß er sowohl Scherzhaftes als auch Geistreiches anzumerken verstand – sagte er dann tatsächlich etwas, leuchteten seine Augen, und sein ganzes Gesicht strahlte. Seine Worte waren in der Tat scherzhaft, aber nicht verletzend. Er war auch nicht überheblich – was er sagte, hatte Hand und Fuß. Und war seine Kopfhaut auch sehr dunkel, schaute er doch aus wie die pausbäckigen Babys auf den Bildern zum Neujahrsfest. Vom Hinterkopf fiel ihm ein langer Zopf auf den Rücken herab, der seiner Erscheinung sowohl Charme als auch Verläßlichkeit verlieh.

Seine Respektsbezeigungen waren nahezu vollendet: zuerst schaute er sein Gegenüber an, senkte dann seinen Blick, trat zwei Schritte vor und machte eine wohlbemessene Verbeugung. Nachdem er ehrerbietig einen Augenblick so verharrt hatte, sagte er in herzlichem Tonfall: »Guten Tag, gnädige Frau!« Dann trat er einen bedächtigen Schritt zurück, richtete sich wieder auf und verschränkte die Hände hinter dem Rücken. Eine solcherart vollkommene Ehrbezeigung beantworteten die gnädigen Damen auch ihrerseits mit einer Verbeugung und seufzten: »Wenn doch unser Sohn die Etikette ebenfalls so achten würde!«

Sei es, daß er sich verbeugte oder setzte, sei es, daß er ging oder ritt – stets gab er eine gute Figur ab. Besonders schmuck sah er aus, wenn er die Kinder mit Figuren aus dem Kampfsport[7] wie »Goldenes Huhn auf einem Bein« oder »Zu Pferde« erheiterte.

Fuhai war Bannermann mit Haut und Haaren. Er beherrschte die Kunst des Reitens und des Bogenschießens, die die Mandschu über zweihundert Jahre lang kultiviert hatten, hatte aber auch viele Sitten und Gebräuche der Han-Chinesen, der Mongolen und Moslems angenommen. Er konnte mit dem Pinsel ebenso wie mit dem Schwert umgehen und war sowohl in der Kultur der Mandschu als auch in der der Han-Chinesen zu Hause; er konnte außer Reiten und Bogenschießen auch einige Balladenstrophen singen und ein paar Verse aus der Oper »Der Wenzhao-Pass«[8] zum besten geben; er stellte den Leuten das Horoskop und war bewandert in der Geomantik[9]. Er wußte auch, wie man Tauben und andere Vögel züchtete und wie man mit Maultieren und Goldfischen umging. Da er jedoch wichtigere Angelegenheiten zu ordnen hatte – die Verwandten wollten bei der Wahl eines Sarges beraten, die Freunde mit dem Küchenmeister bekannt gemacht werden –, blieb ihm keine Zeit für diese lebenden Kunstwerke. So war es ihm versagt, solche Lieblinge sein eigen zu nennen. Dünkte der Mann meiner ältesten Schwester sich auch einen Kenner im Züchten von Tauben und im Abrichten von Falken – wenn er auf Fuhai traf, wurde er daran erinnert, daß es mit seinen Künsten nicht weit her war, und er spielte mit dem Gedanken, seine »fliegenden Silberbarren« an den Nächstbesten zu verschleudern.

---

[7] Der Kampfsport »Wushu« wurde früher als Form der Selbstverteidigung, heute als gymnastische Übung und ganzheitliche Selbstfindung betrieben. – Fuhai erheitert die Kinder, die versuchen, ihn aus den beschriebenen Positionen umzustoßen.

[8] Traditionelle Oper über den Helden Wu Zixu aus dem Staat Wu z. Z. der Frühlings- und Herbstperiode (770–481 v. Chr.).

[9] Chinesisch »fengshui«, wörtlich: Wind und Wasser. Lehre, die aus Bodenbeschaffenheit und Geländeform auf die günstige Lage von Bauten und Grabstellen schließt.

Fuhai war ein gewitzter Hasardeur und ein Meister im Domino, im Kartenspiel und beim Knobeln; er hatte Glück beim Losen und Würfeln und war ein geschickter Jongleur. Um Geld spielte er jedoch nie. Nur wenn den alten Damen noch jemand für ihre Kartenrunde fehlte, sprang er ein. Seine Gewinne und Verluste hielten sich dann gerade die Waage – und hatte ihn das Spiel doch einmal mit einigen hundert Münzen verwöhnt, so kaufte er den Kindern davon kandierte Bohnen oder große saure Datteln.

Fuhai, dieser Inbegriff eines Bannermanns, war eigentlich nur zur Hälfte oder zu einem Drittel ein solcher. Mit der Abstammung hatte das nichts zu tun: er konnte nur wenige Brocken Mandschurisch und sprach und schrieb Chinesisch. Er konnte zwar weder klassische Gedichte schreiben, noch brachte er einen Aufsatz nach den feststehenden Regeln oder einen politischen Diskurs zustande – doch wenn es darum ging, ein kurzes Lied zu komponieren oder Spruchbänder zum Neujahrsfest zu kalligraphieren, so überlegte er auf chinesisch, ohne auch nur einen Gedanken darauf zu verschwenden, ob er sich vielleicht des Mandschurischen bedienen sollte. Bei Steininschriften oder Gedenktafeln bewunderte er stets Anmut und Kraft der chinesischen Zeichen – die mandschurische Schrift dagegen würdigte er kaum eines Blickes, als wollte er einen gewissen Abstand zu ihr wahren. Selbst der Pekinger Dialekt ging ihm so flüssig von der Zunge, daß man meinen konnte, er wäre einer der Schöpfer dieser noblen Mundart. War das auch nicht der Fall, so gebührte ihm doch zumindest ein Teil des Ruhmes, diesen Dialekt geschaffen zu haben: Seine Ahnen hatten nicht nur einige mandschurische Wendungen in das Chinesische eingeführt, sondern auch einen lebendigen, behenden Akzent geschaffen. Inzwischen war dieser Akzent jedoch so lebendig geworden, daß es den Auswärtigen oft schwerfiel, dem Sprecher zu folgen.

Und nun das Unglaubliche: Fuhai war Anstreicher. Und

deshalb konnte niemand behaupten, daß er mehr als ein halber Bannermann war – auch nicht mit einem Vater, der als Zeichen seines dritten Offiziersranges die Uniformmütze mit dem blauen Knopf trug.

Als meine Schwester heiratete, war der Onkel als Ehestifter aufgetreten. Der Vater der Schwiegermutter war von Adel, ihr Mann war Offizier, und normalerweise hätte sie sich nicht mit einer Schwiegertochter aus einer Soldatenfamilie zufriedengegeben, ganz gleich, wie hübsch und flink meine Schwester auch war. Doch des Onkels Mütze mit dem blauen Knopf hatte ihre Schuldigkeit getan, der Schwiegervater war nämlich nur Offizier vierten Ranges.

Am Hochzeitstag war es dann auch der Onkel, der sie als Ehrenvater zu ihrem neuen Zuhause begleitete. Und nicht genug: Es war ihm gelungen, noch einen weiteren Offizier seines Ranges und sogar zwei Offiziere mit roten Knöpfen an den Mützen[10] herbeizuholen. Diese mit Pfauenfedern herausgeputzte Eskorte mit roten und blauen Knöpfen gab einen Brautzug her, der sich sehen lassen konnte. Die Schwiegermutter hätte mit Leichtigkeit vier Rotknöpfe für den Bräutigam herbeirufen können, aber da sie sich nicht hatte vorstellen können, daß es uns jemals gelingen würde, einen so repräsentativen Zug zusammenzustellen, hatte sie nur vier Offiziere fünften Ranges bestellt und uns so ungewollt vor einer großen Blamage bewahrt. Und so machte unsere Familie auf dieser Hochzeit weit mehr Eindruck als die ihre – sehr zu unserer Genugtuung. Nach dieser Niederlage war die Schwiegermutter gezwungen, meine Mutter mit »gnädige Frau« anzureden. Die Tante nutzte diesen Sieg aus und verfolgte den Feind weiter: Feierlich verkündete sie, daß ihr Mann – der ja vielleicht Han-Chinese war – zu Lebzeiten den zweiten Offiziersrang bekleidet hatte.

Noch nach vielen Jahren schärfte meine Schwester mir

---

[10] Zeichen des höchsten Offiziersrangs.

ein, der Schwiegermutter nicht zu verraten, daß Fuhai ein gelernter Anstreicher war. Hätte sie seinerzeit nämlich die Wahrheit über Fuhai gewußt, wäre es durchaus fraglich gewesen, ob die Versuche des Onkels als Ehevermittler von Erfolg gekrönt gewesen wären – dabei war es gar nicht gesagt, daß die Schwester das Gesicht verloren hätte, wenn die Familie ihres Ehemannes nicht auf das Werben des Onkels eingegangen wäre.

Es war sein eigener Weitblick, der Fuhai zu der Entscheidung, ein Handwerk zu erlernen, gebracht hatte. Die militärischen Regeln ließen uns keinerlei Freiheiten. Man konnte sein eigenes Banner nicht einfach verlassen und Peking den Rücken kehren, und obwohl es einem Bannermann von offizieller Seite nicht verboten war, ein Handwerk zu erlernen, so wurde er, wenn er es tat, doch unweigerlich schief angesehen. Von einem Bannermann erwartete man, daß er sich als Soldat rekrutieren ließ, ritt, mit Pfeil und Bogen schoß und sich dem Kaiser verpflichtete. Während die Zahl der Bannerleute begrenzt blieb, nahm die Zahl der Mandschu jedoch unaufhaltsam zu. So konnten zwar die beiden ältesten Söhne einer Familie frei gewordene Posten besetzen und ihr Gehalt und die Reiszuteilungen bekommen – die nachfolgenden Söhne aber fanden keine Arbeit. Da nimmt es nicht wunder, wenn Familien mit mehreren erwerbslosen Söhnen – nach alter Regel war es den Mandschu untersagt, als Bauern oder Arbeiter ihr Brot zu verdienen – ihre liebe Not hatten, alle hungrigen Münder zu stopfen. Mit dem Banner-System hatten die Mandschu China von Norden nach Süden unter ihre Herrschaft bringen können; es nahm ihnen jedoch auch die eigene Freiheit und das Selbstvertrauen und hatte viele Mandschu zu lebenslänglichen Arbeitslosen gemacht, denen die von zahlreichen gutbezahlten Müßiggängern besetzten Posten verwehrt blieben. Bezog nicht auch meine Tante eine Pension, von der mehrere Bannerleute hätten leben können?

Der dritte Bruder meiner Mutter hatte fünf rechtschaffene Söhne, doch keiner hatte ein Amt erhalten. Da sie jedoch weit vor der Stadt wohnten, kümmerten sie die Edikte des Kaisers nur wenig: sie arbeiteten als Handwerker und auf dem Feld und hatten ihr Auskommen. Vielleicht hatte ihr Erfolg Fuhai auf den Gedanken gebracht, in die Lehre zu gehen. Fuhai hatte das System durchschaut. Sein ältester Bruder hatte eine Stellung bekommen und brachte jeden Monat vier Unzen Silber nach Hause. Ob Fuhai selbst aber auch Bannermann werden könnte, das stand noch in den Sternen. Es wäre doch eine Schande, wenn ein so begabter junger Mann wie er ein Leben lang zum Nichtstun verurteilt wäre und vielleicht nicht einmal eine Frau finden könnte. Er war ein erstklassiger Reiter und hervorragender Bogenschütze. Mit seinen Fähigkeiten konnte er dem buckligen Sohn einer adligen Familie oder dem hinkenden Stammhalter eines vornehmen Hauses zu einem guten Posten verhelfen, indem er an ihrer Statt mit Glanz und Gloria die Prüfung am Kaiserhof bestand. Ja, so verdreht war die Welt: er, der begabt war, fand keine Arbeit – die Buckligen und Hinkefüße hingegen ließen ihre Beziehungen spielen und ihr Geld das übrige tun und konnten sich so durch eine Vertretung bei den kaiserlichen Prüfungen einen Posten und ein Gehalt sichern. Für Fuhai fielen nur ein Paar aus blauem Satin gearbeitete Stiefel oder einige Unzen Silber ab.

Fuhai verstand: Kein Wunder, daß die alliierten Truppen in Peking einmarschiert waren und den Sommerpalast niedergebrannt hatten. Wie hätte man auch mit einer Armee, die sich aus Witwen, Buckligen und Lahmen, aus Offizieren und Kavalleristen vom Schlage des Schwiegervaters und des Mannes meiner Schwester rekrutierte, einen feindlichen Angriff abwehren können? So entschied Fuhai sich für das Handwerk. In gewissen Abschnitten in der Geschichte hatte es immer Menschen gegeben, die etwas weiter blickten als die anderen.

Zu allem Unglück wurde Fuhais Bruder krank und starb – und Fuhai konnte seine Nachfolge antreten. Während der vorgeschriebenen Zeiten verrichtete er seinen Dienst und arbeitete im übrigen als Anstreicher, so daß beide Beschäftigungen einander nicht im Wege standen. Wenn Freunde und Verwandte einen lackierten Sarg in Auftrag geben oder die Brautgemächer für die bevorstehende Hochzeit frisch gestrichen haben wollten, wandten sie sich an ihn. Fuhai arbeitete für einen geringen Lohn, ging sparsam mit dem Material um und war zudem noch sehr sorgfältig.

Hantierte er mit Pinsel und Farbe, vergaß er fast, daß er der Sohn eines Offiziers und selbst ein Soldat mit ansehnlichem Sold war. Sein Malerkittel, sein Fleiß und seine Gewissenhaftigkeit ebenso wie die Freundlichkeit gegenüber den anderen Gesellen und Lehrlingen machten einen anderen Menschen aus ihm: einen Chinesen, einen Arbeiter, einen Bannermann, von dem nicht einmal die Qing-Kaiser Shunzhi und Kangxi zu träumen gewagt hätten[11]. Fuhai gehörte zwar der Geheimgesellschaft »Weißer Lotos«[12] an – an einen Aufstand oder den Sturz der Mandschu-Dynastie hatte er jedoch noch niemals gedacht. Er war vielmehr der »Gesellschaft vollkommener Abstinenz«, einer Nebengruppe dieser geheimen Sekte, beigetreten, um seinen Tabak- und Alkoholverbrauch einzuschränken. Wenn seine Freunde rauchten und tranken, begnügte er sich damit, sein Schnupftabaksfläschchen hervorzuholen und eine Prise teeblattfarbenen Tabak auf seinen Handrücken zu schütten und an die Nase zu führen. Und niemand mochte einen Abstinenzler dazu bewegen, seinen Grundsätzen untreu zu werden.

Er selbst sagte jedoch nicht, daß er Mitglied jener diesen Wohlgenüssen entsagenden Gesellschaft war, sondern er-

---

[11] Shunzhi: Regierungszeit 1644–1661; Kangxi: Regierungszeit 1662–1722. Insbesondere der mandschurische Kaiser Kangxi förderte die chinesische Kultur.
[12] Diese Geheimgesellschaft bestand schon zur Zeit der Ming-Dynastie und wurde im 18. Jahrhundert neu organisiert. Sie richtete sich gegen die Regierung und die Gentry.

klärte stets, daß er dem »Weißen Lotos« verpflichtet sei. Zweifellos, die beiden Vereinigungen waren durch gewisse Bande miteinander verknüpft – während man den Abstinenzlern jedoch allgemeine Anerkennung schenkte, traute man dem »Weißen Lotos« nicht so recht über den Weg.

Meine Mutter sagte: »Fuhai, es ist lobenswert, daß du den Lastern nicht frönst. Warum aber verschreckst du die Leute mit deinem Gerede vom ›Weißen Lotos‹?«

Fuhai lachte: »Gnädige Frau, auch wenn ich Mitglied des ›Weißen Lotos‹ bin, so werde ich doch keinen Aufruhr anzetteln.«

Die Mutter nickte: »Nun gut, ich hoffe, es stimmt.«

Der Mann meiner Schwester war da ganz anderer Meinung. Zollte er Fuhai in vielen Dingen auch Anerkennung, so konnte er es doch nicht gutheißen, daß dieser als Anstreicher arbeitete und vorgab, Mitglied des »Weißen Lotos« zu sein. Er überragte Fuhai nur um wenige Zentimeter – anders jedoch als Fuhai, der mit aufrechter Haltung seinen kleinen Wuchs zu überspielen wußte, ging er mit gebeugten Schultern seiner Wege. Was er auch anstellte, stets war er nervös und hektisch. Saß er aber endlich einmal still, so machte er mit seinem langgeschnittenen Gesicht, der langen Nase und den großen Augen doch einen würdigen Eindruck; allein das Stillsitzen fiel ihm – wie einem Kind, das mit seinen Händen und Füßen nichts anzufangen weiß – recht schwer.

Fiel ihm plötzlich ein, daß er lesen wollte, nahm er schnell den Roman »Fünf Tiger-Generäle befrieden den Westen«[13] zur Hand. Sonst fanden sich in seiner Bibliothek nur »Die Geschichte der drei Reiche«, vier oder fünf Bände mit Balladen und »Die Einführung in den sechssilbigen Vers«, die er als Kind gelesen hatte. Kaum daß die »Fünf Tiger-Generäle« in seiner Hand lagen, kam ihm der

---

[13] Historischer Roman über den General Di Qing, der zur Zeit der nördlichen Song-Dynastie (960–1127 n. Chr.) lebte.

Gedanke, die Tauben herauszulassen, und geschwind wurde das Buch auf das Fensterbrett gelegt und der Taubenschlag geöffnet. Waren sie alle ausgeflogen, so begann unter aufgeregtem Rufen und zornigem Füßestampfen die Suche nach der gerade begonnenen Lektüre. Und erblickte er das Buch dann auf dem Fensterbrett, hieß das noch lange nicht, daß er erneut Anstalten machte, sich darin zu vertiefen. Vor sich hinsummend, ging er auf die Straße, um vielleicht einem gerade vorbeiziehenden Trauerzug zuzuschauen.

Seine Freiheit, tun und lassen zu können, was er wollte, schätzte er über alle Maßen; er betrachtete sie als von Generation zu Generation weiterzugebendes Erbe der Ahnen, in dessen Genuß auch seine Kinder und Kindeskinder kommen sollten. So glaubte er auch, daß Fuhai mit seiner Beschäftigung als Anstreicher die Selbstachtung eines Bannermanns verloren hatte und sich durch sein Bekenntnis zum »Weißen Lotos« mit Rebellen verbrüderte, die vor einiger Zeit – an die genaue Jahreszahl vermochte er sich nicht zu erinnern – gegen den Kaiser aufbegehrt hatten.

Einige Monate vor meiner Geburt hatte meinen Onkel, den Schwiegervater und den Mann meiner Schwester eine große Unruhe befallen. Sie alle waren überzeugte Gegner der achtundneunziger Reformen. Am einfachsten und schlagkräftigsten war die Begründung des Onkels: »Die von den Ahnen festgelegten Gesetze dürfen nicht verändert werden.« Der Schwiegervater, der kein besseres Argument fand, fügte nur hinzu: »Veränderungen bringen die Welt in Unordnung.« Dabei wußten die beiden Beamten gar nicht, welche Gesetze von der Erneuerung betroffen waren – allein sie hatten davon gehört, daß die Bannerleute dann auf ihren eigenen Füßen stehen müßten und die vom Kaiserhof ausbezahlten Gehälter der Vergangenheit angehören würden.

Obwohl er die Fünfzig schon überschritten hatte, war der Onkel von kaum kräftigerer Statur als seine Frau; damit sein Zopf die bei den Mandschu übliche Länge erreichen konnte, mußte er mit einem großen Büschel falschen Haares nachhelfen, und weil die Last der Jahre seine rechte Schulter gebeugt hatte, schlich sich der Zopf oft nach vorn, was dem Onkel nicht gerade ein soldatisches Aussehen verlieh. Die Kunde von den Reformen hatte seine Schulter noch mehr gekrümmt, so daß er ganz gebückt ging – wie ein Papierdrachen, der seine Schnur vermißte.

Der Schwiegervater meiner Schwester war in der Blüte seiner Jahre, hatte eine aufrechte Haltung und eine gesunde Gesichtsfarbe. Zu früher Morgenstunde schon führte er seine Vögel in den Käfigen aus und legte dabei mindestens sechs Li zurück. Diese Spaziergänge waren ihm und seinen gefiederten Begleitern so zur Gewohnheit geworden, daß er – blieb ihm einmal keine Zeit für seine Runden – sich ganz steif fühlte und die Vögel nicht mehr singen wollten. Er mochte noch so rüstig und stets zu einem Schwätzchen bereit sein – die Nachricht, sein ehemals so sicheres Einkommen sei gefährdet, beunruhigte ihn doch, und sein Husten verlor den melodischen Klang.

Er suchte meinen Onkel auf. Als erstes erkundigte er sich, ob auch keine Katzen in der Nähe waren. Ohne Zweifel, die Reformen waren eine ernste Sache – hätten die Katzen jedoch seine Blaukehlchen verletzt, wäre das weitaus ernster gewesen.

Hatte er sich versichert, daß seinen Vögeln keine Gefahren drohten, stellte er die Käfige ab. »Verehrter Yun«, begrüßte er den Onkel ein wenig hastig.

Yunting – Wolkenpavillon –, so lautete der poetische Name des Onkels. Damals war es der größte Wunsch der Bannerleute, ihre Bräuche über Generationen weiterzuvererben. Andererseits ahmten sie jedoch auch mehr und mehr die Han-Chinesen nach. Zu Beginn waren es nur die Gelehrten der oberen Schicht, die sich mit poetischen und wohlklingenden Beinamen schmückten, doch nach und nach übernahmen auch die Offiziere diese vornehme Sitte. Als ich zur Welt kam, hatten sich sogar einfache Soldaten und Leute, die kein hohes Amt bekleideten und Namen wie Hai Erge – Zweiter Bruder Hai – oder En Siye – Vierter Onkel En – trugen, noble Beinamen wie »Chen« oder »Fu« zugelegt. Ting, Chen, Zhi und Fu waren am beliebtesten: der Onkel hieß Yunting, und der Schwiegervater meiner Schwester nannte sich Zhengchen – treuer Beamter. Ihr Mann jedoch hatte sich einen Spaß erlaubt: er nannte sich nicht vornehm Duofu, sondern hatte sich den Namen »Doufu« – Sojabohnenkäse – zugelegt. Doch gleich welchen Beinamen man trug, man hatte seine Vorteile davon; und wurde man nach seinem werten Namen gefragt, so war es immer noch besser, sich als »Sojabohnenkäse« vorzustellen als betreten schweigen zu müssen. Der Onkel bemerkte die Unrast in der Stimme seines Gastes. Als langjähriger Beamter – er stand einen Dienstgrad über dem Schwiegervater – war er jedoch sehr erfahren und gelassen und erkundigte sich nicht gleich danach, was seinen Gast bedrückte: erst widmete er sich mit fachmännischem Lob den Vögeln. Der Schwiegervater mußte ihn noch einmal ansprechen, bis er endlich zur Sache kam: »Verehrter Zheng, auch ich sorge mich – dabei habe ich doch kaum noch etwas zu verlieren. Ich habe die Fünfzig schon überschritten, mein Haar wird lichter, die Schultern sind gebeugt. Was wollen die denn noch von mir? Es geht ihnen nicht um neue Gesetze – sie wollen mein Leben.«

»Stimmt«, mit einem nahezu unmelodischen Husten pflichtete der Schwiegervater ihm bei. »Leute, die solchen Unfug aushecken, verdienen es, zerstückelt zu werden. Verehrter Yun, was mich betrifft, so habe ich mir nie etwas zuschulden kommen lassen. Stets lebte ich bescheiden und habe niemals nach den Sternen gegriffen. Doch ist es untersagt, sich sauber und adrett zu kleiden? Findet denn der trockene Reis nicht leichter seinen Weg in den Magen, wenn er von gebratenen Nierchen und Schweinefleisch mit Ei und Gemüse begleitet wird? Soll es meinen Sängern denn verwehrt sein, ihren Appetit mit zartem Hammelfleisch zu stillen? Dies soll nun alles nicht mehr erlaubt sein? Unmöglich!«

»Wir beide haben nie übertriebene Ansprüche gestellt.«

»Wie wahr! Wenn man uns kein Gehalt mehr zahlt, werde ich Straßenhändler«, erwiderte der Schwiegervater und ahmte mit zugehaltenen Ohren das Marktgeschrei der Krämer nach: »Süß wie Honig in Waben, ihr könnt euch dran laben. Ich...«, Tränen schossen ihm in die Augen, und seine Stimme versagte.

»Verehrter Zheng, Ihr seid auch rüstiger als ich. Meine Kräfte reichen nicht einmal dazu, ›Zerbrochene Erdnüsse, mehr fürs Geld‹ zu rufen.«

»Hört, verehrter Yun, würde man der Probleme Herr werden, wenn man jedem von uns hundert Mu[14] zuteilte und bewirtschaften ließe?«

»Wenn Ihr mich fragt: nimmer! Ich brauche wohl nicht zu sagen, daß ich eine Hacke nicht zu führen weiß. Und gäbe man mir doch eine, so wäre es höchst verwunderlich, wenn ich mir nicht den großen Zeh abhackte.«

Die beiden Herren beratschlagten noch eine Weile, kamen aber zu keinem Ergebnis. Schließlich machten sie sich auf zur »Friedliebenden Erhabenheit«, wo sie eineinhalb Liter gelben Reiswein und ein paar Leckereien bestellten und nach Herzenslust tafelten. Nach dem Mahl stritten sie dann über eine halbe Stunde um die Ehre, die Zeche zahlen zu dürfen und, da keiner der beiden Geld bei sich hatte, auf seinen Namen anschreiben zu lassen.

Als ich geboren wurde, hatte die Diskussion um die Reformen schon ein Ende gefunden; einige ihrer Befürworter hatten ihr Leben lassen müssen. Der Schwiegervater und der Onkel waren beruhigt und trafen sich weiterhin regelmäßig in der »Friedliebenden Erhabenheit«. Doch immer wenn sie den Rübenverkäufer »Süß wie Honig in Waben, ihr könnt euch dran laben« und den Erdnußver-

---

[14] Chinesische Flächeneinheit: 1/15 Hektar.

käufer »Zerbrochene Erdnüsse, mehr fürs Geld« rufen hörten, fühlten sie sich – trotz der Gelassenheit, die sie während ihrer langen Beamtenzeit erworben hatten – nicht ganz wohl in ihrer Haut.

Damals, als die Wogen der Reformen noch hochschlugen, hatte Duofu, der Mann meiner Schwester, den Cousin Fuhai noch bewundert. Er selbst war damals nur selten ausgegangen und hatte die meiste Zeit, ein zweites Mal »Die Einführung in den sechssilbigen Vers« studierend, zu Hause verbracht. Ernst hatte er damals zu meiner Schwester gesagt: »Cousin Fuhai ist wirklich vorausschauend. Wir sollten uns auch etwas überlegen.«

»Sorge dich nicht: kommt Zeit, kommt Rat«, entgegnete meine Schwester; zu dieser Redensart griff sie stets, wenn sie sich schwer lösbaren Problemen gegenübersah.

»Ich fürchte, diesmal geht es uns an den Kragen.«

»Sag mir, wenn du eine Idee hast, Duofu!« – Meine Schwester empfand es als sehr elegant, ihn mit so einem vornehmen Namen anzureden.

»Duofu? Ich heiße Doufu – Sojabohnenkäse!« lachte ihr Mann verzweifelt. »Heutzutage arbeiten einige Bannerleute auch als Maurer, Zimmerleute, Köche und Tapezierer.«

»Willst du ...«, hob meine Schwester lächelnd an zu fragen, als wollte sie ihm bedeuten, daß sie stets hinter ihm stehen würde – selbst wenn er sich entschlösse, ein Handwerk zu erlernen.

»Dem Lehrlingsalter bin ich längst entwachsen, bei wem kann ich denn noch in die Lehre gehen? Für mich wäre es am besten, mit Tauben zu handeln. So ein Täubchen ist Geschmackssache: Mag der Kunde es nicht, so will er es nicht einmal geschenkt; findet er Gefallen an ihm, so ist es ihm acht oder zehn Unzen Silber wert. Ich brauche auch nicht viele zu verkaufen – einige gute Geschäfte im Monat, und wir werden über die Runden kommen.«

»Das wäre fein«, ermutigte ihn meine Schwester, noch nicht ganz überzeugt. Nach zweitägigem Abwägen hatte er sich endlich für ein Krähenpaar entschieden, mit dem er sein erstes Geschäft machen wollte. Hatte er es auch nicht eilig, seine Vögel zu verkaufen, so schien Eile doch geboten, denn viele rechneten mit dem baldigen Ende der Qing-Dynastie. Auf dem Taubenmarkt grüßten ihn alle Händler mit »Gnädiger Herr Duofu« und hatten ihm, ehe er sich versah, zwei Paar Taubenpfeifen und ein Paar Gefleckte mit Phönixköpfen verkauft. Als er sich die gefleckten Vögel zu Hause eingehend betrachtete, mußte er zu seiner Enttäuschung feststellen, daß die Federn der vermeintlichen Phönixköpfe nur angeklebt waren. Meiner Schwester mochte er jedoch nicht eingestehen, daß er einem Betrug zum Opfer gefallen war, und heimlich machte er seinen Entschluß, sein Glück im Handel mit Tauben zu suchen, wieder rückgängig.

Als es um die Reformen wieder still geworden war, flocht er, die Wachsoldaten der kaiserlichen Schatzkammer nachahmend, seinen ehemals lose gebundenen prächtigen Zopf ganz fest und stolzierte mit ernster Miene durch die Straßen, als hätte er höchstpersönlich die Reformbewegung niedergeschlagen. Auch sein Urteil über Fuhai war nun ein anderes. Nicht nur war seine Bewunderung für ihn vollkommen verflogen, er bezeichnete Fuhai nun sogar als Heuchler. Würden die Gehälter der Bannerleute ausgezahlt, sei er Soldat – müsse man um sie bangen, so verdinge er sich als Anstreicher. Er sei kein aufrechter Bannermann, und der Verdacht, er gehöre zum »Weißen Lotos«, sei durchaus berechtigt.

Doch nun zurück zur eigentlichen Geschichte: Als die Schwägerin ihren Besuch bei der Tante absolviert hatte, kam sie mit Fuhai zu uns herüber. Meine Mutter war zu schwach, ihre ungezählten Fragen zu beantworten, und beide weinten ein wenig. Nachdem die Schwägerin ihre Tränen getrocknet hatte, begutachtete sie mich: »So ein prächtiger Bub! Hat er ein hübsches Näslein, die großen Kulleraugen und die fleischigen Öhrchen!«

»Gnädige Frau, dieser kleine Bursche ist ebensowenig wie ich bei meiner Geburt prächtig. Es ist schwer zu sagen, wem ein Baby später einmal ähneln wird«, mischte Fuhai sich lachend ein.

Meine Mutter sagte nichts dazu, sondern rief nur: »Fuhai!«

»Ja«, antwortete dieser eilig, denn er wußte schon, was Mutter sagen wollte. »Regt Euch nicht auf, und überlaßt alles nur mir! Morgen ist die Waschung des Dritten Tages, zu der sich von der siebten Schwester der Großmutter bis zur achten Tante alle Verwandten einstellen werden. Die zweite Schwester wird die Tabakspfeifen nachfüllen und den Tee servieren. Der kleine Liu – bis heute habe ich nicht herausfinden können, wer das war – und ich werden kochen. Jedem Gast werden zwei Gläser verdünnten Weins, ein Teller gebratene Saubohnen, eine Platte mit Hammelfleisch und eingelegtem Gemüse und eine Schale Nudelsuppe gereicht werden. Und selbst wenn es nach nichts schmeckt, so wird es doch kochend heiß sein. Was meint Ihr?«

Mutter nickte.

»Will jemand Karten spielen, so sollten wir den Einsatz auf vier Münzschnüre je Runde festlegen. Ihr braucht Euch keine Gedanken zu machen, ich werde das schon erledigen. Hinterher werde ich Euch sagen, wieviel es gekostet hat; aber seid schon jetzt versichert, daß Euer Geldbeutel nicht zu sehr belastet werden wird«, fuhr Fuhai fort und wandte sich dann an die Schwägerin: »Und nun habe ich in der Südstadt einige Angelegenheiten zu ordnen. Wenn sich die Sonne gen Westen neigt, werde ich Euch abholen.«

Damit war die Schwägerin jedoch nicht einverstanden, wollte sie sich doch um meine Mutter kümmern.

Fuhai lachte einmal mehr: »Großmutter, habt doch ein Einsehen! Wer kann denn Eure ewigen Hustenanfälle ertragen?«

Auf diese Worte hatte die Mutter gewartet. Sie wollte

sich ausruhen, ein wenig schlafen und sich nicht das Gehuste der Schwägerin anhören.

Als Fuhai dann gegangen war, nahm deren Geschwätz kein Ende: »Dieser kleine Satan, dieser kleine Satan!«

Der »kleine Satan« war jedoch sehr geschickt: Er hielt die Kosten für die Waschung des Dritten Tages niedrig und achtete dabei doch die Etikette der alten Damen.

4

Meine älteste Schwester wollte sich um die Mutter kümmern und bei der Waschung des Dritten Tages zugegen sein. Sie würde die ehrenhafte Rolle einer verheirateten Tochter spielen, in der alle eine vielversprechende jungvermählte Frau sahen, auf die ihr Elternhaus stolz sein konnte. Und bald würde sie selbst auch Söhne und Töchter haben und dem Kreis der reiferen Frauen angehören. Und wenn die Schwiegermutter einmal das Zeitliche gesegnet haben würde, würde sie ihre Stellung einnehmen.

Wie sehr nagte doch das Heimweh: Könnte sie nur einige Stunden zu Hause verweilen, so wären alle Sorgen schnell vergessen. Sie meinte sogar, daß sie, wenn sie sich noch ein wenig mehr als bisher plagte, durch ihre Verdienste später einmal Unsterblichkeit erlangen könne; ebenso wie die Tante würde auch sie, bald auf dem Kang sitzend, zwei Pfeifen Orchideentabak rauchen. Damals traute sie sich noch nicht, den Wohlgeschmack der Pfeife zu genießen, aber hie und da kaute sie schon Betel – ein Vergnügen, das dem des Rauchens aromatischer Tabake nur um ein weniges nachstand.

Ihr Kopf war so voll, daß sie nachts kaum ein Auge zutun konnte und schon frühmorgens aufwachte. Ohne, wie sonst, die Stunde nach dem Stand der drei hellen Sterne des Orion am morgendlichen Winterhimmel zu errechnen, ging sie auf die Straße, um der Schwiegermutter zum Frühstück in Öl gebackene Teigstangen und süße Sesambrötchen zu besorgen. Damals begannen die Läden, die Reisbrei verkauften, schon morgens um drei Uhr, Teigstangen zu sieden und süße Sesambrötchen zu backen. Man sagt, daß auch der Adel und die hohe Beamtenschaft sich, bevor sie sich zur morgendlichen Audienz des Kaisers begaben, mit diesen Teigwaren stärkten. Ob auch der blaublütige Vater der Schwiegermutter sich zu dieser Stunde an den Hof begeben hatte, vermag ich nicht zu sagen. Seine Tochter jedenfalls pflegte diese Tradition: Frühmorgens erhob sie sich von ihrem Lager und wusch und kämmte sich, um sich dann an Teigstangen und süßen Brötchen zu laben. Und gar nicht selten versank sie dann wieder in friedlichen Schlummer. Fast könnte man denken, daß sie an jener Frühstücksgewohnheit nur festhielt, um meine Schwester zu schikanieren.

Schwach und doch schneidend war der Nordostwind, und schon nach einem kurzen Augenblick waren die Nasenspitze und die Ohrläppchen meiner Schwester rotgefroren. »Hei, wie frisch!« jauchzte sie auf. Diese für Peking typischen frostklaren Wintertage waren manchmal so kalt, daß sie den Leuten eine wahre Freude waren. Und auch die von Sorgen gedrückte Schwester wurde durch die klirrende Kälte heiter gestimmt. Sie schritt schneller aus. Bald war sie von der Bewegung erhitzt, da durchfuhr sie ein kühler Schauer, den sie – glich er doch einer kleinen Eiskugel, die langsam in der Kehle zerrann – als sehr angenehm empfand. Sie richtete ihren Blick zum Himmel, dessen Sterne so leuchtend klar waren und funkelten, daß sie sie an unschuldige strahlende Kinderaugen erinnerten. Mit einem Lächeln murmelte sie: »Bleibt der Wind heute so sacht, verspricht der Tag, schön zu werden. So prächtiges Wetter zur Waschung des Dritten Tages – das kleine Brüderchen wächst einer großen Zukunft entgegen.« Ihr sehnlichster Wunsch war es, nach Hause zu laufen und das Brüderchen zu herzen.

Zog es sie auch noch so sehr nach Hause, sie traute sich doch nicht, die Schwiegermutter um Erlaubnis zu bitten.

Wäre sie mutig vor die Schwiegermutter hingetreten, hätte diese nur genickt: »Troll dich nur!« Als Tochter eines Adligen hätte sie es der Schwiegertochter nicht einfach abschlagen können, ihr Elternhaus zu besuchen, doch die Schwester wußte, daß die beiden Giftbeutelchen an den Wangen der Schwiegermutter ihr auf das »Troll dich nur!« fast bis auf die Brust sinken würden. Nein, sie geduldete sich lieber, bis die Schwiegermutter sie von selbst auffordern würde.

Doch wartete sie vergeblich. Ob meine Mutter nur ein Kind oder gleich Zwillinge zur Welt gebracht hatte – der Schwiegermutter war es einerlei. Solange sie davon überzeugt war, daß meine Mutter eine Gasvergiftung erlitten hatte, konnte es keinen anderen Grund für ihre Ohnmacht geben, und Widerrede wurde nicht geduldet.

Etwas anderes beschäftigte sie: Bestand ihre Haushaltsphilosophie auch darin, großzügig Einkäufe anschreiben zu lassen und keinen Gedanken auf die Rückzahlung der Schulden zu verschwenden, so sah sie, pochten allzu viele Gläubiger an ihre Tür, ihre Würde als Tochter eines Adligen und Frau eines Offiziers doch verletzt. Der Gedanke daran stimmte sie traurig. Nachdem sie eine Schale Reissuppe und die Teigstangen und Sesambrötchen verspeist hatte, wollte sie erst einmal »dem Alten« – ihrem Mann – gehörig die Meinung sagen. Doch der war schon früher als gewöhnlich mit seinen Vögeln ausgegangen, und die Schwiegermutter fand sein Gemach verlassen vor, was sie noch mehr in Aufregung versetzte. So machte sie auf dem Absatz kehrt, um ihre Wut an ihrem Sohn, dem Kavalleristen, auszulassen. Dieser hatte sich jedoch in aller Herrgottsfrühe mit zwei roten Gutscheinen, die meine Schwester zum Neujahrsfest bekommen hatte, hinausgeschlichen und sich dafür zwei Platten kleiner runder Kuchen aus Bohnen und Datteln und eine Schale Mandeltee gegönnt.

Keines männlichen Offiziers oder Beamten habhaft geworden, blieb der Schwiegermutter nur noch, einem weiblichen Widerpart – meiner Schwester – den Fehdehandschuh vor die Füße zu werfen. Sie setzte sich auf den Kang und begann zu keifen: »Was ist das nur für ein Leben? Muß ich mich denn um alles kümmern? Man fällt ja schon darüber, sie aber sieht es nicht. Hat sie denn keine Augen im Kopf? Oder ist sie blind? Ich selbst brauche niemanden, der mich bedient. Aber Buddha – ihn kann man doch nicht vernachlässigen! Das Neujahrsfest steht vor der Tür, und die Weihrauchurnen und Kerzenhalter auf seinem Altar sind noch immer nicht poliert.«

Geschwind begann meine Schwester, die Herdasche, die sie zum Putzen der Kandelaber benötigte, zu sieben. Als sie mit dem feinen, grauen Staub vor den Altar trat, ließ die Schwiegermutter die frommen Dinge wieder beiseite und kam auf irdische Fragen zu sprechen: »Das Kupfer und Messing auf den Schränken, Truhen und Kommoden soll wohl noch schwärzer anlaufen? Mich brauchte meine Schwiegermutter nicht ständig anzutreiben; was gemacht werden mußte, habe ich stets aus eigenem Antrieb erledigt.«

Meine Schwester blieb stumm. Auch noch so freundliche Worte hätte die Schwiegermutter als Zeichen von Aufmüpfigkeit und Trotz ausgelegt. Schwieg sie jedoch und setzte gesenkten Hauptes ihre Arbeit fort, so hätte die Schwiegermutter gedacht: »Sieh an! Ihren Zorn läßt sie an den Kerzenleuchtern aus, und insgeheim beschimpft sie mich und wünscht mir obendrein vielleicht noch den Tod. Daß sie nur der Blitz erschlage!«

Mit Tränen in den Augen polierte meine Schwester die Altarleuchter. Sie nahm sich vor, die Schwiegermutter von nun an pietätvoll um Rat zu allerlei Haushaltsfragen zu bitten. Den Besuch in ihrem Elternhaus hatte sie schon ganz abgeschrieben. Nach einer Weile gelang es ihr mit größter Anstrengung, die Tränen zu verdrängen und ein Lächeln aufzusetzen: »Schaut nur, Großmutter, ist es so recht poliert?« Die Schwiegermutter gab nur ein Brummen zur Antwort und enthielt sich jedes Kommentars – sie selbst hatte noch nie Altarleuchter und Weihrauchurnen geputzt.

Das Wetter zeigte sich tatsächlich von seiner schönsten Seite. Hatte die Uhr auch gerade erst neun geschlagen, so war es draußen schon fast ein wenig warm. Der Himmel war so weit und so blau, das Sonnenlicht so hell, daß sogar die verwaisten Krähennester in den Bäumen das Auge zum Verweilen einluden. Elegant schwebten die Elstern von Baum zu Baum und schmetterten einen Lobgesang auf die klaren Wintertage Pekings.

Die Schwiegermutter – ihr Gemurmel war vorerst verstummt – begab sich hinaus in den Hof. Fast schien es, als wollte sie von der Sonne und dem blauen Himmel Rechenschaft über das schöne Wetter fordern. Draußen wurde sie jedoch der Tauben ihres Sohnes ansichtig, worauf sie zu einer Schimpftirade über violett schillernde Raben und schwarze Jadeschwinger anhob. »Was soll die Piepmatzzüchterei? Ihr landet ja doch auf unsern Tellern. Wartet's nur ab: bald brutzelt ihr in meinem Kochtopf!« Meine Schwester, die im Haus geblieben war, wagte kaum zu atmen – und zum Seufzen fehlte ihr jede Kraft.

Wenden wir uns jetzt wieder meinem Elternhaus zu. Meine Mutter sehnte ihre älteste Tochter herbei. Zwei Tage zuvor wäre sie fast gestorben. Doch der Himmel hatte sie dann doch nicht zu sich gerufen, und heute nun wünschte sie sich, daß ihre ganze Familie sich um sie versammle; da sollte auch die verheiratete Tochter nicht fehlen. Dabei ahnte sie, daß gerade die geliebte Tochter nicht würde kommen können. »Es steht uns nicht zu, uns zu beklagen. Wir sind nur von niederem Stand und können uns nicht mit Offizieren in der Familie brüsten«, schluckte sie verbittert ihre Enttäuschung hinunter.

Es schien, als habe die Tante des Nachts einen Plan ausgeheckt. Würde sie bei den bevorstehenden Feierlichkeiten nicht für ein wenig Aufregung sorgen, so würden diese entsetzlich langweilig werden. Als meine Schwester gegen neun Uhr immer noch nicht gekommen war, betrachtete die Tante den Himmel und kam zu der Überzeugung, daß man den munteren Sonnenstrahlen einen schlechten Dienst erweisen würde, wenn man den Tag ohne ein wenig Gezänk vorübergehen ließe.

An die Sonne gerichtet, sagte sie: »Nun ist es schon so spät – warum ist die Nichte immer noch nicht eingetroffen? Bestimmt hat die Schwiegermutter, dieser glotzäugige Drachen, ihre Finger im Spiel. Ich werde zu ihr gehen und ein Wörtchen mit ihr reden. Wenn sie nicht hören will, so steche ich ihr einfach ihre Stielaugen aus dem Kopf.«

Das Vorhaben der Tante beunruhigte meine Mutter. Sie beauftragte meine zweite Schwester, Cousin Fuhai zu bitten, die Tante zu beschwichtigen: »Du selbst aber sag nichts, laß Fuhai mit ihr reden!«

Dieser und der kleine Liu verdünnten gerade den Wein. Um die Kosten für das bevorstehende Festmahl niedrig zu halten, hatten sie nur eine kleine Karaffe Wein besorgt und verwandelten das edle Tröpfchen in ein unerschöpfliches Meer. Die zweite Schwester zog Fuhai am Ärmel und wies nach draußen. Darauf ging Fuhai, einen Weinkrug in der Hand, zum Gemach der Tante und sprach sie betont freundlich an: »Gnädige Frau, schnuppert einmal! Spürt ihr den Duft des Weines?«

»Des Weines Duft? Natürlich riecht es nach Wein. Was führst du nun wieder im Schilde?«

»Die Sache liegt so: Ist das Aroma noch zu stark, so können wir den Trunk noch ein wenig strecken.«

»Wen wundert's, Fuhai, daß deine Mutter dich ›kleiner Satan‹ nennt!« amüsierte sich die Tante.

»Von armen Leuten kann man keine großen Bankette erwarten; worauf es ankommt, ist die harmonische Stimmung. Ist es nicht so, gnädige Frau?« Als er sah, daß er sie noch nicht ganz überzeugt hatte, fügte er eilig hinzu: »Nach dem Essen werdet Ihr vier Münzschnüre an mich verlieren! Davon werde ich dann ein Pfund gemischten Konfekts kaufen! Nun, wollt Ihr es mit mir aufnehmen, gnädige Frau?«

»Ich nehme an, Bürschchen.« Als die Tante vernahm, daß man Karten spielen wollte, waren ihr die Glotzaugen der Schwiegermutter einerlei.

Als Mutter dies hörte, seufzte sie – voll des Dankes für ihren Neffen – erleichtert auf.

Kurz nach neun Uhr trafen dann – wie Fuhai es vermutet hatte – die Schwestern und Tanten bei uns ein, um zum freudigen Ereignis zu gratulieren. Meine zweite Schwester begrüßte die Gäste und servierte ihnen Tee, zuweilen ohne zu wissen, welcher Tante oder Urgroßtante sie gerade gegenüberstand. Die Farbe war ihr ins Gesicht gestiegen, auf der Nase zeigten sich ein paar kleine Schweißtropfen: so aufgeregt war sie. Während der ganzen Zeit blieb sie stumm; wenn es sich ziemte, lächelte sie. Und so verpaßte Fuhai ihr den Spitznamen »kleines Servierfräulein«.

Da die Tante das Kartenspiel kaum erwarten konnte, drängte sie darauf, den Festschmaus endlich zu eröffnen, und Fuhai rief: »Es ist angerichtet!«

Das hieß, daß das gepökelte Senfkraut mit den Saubohnen schon sautiert und die Schweinehaut in scharfer Sojabohnenpaste bereits angebraten war. Der Wein war inzwischen so verdünnt, daß selbst tausend Becher ohne Wirkung geblieben wären. War das Festmahl auch bescheiden, glänzte die Etikette der Gastgeber und ihrer Gäste doch durch höchste Vollendung, als es darum ging, den gebührenden Platz an der Tafel einzunehmen: »Bitte nehmt am Kopfende Platz!« – »Aber nein, das steht mir nicht zu.« und »Setzt Ihr Euch nicht, dann werden auch die anderen ihren Platz nicht einnehmen.« Die Höflichkeiten währten so lange, bis Fuhai einschritt: »Nun setzt Euch doch, die Speisen werden sonst kalt!« Dann erst nahmen alle gehorsam ihre Plätze ein.

Als der »Wein« zum dritten Mal gereicht wurde – auch ganz Durstige waren noch immer nüchtern – und die beiden Speisen – Saubohnen und Schweinehaut – verzehrt waren, ging das Bankett seinem Höhepunkt entgegen: Die heiße Nudelsuppe wurde aufgetischt. Ein jeder schien die Etikette nun ganz vergessen zu haben, und einigen hatte die Suppe sogar vollends die Sprache verschlagen. Ganz erfüllt war das Zimmer vom genüßlichen Schlürfen der Nudeln, das mehr und mehr anschwoll, bis es schließlich an das Getöse eines Erdbebens, das Rauschen einer Flutwelle, an das Brüllen eines Tigers und das Schnauben eines Drachen erinnerte. Fuhai trat das Wasser auf die Stirn: »Kleiner Liu, was machen wir nur? Die Suppe wird nicht reichen.«

Der kleine Liu schlug eine Notlösung vor: »Geben wir noch ein bißchen Wasser dazu!«

»Pah«, gab Fuhai zurück, »Nudeln sind nicht wie Wein, mit Wasser gestreckt werden sie zu Brei. Lauf«, Fuhai fingerte nach seinem Geldbeutel – diese Hilfsmaßnahme zahlte er aus eigener Tasche –, «lauf zu Herrn Jin! Wenn er sofort Mehlfladen zubereiten kann, kaufst du fünf Pfund. Wenn du lange warten mußt, nimmst du in Soja gebackene Sesambrötchen. Nun aber flink!« Damals konnte man bei den meisten Händlern, die Hammelfleisch verkauften, auch Sesambrötchen, gedämpfte Teigtaschen und Mehlfladen bekommen.

Der kleine Liu war nicht auf den Kopf gefallen. Als er sah, daß er auf die Mehlfladen lange hätte warten müssen, entschied er sich für ein Blech frischgebackener Sesambrötchen und zwei Lagen mit Teigtaschen, die mit Hammelfleisch und Weißkohl gefüllt waren. Kaum hatte er seine Mission erfüllt, war der Nachschub auch schon verzehrt. Und als Fuhai und der kleine Liu dann endlich ein wenig Zeit fanden, sich zu stärken, hatten sie Mühe, noch ein paar Reste aufzutreiben. Lachend bedeutete Fuhai dem kleinen Liu: »Kleiner Geselle, du gehst am besten heim und ißt dort.« Bis heute ist es mir ein Rätsel geblieben, wer der kleine Liu wirklich war, doch immer, wenn ich an die Waschung des Dritten Tages denke, möchte ich ihn um Verzeihung bitten. Nie habe ich mir Gedanken darüber gemacht, ob Fuhai schließlich für sein eigenes leibliches Wohl hat sorgen können. Kannte ich ihn doch als jemand, der sich stets zu helfen wußte.

Die Sonne hatte ihren höchsten Stand erreicht, und das Wetter war noch schöner geworden. Am hellblauen Himmel schwebten hie und da strahlend weiße Wölkchen, einige rund und mollig, andere so zart wie Federn. Der Ostwind frischte ein wenig auf, und die leichten Wölkchen streckten sich zu schmalen Bändern. Immer länger und faseriger wurden sie, bis sie sich wie weißer Rauch zu einer den ganzen Himmel überspannenden Wolke vereinigten und die eigene Silhouette verloren.

Der frische Wind trug die Rufe der Händler, die Waren zum Neujahrsfest anpriesen, herüber: »Papierblumen«, »Zypressenzweige«, »Neujahrsfestbilder« – einige Stimmen waren durchdringend, andere kräftig; sie kamen von nah und fern. Hin und wieder wurden sie von den Explosionen der Feuerwerkskörper und von dem Lärm der Klappern, mit denen die umherziehenden Friseure ihre Kunden anlockten, übertönt. Unter dem schönen Winterhimmel bereitete sich ganz Peking auf das Neujahrsfest vor. Einige kauften ein, andere boten Waren feil; diese waren in Sorge, jene wählten den Freitod; und wieder andere nutzten die festliche Stimmung zur Jahreswende und gaben sich das Jawort, und der Schall der Trommeln und Holztrompeten erfüllte die Straßen, durch die sich die Hochzeitszüge ihren Weg bahnten. Nur ich lag seelenruhig, auf Baumwollwatte gebettet, auf dem Kang und dachte – ja, woran eigentlich?

Die winterlichen Winde bliesen durch alle Ritzen in unser Haus. Auf dem Kang war es eiskalt, und selbst der am Vorabend in den Schalen stehengelassene Tee war über Nacht gefroren. Doch als ich an jenem Tag auf dem Kang schlummerte, erlebte das ganze Haus eine große Veränderung. Drinnen war es warm, die Sonnenstrahlen tasteten sich bis auf den Kang und kitzelten meine kleinen roten Füßchen. Unter dem Kang glühte ein kleiner Ofen aus Weißblech. Durch seine Wärme und die schmeichelnden

Sonnenstrahlen begann die Haut – besonders die der Handrücken und der Ohren – der im Zimmer Anwesenden zu jucken. Im Sonnenlicht tanzten unendlich viele aufblinkende Staubkörnchen über meinem Köpfchen auf und ab wie kleine unbändige Sterne.

In jenen Tagen sonnten sich Narzissen aus der südlichen Provinz Fujian in den Fensternischen der Häuser hoher Beamter und vornehmer Persönlichkeiten. Ihre großen Kupferöfen und die Eisenöfen unter den Kangs erwärmten die Gemächer so sehr, daß die Knospen der Pflaumenzweige auf den Tischen rot erblühten. Das Sonnenlicht weckte die smaragdgrünen Grillen, die ihre Flügel ausbreiteten und in ihren Käfigen auf dem Mahagonitisch – zusammen mit anderen Antiquitäten wurde er auf den Kang gesetzt – zu zirpen begannen. Auch die Singvögel, deren Käfige in den Wandelgängen aufgehängt waren, breiteten im Sonnenlicht ihre Flügel aus und schmetterten ihre Weisen. Die Köche und Diener bereiteten ein wohlschmeckendes Mahl aus mongolischer Gazelle und mandschurischem Goldfasan zu. Die Sonne schien auf das Gefieder der Fasanen, das in allen Farben schimmerte.

Auch wir hatten ein Herz für Pflanzen, allein wir konnten uns keine Pflaumenblüten und Narzissen leisten. So wuchsen in unserem Hof nur zwei verkrüppelte Zypressen; eine erhob sich hinter der Geistermauer [15], die andere fristete am Fuße der Südwand ihr Dasein. Ebenso fanden wir Gefallen an kleinen Haustieren, doch uns fehlten das Geld und die Zeit, um Singdrosseln, Blaukehlchen und smaragdgrüne Grillen zu züchten. Es gab nur einige Sperlinge, die sich manchmal auf den Zypressen niederließen oder auf dem Fenstersims Posten bezogen, um zu schauen,

---

[15] Tritt man in einen nach den traditionellen Regeln der chinesischen Architektur gestalteten Hof, so muß man zunächst eine kleine Mauer umgehen. Sie soll den Geistern – sie können der Überlieferung nach nur geradeaus gehen – den Weg versperren.

was drinnen vor sich ging. Vielleicht bemerkten diese gefiederten Gäste, daß ich nicht darauf wartete, daß Pflaumenblüten und Narzissen erblühten oder Grillen und Blaukehlchen ihre Lieder anstimmten, sondern daß ich in dem kleinen Fleckchen, das die Sonne beschien, der Waschung des Dritten Tages entgegensah, zu der ich die Segenswünsche einiger verarmter Bannerleute entgegennehmen würde.

Auf dem eisernen Ofen im äußeren Zimmer erhitzte man gerade das Wasser für die Waschung, in dem dünne Zweige des japanischen Schnurbaumes und Beifußblätter umhertaumelten. Die starken Düfte von Beifuß und vom Orchideentabak, den die alten Damen rauchten, vermischten sich zu einem warmen, zuweilen betäubenden Wohlgeruch, der nur Glück verheißen konnte. Alle warteten auf »Großmutter« – so nannten wir die Hebamme –, denn durch ihre Segenswünsche würde ich bald zu einer großen Persönlichkeit heranwachsen, die Hunger und Kälte nicht zu fürchten brauchte.

Die Tante ging im Zimmer auf und ab und warf einen Blick auf den Kang. Dann stellte sie mit Fuhai und den anderen Kartenspielern die Spielordnung auf und zog sich zur inneren Vorbereitung auf das Gefecht in ihr Gemach zurück. Ob sie mir nun von Herzen Glück gewünscht oder mich insgeheim verflucht hatte, blieb allen verborgen.

Es hatte gerade zwölf Uhr geschlagen, als die helle Sonne und eine kräftige Windböe Großmutter Bai, die Hebamme, mit ihren glückbringenden Worten hineinbegleiteten. Sie war ein kleines, molliges Persönchen in den Fünfzigern. Man sah es der adretten Erscheinung mit der kerzengeraden Haltung an, daß sie mit Leichtigkeit an einem Tage acht oder zehn kleine Jungen oder Mädchen aus dem Mutterleib in Empfang nehmen konnte. Sie war so liebenswürdig und flößte doch zugleich so viel Ehrfurcht ein, daß die jungen Leute aus der Nachbarschaft nicht wagten, ihre Scherze mit ihr zu treiben; würde sie doch entgegnen: »Vergeßt nicht, wer euch am Dritten

Tage gewaschen hat!« Großmutter Bai kleidete sich schlicht und einfach, nur hinter ihrem Hutband aus schmeichelndem Satin lugte eine Granatapfelblüte aus frischroter Seide hervor.

Es war die Schwiegertochter von Großmutter Bai – Kleine Großmutter Bai – gewesen, die mir zwei Tage zuvor auf die Welt geholfen hatte. Sie war ebenso sauber und adrett wie ihre Schwiegermutter, verfügte jedoch noch nicht über große Erfahrung in ihrem Beruf. Das Mißgeschick bei meiner Geburt war ihrer Meinung nach keinesfalls ihr selbst zuzuschreiben, sondern auf die mangelhafte Ernährung und körperliche Schwäche meiner Mutter zurückzuführen. Ihr selbst jedoch hätte es nicht angestanden, dies meiner Mutter zu sagen.

So erschien die alte Großmutter Bai höchstpersönlich und nahm die Waschung des Dritten Tages vor. Sie war allerorts bekannt. Wenn sie aus einem Haus trat, nahmen alle an, daß ein hochrangiger Beamter oder Adliger einen kleinen Sohn oder ein Töchterchen bekommen hatte. Deshalb war die Tatsache, daß die Zeremonie von dieser angesehenen Dame durchgeführt wurde, wie eine Bitte um Verzeihung für die Schwierigkeiten bei meiner Geburt. Und da jeder diese Geste verstand, brauchte Großmutter Bai die Sache auch nicht noch einmal zu erwähnen. Meine Mutter hatte sie eigentlich noch darauf ansprechen wollen, zog es nach einigen Überlegungen jedoch vor zu schweigen. Hätte sie Großmutter Bai erzürnt, so wären deren Segenswünsche möglicherweise ein wenig unterkühlt ausgefallen, was wiederum mir geschadet hätte.

Meine Tante hatte gerade gute Karten aufgenommen und ließ uns mitteilen: »Beginnt nur mit der Zeremonie, auf mich braucht ihr nicht zu warten!«

Dennoch wagte meine Mutter nicht, mit dem Ritual zu beginnen. Nach einer Weile schickte sie die zweite Schwester zu ihr, die mit folgender Botschaft zurückkam: »Wenn ich sage, daß ihr nicht zu warten braucht, dann meine ich es auch so.« So konnte die Waschung endlich beginnen.

Mit übereinandergeschlagenen Beinen saß Großmutter Bai auf dem Kang. Das nach Zypressenholz und Beifuß duftende Wasser wurde in eine große Kupferwanne, die Fuhai mitgebracht hatte, gegossen. Dann machten sich die älteren und jüngeren Frauen daran, »die Wanne zu füllen«: Sie warfen Kupfermünzen hinein und riefen Glückwünsche. Und während sie noch Wünsche wie »Auf daß noch viele prächtige Söhne folgen!« ausriefen, folgten Erdnüsse und rote und gelbe Eier den Münzen in das dampfende Wasser. Alles, was sich in der Wanne angesammelt hatte, erhielt nachher Großmutter Bai. Ich konnte die Münzen zwar nicht zählen; allzu viele dürften es aber nicht gewesen sein. Wir waren Großmutter Bai also zu großem Dank verpflichtet, hatte sie doch trotz der geringen zu erwartenden Ausbeute einen Besuch bei uns gemacht. Ihr Kommen bedeutete auch, daß der Zwischenfall bei meiner Geburt keineswegs nur eine Lappalie war.

Während sie mich wusch, gab sie mir den Segen, den sie schon unzählige Male gesprochen hatte, und ließ auch nicht ein einziges Wort aus:

>»Zuerst sei benetzt dein hübsches Haupt,
>auf daß man zu dir als Prinz aufschaut.
>Dein Rücken sei gewaschen gleich,
>auf daß Söhne und Enkel werden reich.
>Deine Hoden wollen wir auch bespritzen,
>auf des Vorstehers Platz magst du bald sitzen.
>Über den Popo will ich Wasser gießen,
>des Statthalters Privilegien magst du genießen!«

Als meine Familie den Segen vernahm, stieg ihre Hochachtung für Großmutter Bai noch mehr. Obwohl sie sah, daß nur wenig Münzen im Wasser blinkten, sprach sie doch den ganzen Segen und verrichtete ihre Arbeit gewissenhaft – so etwas gab es selten. Wenn auch kein Kreisvorsteher oder Provinzstatthalter aus mir geworden ist, so bin ich ihr noch heute dankbar, daß sie mich so reinlich gewaschen hat – vielleicht reinlicher, als ein Vorsteher oder Statthalter jemals war.

Als die Waschung beendet war, rieb Großmutter Bai ein brennendes Gemisch aus Ingwerstückchen und Beifuß auf meine Stirn und meine Gelenke. So blieb ich, auch als ich die Sechzig schon überschritten hatte, von Arthritis verschont. Dann tränkte sie einen Streifen neuen blauen Stoffs mit grünem Tee und rieb damit meinen Gaumen heftig ab. Da begann ich plötzlich zu weinen. Schien diese Gefühlsregung auch ganz unwillkürlich, so war sie doch ein verheißungsvolles Omen. Bei den Hebammen hieß das »Widerhall der Wanne«. Ich weiß nicht, ob es je ein Baby gegeben hat, das bei all den Prozeduren nicht geweint hat und dem damit kein Glück vorausgesagt werden konnte. Zum Schluß nahm Großmutter Bai eine Porreestange, schlug mich dreimal damit und sagte folgenden Spruch auf: »Einmal für Klugheit, zweimal für Gewandtheit!« Dieser Wunsch ging tatsächlich in Erfüllung. Manchmal war ich wirklich so klug und gewandt wie eine Porreestange.

Es war Brauch, daß der Vater des Neugeborenen den Porree danach auf das Hausdach warf. Just in diesem kritischen Augenblick kam mein Vater heim. Die Freude bei uns zu Haus spottete jeder Beschreibung. Als er ins Zimmer trat, stürmten alle gleichzeitig auf ihn zu, um ihm zu gratulieren. Doch während er noch die vielen Gäste begrüßte und ihnen seinen Dank aussprach, war sein Blick schon ganz auf den Kang geheftet. Die Prüfung durch den Vater zu bestehen war mir ein leichtes. Von Kopf bis Fuß geputzt, duftete ich nach Zypressen und Beifuß. Und war mein Schopf auch nicht gerade üppig, so war er doch frisch gekämmt. Auch mein Weinen war nicht zaghaft. Vater war mit seinem Sohn sehr zufrieden; aus seinem Beutelgurt holte er zwei Münzschnüre hervor und überreichte sie Großmutter Bai.

Die Freude des Vaters war nur allzuleicht zu verstehen. Mutter hatte schon zwei kleine Jungen zur Welt gebracht, doch beide waren kurz nach der Geburt gestorben. Da Mädchen nach traditioneller Auffassung einen geringeren Wert als Jungen hatten und damit – so glaubte man – Unglück weniger ausgesetzt waren, hatte man dem ersten Jungen den Namen »Schwarzes Mädchen« gegeben und ihm Ohrlöcher gestochen – trotzdem hatte er nicht lange gelebt. Der zweite Sohn war am Neujahrsabend zur Welt gekommen, gerade als die Familie sich zum Jiaozi-Essen [16] zusammengefunden hatte. Die Mutter war nach draußen gegangen und hatte gerufen: »Kleines Schwarzes, Kleines Weißes, sputet euch, es gibt Jiaozi!«, und Kleines Weißes war plötzlich dagewesen. Viele Jiaozi-Mahlzeiten waren dem Kleinen mit dieser rätselhaften Herkunft jedoch nicht vergönnt. Woran er nun gestorben ist, weiß man bis heute nicht – daß diese Geschichte wahr ist, daran gibt es jedoch keinen Zweifel. Und wenn ich als Kind nicht einschlafen wollte, erzählte mir meine Mutter die Geschichte, wie sie hinausgegangen war und »Kleines Schwarzes« und »Kleines Weißes« gerufen hatte. Dann steckte ich ganz schnell den Kopf unter die Decke und gab vor zu schlafen, fürchtete ich doch, daß Kleines Schwarzes und Kleines Weißes mich entdecken würden.

Über das Aussehen des Vaters vermag ich nichts zu sagen, denn er starb, bevor ich mir sein Antlitz hätte einprägen können. Doch darauf komme ich später noch. Ich weiß nur, daß er ein blasser und bartloser Bannermann war, denn als Bursche von sieben oder acht Jahren entdeckte ich seine Erkennungsmarke, mit der er sich zu Lebzeiten beim Betreten und Verlassen des Kaiserlichen Palastes ausgewiesen hatte. Auf ihr waren die Zeichen »blaß und bartlos« eingraviert.

---

[16] Mit Hackfleisch oder Gemüse gefüllte halbmondförmige Taschen aus Nudelteig.

Obwohl meine ältere Schwester an den Feierlichkeiten nicht teilnehmen konnte, für den kleinen Liu kein Essen mehr übrigblieb, die Tante – waren auch während des Kartenspiels mehrere Münzschnüre in ihren Besitz übergegangen – »die Wanne nicht gefüllt« hatte und somit das Fest von Pannen nicht ganz frei war, konnte man es im Grunde doch als Erfolg bezeichnen. Denn dank Fuhai und seines »verwässerten Weines« gab es weder zeternde Hennen noch betrunkene Streithähne. Fragt man mich heute, welches der Ereignisse an jenem Tag wert ist, in die Geschichtsschreibung einzugehen, so muß ich noch einmal Herrn Wang vom Bianyifang erwähnen. Auch er stattete mir einen Besuch ab – und brachte zwei Schweineklauen mit.

Herr Wang stammte aus der Provinz Shandong. Im Alter von acht oder neun Jahren war er nach Peking gekommen, um die Zubereitung von Schweineklauen und die hohe Kunst der Entenmast zu erlernen. Als ich meinen Dritten Tag vollendete, war er schon sechzig Jahre in Peking und hatte sich von einem unbeholfenen Anfänger über einen klugen Gesellen zum Geschäftsführer eines Restaurants hochgearbeitet, der häufig auch Angelegenheiten außer Haus zu erledigen hatte.

Als er seinen dreißigsten Geburtstag begangen hatte – nach Konfuzius soll ein Mann dann innerlich gefestigt sein –, kam ihm der Gedanke, seinen eigenen kleinen Schlachterladen zu eröffnen, selbständig zu wirtschaften und dabei sein ganzes Können aufzubieten. Doch bei genauerem Hinsehen zeigte sich, daß die kleinen Schlachterläden genauso schnell verschwanden, wie sie aus dem Boden schossen, und sich auf dem Markt nicht behaupten konnten. Damals entschlossen sich die Eigentümer des Bianyifang, die Séparées nicht länger zu bewirtschaften und auch keine vorbereiteten Peking-Enten mehr außer Haus zu liefern. Überdies bemerkte Herr Wang, daß die Kunden – in der Regel waren es Bannerleute – immer seltener Fleisch kauften. Die Technik des Fleischschneidens auf dem Hackbrett bedurfte also einer Veränderung. Das rohe Fleisch mußte in große papierzarte Scheiben geschnitten werden, so daß es zwar sehr eindrucksvoll aussah, aber doch nicht allzuviel Gewicht auf die Waage brachte; die meisten Kunden nämlich kauften jedesmal nur für ein oder zwei große Münzen ein – damals kamen in Peking zehn große Münzen auf eine Münzschnur, und hundert kleine Münzen hatten den Wert einer großen Münze. Empört und doch anrührend rief Herr Wang oft im Pekinger Dialekt mit seinem starken Shandonger Akzent: »Wo bleibt nur das Geld? Wo bleibt es nur?«

Da Geschäftsleute wie Herr Wang in der damaligen Gesellschaft nicht angesehen waren, stand es ihnen nicht an, sich vornehm zu kleiden. Erst zu seinem sechzigsten Geburtstag kaufte er sich eine lange, mit Lammfell gefütterte Robe von Atlas – doch immer, wenn er damit ausging, hatte er sie unter einem einfachen blauen Obergewand aus Baumwolle versteckt, das – frisch gewaschen und gestärkt – einer eisernen Rüstung glich. Er liebte diesen blauen Baumwollstoff. Doch mit der Zeit war er immer schwieriger zu bekommen, und Herr Wang mußte sich mit raschelndem Gewebe aus dem Ausland behelfen. Doch kaum hatte er diese flüsternden Hemden übergestreift, begannen alle Hunde der Gegend – zahme wie streunende –, ihn anzukläffen. Als sich später alt und jung, groß und klein in diesen Stoff hüllten und Hemden aus solchem Material auch als Festkleidung sehr geschätzt waren, gewöhnten sich auch die Hunde daran und stellten das Anbellen des so Gewandeten ein.

Als Herr Wang sich mit seinem Geldbeutel aufmachte, die Schulden einzutreiben, war er gehörig überrascht zu sehen, daß fast alle neueröffneten Geschäfte an den Hauptstraßen das Zeichen »ausländisch« in ihrem Namen führten, wie etwa »Ausländisches Warenhaus« oder »Ausländisches Tabakgeschäft«. Die kleinen Gemischtwarenläden boten aus dem Ausland eingeführtes Papier und

Petroleum an, und die altmodischen Geschäfte für Weihrauch und Kerzen, die auch selbstgemachte Schönheitsmittelchen und Palastseife aus Gänseschmalz feilhielten, schmückten ihre Auslagen mit Puder, Seife und Gesichtscreme aus dem Ausland. Sogar die Händlerinnen, die in den Hutongs alte Schuhe und Papierfetzen aufkauften und »Tauscht ein für Streichhölzer!« riefen, waren jetzt zu »Tauscht ein für ausländische Streichhölzer!« übergegangen.

Als diese Rufe in sein Ohr drangen, zündete er sich mit seinem Feuerzeug eine Pfeife mit Tabak aus Guandong an. Aber was nützte das noch? Ausländischer Atlas, ausländische Baumwolle, ausländisches Puder, ausländische Streichhölzer, ausländische Standuhren, ausländische Taschenuhren und dazu noch ausländische Flinten ertränkten das Land wie eine Flutwelle – da konnte auch sein Feuerzeug nichts ausrichten. Als Geschäftsmann mußte ihm doch daran liegen, viele und gute Geschäfte zu machen, doch einen ausländischen Schlachterladen zu eröffnen und geschmortes Hühnerfleisch und in Sojasoße eingekochtes Schweinefleisch zu verkaufen und obendrein noch ausländisches Petroleum und ausländische Arznei feilzubieten, das ging einfach nicht. Als Geschäftsführer war es seine Aufgabe, für seinen Prinzipal Gewinn zu erwirtschaften. Machte er sich nun selbständig, so würde er sein eigenes Geld verdienen müssen. Doch dem Zeichen »ausländisch« folgend, floß all das Geld ins Ausland. Was konnte er tun?

»Wo bleibt nur das Geld?« Vielleicht hatte er diese Frage schon gelöst. Von seinem ehrgeizigen Plan nahm er Abstand und verzichtete auf den eigenen Schlachterladen – doch sein Haß auf das Zeichen »ausländisch« wuchs. War er auch machtlos dagegen, daß sein Obergewand mit ausländischer Nadel und ausländischem Faden aus ausländischem Stoff genäht war, so gab er sich trotzdem nicht geschlagen. Und ganz offen gab er zu, wie sehr er den ausländischen Firlefanz verabscheute. Aber als er von den »christlichen Gerichtsfällen«[17] in Ost-Shandong und von den chinesischen Verrätern, die sich bei den Ausländern anbiederten und den eigenen Brüdern und Schwestern das Blut aussogen, erfuhr, richtete sich sein Haß nicht mehr nur auf den ausländischen Firlefanz.

Als er gerade nach Peking gekommen war, mochten sich Auge und Ohr zunächst nicht an Kleidung und Gepflogenheiten, an Etikette und Akzent der Mandschu gewöhnen, ja sie waren ihm zuweilen sogar zuwider. Ihre Angewohnheit, an Feiertagen endlos lange über die unterschiedlichsten Leckereien zu fachsimpeln und sich, um die richtigen Speisen in geziemendem Stil verzehren zu können, in Unkosten zu stürzen, lehnte er entschieden ab. Ebenso mißbilligte er die arrogante Art, in der sie beim Spazierengehen die Vogelkäfige schwenkten, geradeso, als wären sie durch die Lande ziehende Unsterbliche. Im Alter von zwölf Jahren besaß er jedoch selbst schon eine Lerche, und wenn es darum ging, Erfahrungen aus der Vogelzucht auszutauschen, konnte er stundenlang reden und sich ganz in dieser Leidenschaft verlieren. Mandschurische Gäste begrüßte er zunächst nach alter chinesischer Sitte mit vor der Brust gefalteten Händen, hieß die Gäste danach jedoch auch noch nach mandschurischem Brauch willkommen und entwickelte mit der Zeit – halb chinesisch, halb mandschurisch grüßend – eine ihm eigene Respektsbezeigung. Waren es mandschurische Kunden, die ein halbes Pfund Fleisch bei ihm kaufen wollten, so schlug Herr Wang ihnen vertraulich vor: »Wählt dieses fleischige Huhn!« Und um ihre letzten Zweifel zu zerstreuen, fügte er eilig hinzu: »Nehmt es nur, wir schreiben es an!«

Lag er mit Kopfschmerzen und Fieber danieder, so kamen nicht nur die befreundeten Vogelzüchter, um ihm fie-

---

[17] Bei den sogenannten »christlichen Gerichtsfällen« griffen ausländische Missionare – sich des Schutzes ihrer Regierungen sicher – in Gerichtsverfahren gegen ihre chinesischen Gemeindemitglieder ein. In der Folge kam es oft zu blutigen Auseinandersetzungen.

bersenkende Mittelchen zu verabreichen, auch ihre Frauen schickten die Kinder, um ihm gute Besserung zu wünschen. Er war nicht mehr »der aus Shandong«, sondern Geschäftsführer Wang, Älterer Bruder Wang und Onkel Wang. Er wiederum vergaß, daß sie alle Bannerleute waren, und wurde ihr Freund. Trieb er am Neujahrstag, zum Drachenbootfest und beim Mondfest die Schulden ein, so konnte man ihm kaum entwischen – erfuhr er jedoch, daß hie eine Hochzeit oder da der erste Erdenmonat gefeiert wurden, ließ er es sich nicht nehmen, eine kleine Aufmerksamkeit zu überbringen. »Dienst ist Dienst, und Schnaps ist Schnaps«, erklärte er dann. Er dachte wohl: »Wie der Qing-Kaiser mit den Han-Chinesen umspringt, ist eine Sache. Wir sind jedoch alle aufeinander angewiesen, warum sollen wir nicht auch Freundschaft schließen?«

So pochte er nicht nur dann und wann an die Türen der Bannerleute, um vertraulich mit ihnen zu plaudern, sondern durfte sogar ihren Kindern »das Kamel ziehen«. Während dieser Plauderstündchen erzählten ihm die Bannerleute, wie man sich oben einen Teil des Solds der Soldaten in die eigene Tasche wirtschaftete, sich Gehälter, die einem nicht zustanden, sicherte, sich mit unlauteren Mitteln Vorteile verschaffte und durch Korruption gute Posten erhielt. Er selbst klagte über die Ungerechtigkeiten, die den Han-Chinesen widerfuhren, und beschwerte sich über die Ausländer und ihre Baumwolle. Und nach solchen Gesprächen war man sich meist noch ein wenig nähergekommen.

Mit einem Paar Schweineklauen in der Hand kam er also zu uns, um zur Waschung des Dritten Tages zu gratulieren. Eintreten wollte er jedoch nicht, mochte Fuhai ihn auch noch so sehr bitten. »Das Jahr geht dem Ende zu, im Geschäft gibt es so viel zu tun«, entschuldigte er sich.

»Am Jahresende ist das Geld knapp. Kommt...«, entgegnete Fuhai.

»Ist das Geld auch knapp, die Schulden müssen dennoch eingetrieben werden – Dienst ist Dienst, und Schnaps ist Schnaps«, seufzte Herr Wang und machte sich auf den Weg. Vielleicht war es der an ihm haftende Geruch von in Sojasoße eingekochtem Schweinefleisch, der unseren großen gelben Hund bewog, ihn brav bis zurück zum Bianyifang zu begleiten.

5

Diese Begebenheit werde ich nie vergessen. Nicht etwa, weil Herr Wang Geschäftsführer war, und auch nicht, weil er uns ein Paar Schweineklauen mitgebracht hatte – sondern weil er Han-Chinese war.

Damals ließen gewisse betuchte Han-Chinesen ihre Häuser lieber leer stehen, als sie an Mandschu oder Moslems zu vermieten. Doch die Zugewanderten aus den Provinzen Shandong und Shanxi, die nach Peking gekommen waren, um Handel zu treiben, und die Han-Chinesen, die mit harter Arbeit ihr Brot verdienten, standen auf der Seite der verarmten Bannersoldaten, fast so, als wären sie mit ihnen verwandt. Umgekehrt sahen einige vermögende und einflußreiche Mandschu auf die Han-Chinesen und Moslems herab und wollten unseren engen Kontakt zu ihnen gar nicht billigen. Einerlei, sie hatten ihre Sorgen, wir hatten unsere Sorgen, und niemand vermag die freundschaftlichen Bande unter den Menschen zu lösen.

Nach der Waschung des Dritten Tages war es an der Zeit, das Neujahrsfest zu begehen. Die Tante war darüber gar nicht glücklich. Sie hatte viele Besorgungen zu machen, konnte aber meine im Wochenbett liegende Mutter dafür nicht anstellen. Unser Glück wollte es, daß Vater im Hause war. So konnte sie sich nicht mit uns überwerfen. Dennoch kräuselten sich ihre Augenbrauen, und ihre Wangen durchfuhr ein nervöses Zucken. Den nahenden Vulkanausbruch erahnend, meldete meine zweite Schwester die bevorstehende Katastrophe schnell dem Vater, der sie daraufhin beauftragte, die Einkäufe der Tante zu erledigen. War sich die Schwester auch bewußt, daß sie eine höchst undankbare Aufgabe zu erledigen hatte, so konnte sie sich ihr doch nicht entziehen.

»Bei dem Händler aus Shanxi kaufst du einen halben Liter guten Essig. Jammere nicht um deine Baumwollschuhe, wenn du ein paar Schritte laufen mußt. Und geh nicht zu den Klitschen, die schlechtes Öl und Salz feilbieten, hörst du?« Nachdem die Tante das Geld wieder und wieder nachgezählt hatte, drückte sie es ihrem »Laufburschen« entschlossen in die Hand.

War der Essig dann besorgt, war meine Schwester noch längst nicht aus ihrem Amt entlassen. »Es fehlt noch an Sesamöl, hol das dicke, abgesetzte, verstanden?« erteilte die Tante einen weiteren Befehl.

Überzeugt, daß es sparsamer sei, die Dinge nach und nach einzukaufen und bei jeder Besorgung nur eine geringe Summe auszugeben, mochte die Tante meiner Schwester nicht mehrere Münzschnüre auf einmal geben, so daß sie die Einkäufe in einem Gang hätte machen können. Die Schwester war geduldig und erledigte die Aufträge, wie es der Tante recht war. Sie scheute keine Mühen – um ihre Baumwollschuhe aber tat es ihr leid. Als schließlich auch teurere Dinge zu besorgen waren, machte die Tante sich höchstpersönlich auf den Weg. Sollte die Schwester schon nicht viel Geld in die Hand bekommen, so durfte sie erst recht nicht wissen, daß auch Kostspieliges auf der Einkaufsliste der Tante verzeichnet war.

Und als dann niemand mehr im Hof war, schlüpfte die Tante wie ein Fisch, der aus dem Netz unbemerkt wieder ins Wasser gleitet, hinaus und auf die Straße. Was sie in den Geschäften und an den Ständen auch sah – am liebsten hätte sie alles gleich gekauft. Andererseits wiederum erschienen ihr die Waren zu teuer. Durch die Menschenmenge hindurch drängelte sie sich hierhin und schob sich dorthin, schaute auf dieser Seite und äugte auf der anderen, stets darauf bedacht, den Händlern nicht auf den

Leim zu gehen. Bei all dem Vergleichen stand sie zwei Stunden später immer noch mit leeren Händen da.

Als am Vorabend des Neujahrstages wichtige Besorgungen nicht mehr zu umgehen waren, begab sie sich noch einmal zusammen mit der zweiten Schwester auf den Kampfplatz. Die Schwester trug einen Korb, in dem sich leere kleine Näpfe und Krüge drängten. Nun war es mit der Besonnenheit der Tante nicht mehr weit her. Sie kaufte fast alles an einem einzigen Stand, der zudem nicht gerade bescheidene Preise hatte. Und als meine Schwester, von den Besorgungen zurückgekehrt, der Mutter im Flüsterton davon berichtete, konnte sie ein Kichern hinter vorgehaltener Hand nicht mehr unterdrücken.

Unsere Neujahrsfeier fiel recht einfach aus. Da Mutter das Wochenbett noch nicht verlassen durfte und die zweite Schwester die Besorgungen der Tante zu erledigen hatte, mußte der Vater die Dinge in die Hand nehmen. Er war zwar Bannersoldat – doch die überwältigende Größe und Erhabenheit, die die Mandschu zweihundert Jahre zuvor ausgezeichnet hatten, ließ er vermissen. Wäre es nach ihm gegangen, hätte er es Schwiegervater Zheng wohl gleichgetan und Singvögel gezüchtet, sich im Teehaus die Zeit vertrieben, hin und wieder ein Paar gebratene Hühner erstanden und Opernmelodien und Schlager gesummt. Doch eine vornehme Mütze zu tragen oder sich mit Pfauenfedern zu schmücken war ihm nicht vergönnt. Von den zwanzig oder dreißig Mu vor dem nördlichen Teil der Stadt, die einstmals im Besitz unserer Vorfahren gewesen waren, war uns nur ein wenig mehr als ein Mu mit vereinzelten Grabsteinen darauf geblieben. Und auch die Häuser, die jene Vorfahren – wie alle anderen Bannerleute auch – erhalten hatten, hatten sie bald verpfändet und schließlich für ein paar Peking-Enten verkauft.

Urgroßmutter soll seinerzeit einen hohen mandschurischen Beamten in so entfernte Gegenden wie die südliche Provinz Yunnan begleitet haben – wie viele Silberbarren er von dort mitbrachte, vermag heute niemand mehr zu sagen. Wahrscheinlich mußte sie der Gattin dieses hohen Beamten aus der Sänfte helfen, ihr die Pfeife stopfen und Tee servieren. Sprach man bei uns zu Hause auch nur selten über ihre Arbeit, so werde ich doch nie vergessen, daß sie es war, die unser Haus gekauft hat.

Meines Vaters einzige Freude war es, keine Miete zahlen zu müssen. Dennoch blieben ihm die Sorgen während der Regenzeit im Sommer nicht erspart. Die Mauern, die unseren Hof umfaßten, waren allesamt aus zerbrochenen Ziegelsteinen errichtet worden und hielten an vielen Stellen dem starken Regen nicht mehr stand. Vater war nicht Sklave irgendwelcher Leidenschaften: Er rauchte nicht und spielte nicht; und wenn er am Neujahrsfest ein oder zwei kleine Gläschen Wein getrunken hatte, war sein Gesicht schon so rot wie eine Dattel, ehe er das Glas überhaupt aus der Hand gestellt hatte. Seine ganze Liebe galt Blumen und Sträuchern. Wurde es Sommer, kaufte er stets die billigsten Wandelröschen weit und breit, an denen nicht einmal wunderliche Mütterchen und kauzige Alte Gefallen gefunden hätten. Der Gelbe Portulak und die Vieruhrsblume wuchsen jedes Jahr von neuem und blühten, ohne daß man sie zu gießen brauchte.

Vater ging pünktlich zur Arbeit und kam nach Dienstschluß sogleich nach Hause. Da er im Lesen ungeübt war, verbrachte er den Feierabend nicht über Büchern. Unsere Kunstsammlung erschöpfte sich in einer schlechten Kopie von »Wang Xizhi hütet seine Gans«, die zu jedem Neujahrsabend hervorgeholt und an die Wand gehängt wurde, wo sie bis zum neunzehnten Tag des ersten Monats des chinesischen Mondkalenders, dem letzten Tag des Neujahrsfestes, verblieb. Wenn Vater zu Hause war, hackte er Holz, schaute nach den Wandelröschen oder schrubbte die Wassertonne. Sprach ihn jemand an, gab er freundlich und mit tiefer Stimme ein paar Worte zurück. Wurde er nicht angesprochen, dann werkelte er mit einem Lächeln auf den Lippen schweigend vor sich hin, und ein ganzer

Tag konnte vergehen, ohne daß er ein Wort sprach. Stets war er höflich; doch wenn er die Straße entlangging, war sein Blick auf den Boden geheftet, so daß er Freunde und Bekannte nicht grüßen konnte, es sei denn, sie riefen ihn an. Trug die Mutter ihm auf, Verwandte oder Freunde zu besuchen, ging er bereitwillig. Doch meist dauerte es nicht lange, da kehrte er schon wieder heim. »Ach, schon wieder zurück?« fragte die Mutter dann. Vater lächelte sie an und putzte mit einem Staubwedel den Staub von seinen Schuhen. Noch nie hatte er mit irgendeiner Menschenseele Streit bekommen oder eine handgreifliche Auseinandersetzung gehabt. An Aufrichtigkeit stand er niemandem nach. Niemand aber auch wollte ihm etwas Böses, war er doch ein Bannersoldat mit einer Erkennungsmarke am Gürtel.

Ich muß so um die zehn Jahre alt gewesen sein, als es zu meinen Lieblingsbeschäftigungen gehörte, die Mutter zu fragen, wie der Vater ausgesehen hatte. Und wenn die Sorgen nicht zu schwer auf ihr lasteten, erzählte sie mir, was für ein Mann er gewesen war. Und jedesmal hatte ich den Eindruck, er sei ein höchst sonderbarer Bannersoldat gewesen.

Als er die Porreestange, die ich dreimal zu spüren bekommen hatte, auf das Hausdach warf, strahlte er über das ganze Gesicht. Und von jenem Augenblick an bis zu dem Tag, an dem das Bild »Wang Xizhi hütet seine Gans« einmal mehr zu Ehren kam, lächelte er ohne Unterlaß; auf der Straße sprach er Freunde und Bekannte an, noch ehe sie ein Sterbenswörtchen zu ihm sagen konnten, und stellte wieder und wieder die Frage: »Wie soll der kleine Bub denn heißen?«

Wegen meines Namens zermarterte er sich den Kopf. Und erst als am Vorabend des neuen Jahres für die Ahnen Papiergeld verbrannt wurde, mit dem sie ihren Lebensunterhalt im Jenseits bestreiten sollten, beschloß er, daß mein offizieller Name »Changshun« – Bleibendes Glück – und mein Kindername »Tuzi« – Glatzköpfchen – sein sollten.

Bis ich meinen Höflichkeitsnamen erhielt, mußte ich mich noch etwas gedulden.

Da das Geld knapp war, hatte der Vater für das Neujahrsfest keine besonderen Einkäufe gemacht. Die Götter und Buddhas hatte er jedoch nicht vergessen und nicht nur Papierbilder vom Gott des Reichtums und vom Gott des Herdes gekauft, sondern auch Räucherstäbchen, große und kleine rote Kerzen und fünf Schalen nicht ganz durchgebackener Mondkuchen erstanden. Außerdem hatte er Neujahrsreis gekocht und in ein besonderes Reisschüsselchen gefüllt. Darauf bettete er rote Datteln und getrocknete Persimonen. In die Mitte steckte er noch einen Kiefernzweig, der mit kleinen Goldbarren aus Papier verziert wurde. Und tatsächlich, dieses kleine Kunstwerk verlieh dem Zimmer einen Hauch von Festlichkeit. Mit schlichten Worten brachte der Vater seine Freude zum Ausdruck: »Was unsereins ißt, ist einerlei – die Götter und Buddhas jedoch dürfen wir nicht kränken. In meinem hohen Alter haben sie mir noch einen Sohn geschenkt.«

Als ginge uns das Neujahrsfest überhaupt nichts an, schlummerten Mutter und ich schon am frühen Abend ein. Die zweite Schwester ging der Tante, die sich endlos über mich beschwerte, bei der Vorbereitung des Neujahrsmahls zur Hand: »Dieses heimtückische Glatzköpfchen, konnte es nicht früher oder später kommen? Nein, gerade zum Neujahrsfest beliebt es ihm, geboren zu werden und Unruhe zu stiften.« Wenn die Tante aber alle Register ihrer Zankerei zog, kam der Vater herüber und fragte sie lächelnd: »Bedürft Ihr meiner Hilfe, Schwester?«

»Ihr?« musterte sie ihn eingehend, als begegnete sie ihm zum ersten Mal. »Ihr redet, ohne nachzudenken. Überlegt doch selbst einmal: Was könnt Ihr uns schon helfen?«

Lächelnd überlegte Vater einen Augenblick, dann ging er hinaus, als verabschiede er sich von einem Vorgesetzten.

Draußen auf den Straßen war das Feuerwerk zu Ehren der Götter immer lauter geworden; in den Hutongs erklangen die Hackmesser, denn jede Familie bereitete die Hackfleischfüllung für die Jiaozi vor. Und als sich die Geräusche schließlich vermischten, war es so, als würden zehntausend Pferde über das Land galoppieren oder riesige Wellen sich am Strand brechen. Manchmal wurde das Getöse jedoch von den Gläubigern übertönt, die hie und da so energisch an die Türen pochten, daß diese samt der ringförmigen Türklopfer zerbersten wollten. Dieses Pochen ließ den Leuten hinter den Türen einen Schauer über den Rücken fahren, und selbst der Dickfelligste konnte seine Ruhe nicht bewahren. Es rief inständiges Flehen und großes Gekeife hervor, das vom Weinen der Frauen und Heulen der Kinder unterbrochen wurde. Und einige Männer, die keinen Ausweg aus ihrem Unglück mehr wußten und ihr Gesicht wahren wollten, flüchteten sich hinaus vor die Mauern der Stadt, um sich in dieser Nacht, in der die Götter und Buddhas auf die Erde hinabstiegen und glückverheißende Wolken sich am Himmel kräuselten, heimlich das Leben zu nehmen.

Vater bereitete die Jiaozi alleine zu. Er war unruhig. Es war Familientradition, die Jiaozi für den letzten Abend im alten Jahr mit Gemüse zu füllen. Auf diese Weise konnte man Buddha opfern – und darüber hinaus noch das Schweinefleisch sparen. Die Opfergaben mußten von erlesener Qualität sein. Die Teigtaschen hatten klein und zierlich, die Verzierungen an ihren Rändern hübsch und haltbar zu sein, denn zerkochte Taschen brachten Unglück. Je nervöser Vater wurde, desto weniger wollten die Taschen ihm gelingen. Einige sahen aus wie kleine Boote, andere hatten Ähnlichkeit mit Mäusen, und ganz widerspenstige trotzten auch Vaters größten Anstrengungen und ließen sich, waren sie gefüllt, nicht verschließen.

Abgesehen davon, daß der Vater sich bei der Zubereitung der Jiaozi nicht allzu großer Geschicklichkeit rühmen konnte, war er auch nur mit halbem Herzen dabei: Er sorgte sich um seine älteste Tochter. Auch er aß das Korn, bevor es gesät war, doch wußte er genau, wie hoch sich

Schulden türmen konnten. Und um zu vermeiden, daß die Gläubiger ihm an den drei Festen die Tür einschlagen würden, überlegte er sorgfältig, wofür jeder einzelne Pfennig zu verwenden sei.

Die Familie des Schwiegervaters dagegen schien zwischen Schuldenmachen und Etwas-umsonst-Bekommen keinen Unterschied zu sehen; wie sie die Schulden dann zurückzahlen konnten – darauf verschwendeten sie jedoch keinen einzigen Gedanken. Und hätte ihnen jemand die Weiße Pagode im Beihai-Park auf Kredit verkaufen wollen, so hätten sie zweifellos in den Handel eingewilligt. Der Vater konnte einfach nicht ergründen, mit welchem schlauen Trick sie durch das neue Jahr kamen; und in Sorge um seine Tochter war er auch.

Das laute Pochen an der Nachbartür hatte die Mutter aus dem Schlummer gerissen. Sie hatte nur unruhig geschlafen, denn auch sie machte sich Gedanken um die Tochter. Doch die Kraft, um mit dem Vater über diese Sorge zu sprechen, fehlte ihr noch; und so sagte sie nur: »Leg dich auch schlafen!«

Unzählige Generationen unserer Familie hatten an dem Brauch festgehalten, sich am letzten Abend im Jahr nicht zur Ruhe zu begeben, sondern wachend den Anbruch des neuen Jahres zu erwarten. Daher war der Vater recht verwundert, als er Mutters Worte hörte. Er gab nur ein Brummen zur Antwort und wandte sich wieder den Jiaozi zu. Seinem Geldbeutel entnahm er eine kleine Münze, rieb sie blank und steckte sie in eine der Teigtaschen, um feststellen zu können, welchem Familienmitglied ein glückliches Schicksal beschieden sein würde. Derjenige, der die Münze fand und sie nicht aus Unachtsamkeit mitsamt der Teigtasche hinunterschluckte, würde ein glückliches neues Jahr erleben.

Vater beschloß, die Nacht zu durchwachen und darauf achtzugeben, daß die kleinen Öllämpchen brannten, das Feuer im eisernen Ofen loderte und die Räucherstäbchen vor dem Buddhabild glommen. Ein kleiner Sohn, auf den er seine ganzen Hoffnungen bauen konnte, war ihm geschenkt worden. Und damit die Wünsche des Vaters in Erfüllung gingen, mußte er dafür sorgen, daß die Lichter munter flackerten und das Haus von Festlichkeit erfüllt war. Von draußen holte er eine große grüne Tonschale herein, in der nach alter Sitte das gebrauchte Wasser des Festtages gesammelt und bis zum fünften Tag im neuen Jahr aufbewahrt wurde. Nachdem er noch einige – Mäusen ähnliche – Jiaozi geknetet und gefüllt hatte, nahm er den Almanach zur Hand und prüfte, ob der Gott des Reichtums und der Gott des Herdes auch ordnungsgemäß aufgestellt waren. Freude übermannte ihn: Wenn es gelänge, die täglichen Ausgaben einzuschränken, könnte mit Hilfe der Götter und Buddhas doch noch alles gut werden, und ein glückliches Jahr stünde bevor.

Gegen Mitternacht steigerte sich das Feuerwerk zu einem Fortissimo, und die Händler begannen, den Göttern zu opfern. Vater war guten Mutes. Ob die entfernte Provinz Yunnan im Osten oder im Norden lag, vermochte er nicht genau zu sagen, und ob England nun an Amerika grenzte oder eher in Yunnans Nachbarschaft zu suchen war, entzog sich ganz seinem Gesichtskreis. Solange ihm – knall, bum – das Krachen der Feuerwerkskörper in den Ohren schallte, war er überzeugt davon, daß Friede und Glück die Welt regierten.

Schmollend und mit Tränen in den Augen trat die zweite Schwester herein; in ihren Händen lagen zwei »Blumenkuchen«, die noch vom Chongyang-Fest[18] am neunten Tag des neunten Monats stammten. Es hatte ihr nichts ausgemacht, der Tante tagelang geholfen zu haben, ohne auch nur ein paar kleine Münzen zum Neujahrsfest von ihr zu bekommen. Doch als die Tante sie dann mit diesen steinharten Kuchen belohnte, überkam sie doch die

---

[18] Das Chongyang-Fest wird noch heute begangen: An diesem Tag ist es Brauch, mit Freunden und Verwandten – und einem guten Vorrat an Proviant – einen Berg oder Hügel zu besteigen.

Wut. Sie war drauf und dran, diese Brocken auf den Boden zu werfen, doch der Vater ermahnte sie zur Besonnenheit: »Das ist unrecht, zweite Tochter.« Er nahm die Kuchen an sich und legte sie auf den Tisch. »Nun wein doch nicht, Kleine, das bringt Unglück!« Die Schwester hielt ihre Tränen zurück. Vater holte ein paar hundert Münzen hervor und gab sie der Schwester: »Wenn der kleine Li kommt, kaufst du dir Bonbons und Bohnen. Das ist wie gemischtes Konfekt!« Vater wußte, daß der kleine Li bis zum frühen Morgen des Neujahrstages seine Süßigkeiten verkaufen würde. Von den Kindern, die kein richtiges Konfekt bekamen, wurde er sehnsüchtig erwartet.

Es dauerte nicht lange, bis der kleine Li erschien. Gerade wollte die Schwester zu ihm nach draußen gehen, da lugte die Tante aus ihrer Zimmertür: »Die..., äh, was ich dir gerade gegeben habe, kann der Hund bekommen. Komm, komm mal her!« Sie drückte der Schwester einen frisch gedruckten roten Geldschein in die Hand und ließ ihre Tür wieder ins Schloß fallen.

Die Schwester ging hinaus und kaufte dem kleinen Li kandierte Bohnen, große saure Datteln und zwei Stangen mit kandierten Holzäpfeln ab. Mit den süßen Schätzen zurückgekehrt, führte sie ihr erster Weg zur Tante: »Tante, mögt Ihr eine Stange kandierter weißer Holzäpfel?«

»Ich gehe zu Bett«, antwortete die Tante, »bis zum nächsten Jahr.«

Vater wußte, daß, würde die Tante dieses Jahr so beenden, das kommende nur Unheil bringen könnte. Er eilte zu ihrer Tür und fragte zaghaft durch das Holz: »Schwester, mögt Ihr nicht mit mir und der Kleinen ein wenig Karten spielen?«

»Wieviel Geld habt ihr noch?« fragte sie zurück.
»Wir spielen um Saubohnen.«

Die Tante brach in Gelächter aus; als sie sich beruhigt hatte, blies sie mit einem Fluch ihre Lampen aus. Zur Schwester zurückgekehrt, flüsterte der Vater dieser zu:

»Ich habe sie zum Lachen gebracht – zumindest morgen wird uns der Himmel gnädig sein.«

Dann setzten Vater und Tochter sich nieder, um ein wenig zu plaudern und das gemischte Konfekt zu kosten.

»Am sechsten Tag des neuen Jahres müssen wir die älteste Schwester abholen«, sagte die zweite Schwester.

»Stimmt.«

»Doch was können wir ihr anbieten? Den Schwiegereltern sind die besten Stücke gerade gut genug, der Schwester lassen sie jedoch nichts übrig.«

Vater schwieg. Wie sehr wünschte er sich doch, für die Älteste ein paar schmackhafte Speisen zuzubereiten, allein ...

»Wenn das Brüderchen seinen ersten Erdenmonat vollendet, müssen wir ...«, sie mochte den Satz nicht zu Ende bringen.

Eigentlich hatte Vater eine sparsame und fröhliche Neujahrsfeier im Sinn gehabt; doch was immer er auch tat – wahre Freude wollte nicht aufkommen. Daran zu zweifeln, daß das große Reich der Qing-Kaiser bis in alle Ewigkeit bestehen würde, wagte er zwar nicht. Doch auch wenn der Kaiser seinen Thron nie abgeben müßte und der neugeborene Sohn einen freien Posten bekäme und wie sein Vater Bannersoldat würde, was war dann? Einen Sohn zu bekommen war der größte Segen – so ein Sohn konnte aber auch Grund zur größten Sorge sein.

»Wenn der Bruder erwachsen ist, wird er mindestens ein Kavallerist sein und wie der Mann der Schwester die Mütze des vierten Offiziersranges tragen.« Mit einer Bohne im Mund spielend, bemühte sich die zweite Schwester, den Vater mit ein paar netten Worten etwas aufzuheitern.

»Ja, und?« Vater war noch immer betrübt.

»Er könnte sich auch ganz der Wissenschaft widmen, an den kaiserlichen Staatsprüfungen teilnehmen und sich mit dem höchsten akademischen Titel schmücken.«

»Und wer soll das bezahlen?« In Vaters Gesicht zeigte sich auch nicht die geringste Spur eines Lächelns.

»Noch besser, laßt ihn wie Fuhai ein Handwerk erlernen!« Die Schwester wunderte sich selbst, daß ihr an diesem Abend so viele Ideen kamen. Sollte es an den Bonbons und Saubohnen liegen?

»Wir Bannerleute waren von jeher der Auffassung, daß man sich nicht unter die Handwerker mischen sollte, wenn man es nicht unbedingt muß.«

So redeten Vater und Tochter bis zum frühen Morgen des nächsten Tages und brachten doch keinen Zukunftsplan für das kleine Brüderchen zustande. Die Schwester verspeiste noch die beiden Stangen mit kandierten Holzäpfeln, lehnte sich zur Seite und wurde vom Schlaf übermannt. Vater holte ein Dominospiel hervor, dessen elfköpfiger Stein – der Tigerkopf – verschollen war, und deutete dem lang ersehnten Sohn die Zukunft.

Natürlich war es Fuhai, der am Neujahrstag als erster seine Glückwünsche zum neuen Jahr überbrachte. Kaum hatte er sich von seinem Kotau aufgerichtet, als der Vater schon auf die Schwierigkeiten zu sprechen kam, die mit den Feierlichkeiten zur Vollendung meines ersten Erdenmonats zusammenhingen. Fuhai gab einen wohlüberlegten Rat: »Wenn Ihr Eure Neujahrswünsche überbringt, könnt Ihr Euch gleich dafür entschuldigen, daß die Feierlichkeiten nicht abgehalten werden können.«

Eine Teeschale in der Hand haltend, saß Vater auf dem Kang und schwieg. Er wußte Fuhais Rat wohl zu schätzen; doch ihn befolgen, hieße dem Sohn unrecht tun. Wie konnte er ihm, der den Ruhm der Ahnen noch vergrößerte, keine Feier zum ersten Erdenmonat ausrichten?

»Hört: Geht Ihr auch von Haus zu Haus und entschuldigt Euch, so seid Ihr vor Gratulanten trotzdem nicht ganz sicher, denn wir Bannerleute lieben diese Höflichkeitsbesuche«, lachte Fuhai. »Dennoch erleichtert eine vorsorgliche Absage die Sache erheblich. Entschuldigt Ihr Euch dafür, daß Ihr keine Feierlichkeiten abhalten werdet, so können sich diejenigen, die sich trotzdem einen Besuch nicht verkneifen können, auch nicht beschweren. Und wenn Ihr ihnen grünen Tee serviert, können sie Euch nicht einen schlechten Gastgeber schimpfen.«

»Wir können die Gäste nicht mit grünem Tee abspeisen.« Vater runzelte die Stirn.

»Ihr sagt es. Wir sollten für alle Fälle auch ein paar Kleinigkeiten bereithalten, damit sie unsere Gastfreundschaft nicht bekritteln können. Und am Ende brauchen wir uns keine Vorwürfe zu machen, den ersten Erdenmonat des kleinen Stammhalters nicht gehörig begangen zu haben.«

Vater nickte, ein Lächeln umspielte seinen Mund: »Richtig, Fuhai, du hast recht.« Es schien so, als bräuchte man außer für ein paar Kleinigkeiten, die man zum Verzehr anbieten würde, keinen Pfennig auszugeben. »Kleine, bring mir eine gefütterte Hose! Und nun los, Fuhai, auch ich will den Freunden und Verwandten meine Neujahrswünsche aussprechen.«

»Warum so eilig?«

»Je eher ich es ihnen beigebracht habe, desto leichter ist's mir ums Herz.«

Die zweite Schwester brachte Vaters gefütterte Hose aus dattelrotem Atlas herbei. Wenngleich diese das Alter der Schwester noch um zwei Jahre übertraf, hatte sie sich, da sie nur am Neujahrstag und zu anderen Festtagen ausgeführt wurde, doch recht gut gehalten.

Als die älteste Schwester am sechsten Tag des neuen Jahres – vorher durften die Frauen das Haus nicht verlassen – zu Besuch kam, konnten wir ihr natürlich nicht vom Bianyifang zubereitete »Zehn Köstlichkeiten im Feuertopf« oder »Suzhouer Spezialitäten« anbieten. Der Blick der Mutter haftete fest an ihr, fast so, als könnte sie nicht genug von ihr bekommen; auch schien es bisweilen, als bäte sie ihre älteste Tochter um Verzeihung. Diese las ihre Gedanken: »Großmutter, schaut mich doch nicht so unverwandt an. Von Euch ist mir jede Speise lieb. Wenn ich nur gut schlafen und meine Beine ein wenig ausruhen kann, so werde ich Buddha von Herzen danken.« Ihre Lippen zitterten, doch zu weinen wagte sie nicht. Sie wollte die feierliche Stimmung der Familie zu Beginn des neuen Jahres nicht mit Tränen über das Unrecht, das ihr im Haus der Schwiegereltern widerfuhr, trüben. Am neunten Tag kehrte sie in das neue ungeliebte Zuhause zurück; doch auf dem Weg dorthin gelang es ihr nicht mehr, die Tränen zurückzuhalten. Zum Glück wehte ein heftiger Wind. So konnte sie den feinen, gelben Sand, den er aufwirbelte, für ihr verweintes Gesicht verantwortlich machen.

Ab dem sechsten Tag des neuen Jahres ging die Tante wieder aus, um Karten zu spielen. Sie hatte eine Glückssträhne und gewann viele Runden. Und so ging es auf unserem Neujahrsfest, fiel es auch ein wenig ärmlich aus, doch recht munter zu.

Am Abend des Laternenfestes, dem fünfzehnten Tag des ersten Monats des chinesischen Mondkalenders, nahm die Tante die zweite Schwester plötzlich bei der Hand, um sich mit ihr die Lampions, die allerorts aufgehängt waren, anzuschauen. Sie gingen sogar bis zum Tempel des Stadtgottes östlich des Tores des Weltlichen Friedens, um die feuerspeienden Akrobaten zu bewundern. In diesen Tagen schenkte sie ihrer Nichte ganz besondere Aufmerksamkeit, vielleicht, weil diese ihr Neujahrsgeschenk – die beiden steinalten Kuchen – nicht abgelehnt hatte. Möglicherweise hatte sie sie nur auf die Probe stellen und sehen wollen, ob sie auch wirklich aufrecht und gehorsam war. Hätte die Schwester die Kuchen nicht angenommen, hätte sie die Vormachtstellung der Tante in unserem Hof verletzt, und sicherlich wäre sie nicht ohne Strafe davongekommen.

Wir konnten uns nicht einmal süße Klebreisklöße, die zum ersten Vollmond des neuen Jahres auf den Tisch gehörten, leisten. Statt dessen mußten wir den Gürtel enger schnallen, um die Freunde und Verwandten, die sich trotz der Absage zur Feier meines ersten Erdenmonats bei uns einstellen würden, zu beköstigen.

Und als der Tag gekommen war, fanden sich tatsächlich einige Gratulanten ein. Duofu war der erste. Er war ein wenig dünner geworden, denn vom Neujahrstag bis zum neunzehnten Tag des ersten Monats war er mit dem Besuch von Tempelmärkten über alle Maßen beschäftigt gewesen. Am zweiten Tag hatte er im Tempel des Gottes des Reichtums einige Silberbarren – aus Papier – geborgt und größte Frömmigkeit gelobt, wovon er sich für das kommende Jahr bescheidenen Reichtum erhoffte. Im Tempel der Weißen Wolke warf er dem unter der Brücke kauernden alten taoistischen Mönch einige Kupfermünzen zu und hieb einem alten Schwein, das man gekauft hatte, um es nach frommem Brauch wieder freizulassen, mit einem Stöckchen auf den Rücken, um zu sehen, ob es das Grunzen noch nicht verlernt hatte. Auf dem Changdian-Markt erstand er einen Drachen und eine aus Weißdorn gefertigte lange Schnur. Im Glockentempel ließ er dann einen gehörigen Schluck gegorenen Bohnensaft durch seine Kehle rinnen und gewann bei einem Lotteriespiel, das keine Nieten kannte, einen fingernagelgroßen Sesambonbon. Und alle Künstler, die Kampfsportarten vorführten, komische Dialoge zum besten gaben, zur Begleitung von Klappern Balladen sangen und mit Zauberkunststücken die Zuschauer zum Staunen brachten, erhielten von ihm eine kleine Belohnung, woraufhin sie ihn »Gott des Reichtums« tauften. Auf dem Pferderennplatz vor dem Tempel der Weißen Wolke allerdings konnte er seine Fähigkeiten nicht zur Geltung bringen, denn ihm fehlte nicht nur ein edles Roß – er konnte auch nicht reiten. Für den Heimweg zurück in die Stadt mietete er einen großen, schwarzen Esel mit einem kupfernen Glöckchen um den Hals und trieb ihn so an, daß man ihm von überall her zujubelte. Dieses Vergnügen fand jedoch ein jähes Ende, als er einmal nicht achtgab: Der Esel bockte und lief auf und davon – jedoch nicht, ohne ihn zuvor in einen großen Sandhaufen katapultiert zu haben.

An den Abenden des vierzehnten, fünfzehnten und sechzehnten Tages schaute er sich die Gazelaternen, die Lampions aus Rinderhorn und aus Eis und die Drachenlaternen aus Malzzucker an, die beim östlichen Prachtbogen, bei den vier westlichen Prachtbögen und beim Trommelturm zur Schau gestellt waren. Doch als er sich an dem aus Blumentöpfen sprühenden Feuerwerk vor dem Tor der Residenz des Hofmeisters erfreute, brannte ihm ein Funke ein Loch in seine Reitjoppe aus plissierter ausländischer Seide.

In erster Linie stattete er uns einen Besuch ab, um zu berichten, was er bei den Ausflügen und Erkundungen gesehen und erlebt hatte. Da jedoch weder die Mutter noch die zweite Schwester seinen Ausführungen folgen konnten, kam er zu mir herüber, um mich aufzuklären: »Kleiner Bruder, werde schnell erwachsen, dann gehen wir zusammen aus und haben unseren Spaß. Ist mit uns Bannerleuten bisweilen auch kein Staat zu machen, so sind wir, was das Essen, Trinken und Amüsieren angeht, doch unschlagbar. Merk dir das!«

Der Vater versuchte mehrmals, ihn danach zu fragen, wie seine Familie den Gläubigern, die am letzten Tag des Jahres die Schulden eintrieben, aus dem Weg gehen konnte, doch jedesmal, wenn er die Worte schon auf der Zunge hatte, schluckte er sie gleich wieder hinunter. Und dann kam der Schwiegersohn von selbst auf das Thema zu sprechen. Man hatte das Haus verpfändet und so ein üppiges Fest feiern können. Als Vater das hörte, legte er seine Stirn in Falten. Erfahrene und vorsichtige Bannerleute wie er mußten ihr eigenes Haus besitzen; nur so konnten sie Wurzeln schlagen und für immer in Peking bleiben. Denjenigen, die mit ihren Beamtenposten nur ein wenig verdienten, boten die Einnahmen aus Vermietungen eine verläßliche Geldquelle. Hätten sie sparsam gewirtschaftet, so hätten der Schwiegervater und der Schwiegersohn bei ihrem Einkommen schon längst einige Mietshäuser besessen und jeden Monat Miete einnehmen können. Doch sie hatten sogar das Haus, das sie selbst bewohnten, verpfändet. Als der Schwiegersohn sah, wie die Miene des Vaters versteinerte, konnte er nicht umhin, eine Erklärung hinzuzufügen: »Macht Euch keine Sorgen! Ein Haus zu verpfänden, heißt noch lange nicht, daß man es verkauft. Sobald die Gehälter ausgezahlt werden, lösen wir den Pfandschein wieder ein.«

»Nun gut«, gab sich der Vater scheinbar zufrieden, doch bei sich zweifelte er daran, daß die Familie ihre Hausbesitzerurkunde jemals wiedersehen würde.

Als der Schwiegersohn merkte, daß das Gespräch mit Vater sich nicht besonders angenehm gestaltete und auch niemand Anstalten machte, ein reichhaltiges Mahl aufzutischen, war er bald verschwunden.

Fuhais Mutter litt an ihrem Asthma, und Fuhai selbst war zur Arbeit gegangen, so daß uns nur der Bruder meiner Mutter einen kurzen Besuch abstattete. Sosehr die Familie ihn auch bat, das Essen mit ihr einzunehmen – er lehnte entschieden ab. Dennoch war seine Gratulation von Nutzen. Als die Tante merkte, daß die Teller leer und der Herd kalt blieben, war sie drauf und dran, eine ihrer Schimpftiraden vom Stapel zu lassen, aber als der Onkel mit seinen militärischen Orden und Ehrenzeichen auch ihr einen Höflichkeitsbesuch abstattete, setzte sie doch noch ein Lächeln auf. Nachdem er gegangen war, zwang sie den Vater zur Rechenschaft: »Warum habt Ihr mir nicht früher etwas davon gesagt? Zwei oder fünf Unzen Silber hätte ich noch entbehren können. So eine ärmliche Bewirtung, was macht das für einen Eindruck?«

Vater kicherte verlegen und dachte: Liebe Frau, wenn die Feier dich etwas gekostet hätte, hättest du dem Sohn doch längst den Hals umgedreht.

Der Frühling stellte sich in jenem Jahr recht zeitig ein. Schon einige Tage, bevor ich einen Monat alt war, wurde Peking von zwei oder drei Stürmen geschüttelt. Es schien, als wollte der Pekinger Frühlingswind nicht wie sonst den Frühling herbeiblasen, sondern ihm den Garaus machen. Damals wußten die Leute nur, wie man Bäume fällt, hatten aber nichts dafür übrig, welche zu pflanzen. Die Berge wurden kahl, und die Felder verdorrten. Früher hatte unser kleiner Familienfriedhof noch im Schatten einiger Zypressen geruht, doch zu Lebzeiten meines Vaters waren sie schon zur Legende geworden. Die entwaldeten Berge im Norden konnten den heftigen Wind, der von den fernen Landstrichen nördlich der Großen Mauer wehte, nicht aufhalten, und auch die dicken Stadtmauern konnten ihm keinen Einhalt gebieten. Die winterlichen Winde wirbelten den gelben Sand auf und bliesen ihn – als winselten die Geister und jammerten die Götter – unter ohrenbetäubendem Getöse in die Stadt, die unter verdunkeltem Himmel bald mit einer dicken Staubschicht bedeckt war. Der Himmel nahm eine gelbliche Färbung an und ließ Sand auf die Erde herabregnen. Die schwarze mit Pferdeäpfeln und Eselsdung angereicherte Erde, die Hühnerfedern und die Knoblauchschalen dagegen wirbelten munter hinauf. So tanzten die schwarzen Krumen und gelben Körnchen auf und ab und vereinten sich zu einem undurchdringlichen Sandnebel, der die Sonne verhüllte. Und konnte sie dennoch rot durch den gelben Schleier schimmern, sah sie wie eine erstarrte Blutlache aus.

Die zum Himmel aufstrebenden Prachtbögen vor den Geschäften ächzten im Wind, die genähten Ladenschilder hingen in Fetzen, und das Wiehern der Pferde und Krähen der Hähne wurde über unzählige Meilen herangetragen. Die Baumkronen neigten sich, so tief sie nur konnten, die trockenen Zweige und Hülsen der japanischen Schnurbäume taumelten herab, und die Rabennester aus den Astgabeln kugelten durch das Gezweig. Der Staub sämtlicher Pfade und Gänge schwirrte umher, so daß man sein Gegenüber nicht sehen konnte. Diejenigen, die gezwungen waren, das Haus zu verlassen, kämpften sich – Fischen in tosenden Fluten gleich – voran. Gingen sie mit dem Wind, wurden sie, ob sie wollten oder nicht, vorwärts geschoben; schritten sie gegen ihn aus, dann hatte die Brust Mühe, sich mit den Beinen auf einer Höhe zu halten. Von Kopf bis Fuß waren sie von dunklem Staub bedeckt, als hätte man sie soeben ausgegraben. Aus ihren vom Wind geröteten Augen liefen die Tränen herab und gruben sich längs der Nase kleine, schlammige Kanäle.

Die armen Leute daheim fühlten ihre Wände beben und die Dachziegel sich lösen und warteten nur noch auf den Augenblick, in dem sich ihr Haus mit allem lebenden und toten Inventar in die Lüfte erheben würde. Durch alle Ritzen wehte der Wind hinein, vertrieb jedes warme Lüftchen und ließ am hellichten Tage das Wasser in den Schüsseln gefrieren. Tisch und Kang waren mit Staub bedeckt, von dem ein Geruch von Fäulnis ausging; über die auf dem Herd köchelnde gegorene Sojabohnenmilch gingen kleine Wellen, und an die Seiten der Töpfe legten sich schwarze Ringe.

Einmal heulte der Wind auf, um sich darauf in die Höhen zu verlieren; dann wieder schoß er herab und wirbelte die Erdkruste auf, griff wütend und pfeifend die Hofmauern an und trug kleine Papierstückchen, trockenes Gras und tote Blätter aus den Höfen in die Ferne. War eine Böe vorüber, atmete man erleichtert auf, und die Herzen kehrten an ihren Platz zurück. Wurde das Heulen jedoch wieder lauter, schlich auch die Angst sich wieder herbei. Himmel und Erde, ja sogar die roten Mauern des Kaiserlichen Palastes und die Thronhalle schienen zu beben. Die Sonne spendete kein Licht mehr, und die Stadt fiel schwirrendem Sand und fliegenden Steinchen zum Opfer.

Da ein Sturm sich jedoch vor dem Sonnenuntergang fürchtet, hofften alle, daß die kraftlose Sonne früh am Horizont verschwinden würde. Am Abend trat dann plötzlich Stille ein. Das Geäst der Bäume reckte und streckte sich, manchmal erzitterte es noch leicht im Luftzug, doch war dies ein gelöstes und fröhliches Zittern. Die Höfe erstrahlten noch sauberer, als wenn man sie gerade gefegt hätte, die kleinen Papierfetzen waren, wer weiß wohin, getragen worden, nur ein oder zwei vorwitzige Stückchen lugten noch aus den Mauerecken hervor. In den Fensternischen hatten sich kleine Grabhügelchen aus trokkener, feiner Erde aufgetürmt. Die Fenstersimse waren wie das von den Spuren der Flut gezeichnete Watt von gewellten Schichten mattgelben Sandes bedeckt. Die Leute hatten sich wieder beruhigt und wünschten sich inbrünstig, daß der nächste Tag sie vom Wind verschonen möge. Aber sicher konnte man nie sein, und einen Wetterbericht gab es damals noch nicht.

Ich war wirklich vom Schicksal begünstigt. Als ich einen Monat alt wurde, hatte der Wind nicht nur eine Ruhepause eingelegt; auch die Wildgänse, die früher als sonst aus dem Süden zurückkamen, zogen über den blauen Himmel. War ihre Zahl auch nicht groß, so lockte ihr klares Rufen die Leute doch hinaus in die Höfe. Die Hälse reckend und mit den Händen auf die geflügelten Heimkehrer deutend, sagten sie dann aufgeregt den Spruch auf, der diesen Zeitraum im Winter beschrieb:

»Siebenmal neun Tage, das Eis der Flüsse ist nunmehr getaut;
achtmal neun Tage, der Wildgänse Ruf erschallt wieder laut.«[19]

Und im Vorbeigehen bemerkten sie, daß sich zwischen den Ziegeln der Treppe ein kleines duftendes Beifußpflänzchen rekelte. Die zweite Schwester wollte sofort die gefütterte Jacke ausziehen, doch die Mutter hielt sie davon ab: »Behalt sie an. Im Frühjahr sind Vorsicht und warme Kleidung geboten; im Herbst dagegen soll man sich nicht mit molligen Kleidern verwöhnen.«

Just in diesem Augenblick bog ratternd eine Kutsche in unseren Hutong ein und hielt vor unserem Tor. Von draußen drang ein Lachen, das den Ruf der Wildgänse an Klarheit übertraf, in unseren Hof. Ein jeder hielt den Atem an.

---

[19] Im traditionellen China teilte man die Zeit von der Wintersonnenwende bis hinein in das neue Jahr nach dem chinesischen Mondkalender in Zeiträume von jeweils neun Tagen auf. Jeder Zeitraum hatte besondere Eigenschaften.

6

Das Lachen wurde von einem sich schnell nähernden Regenbogen begleitet, der in allen Farben schillerte: Blau strahlte das Atlasgewebe der Mütze, zinnoberrot prunkten die Knöpfe darauf, weiß schimmerte die große, an der Seite eingesteckte Perle, bläulich leuchtete die mit Drachen bestickte und mit Eichhörnchenfell abgesetzte Robe von Satin, blaßgelb schien darüber die Seidenweste, schneeweiß blitzte der Gürtel, und hell glänzten die Sohlen der Beamtenstiefel. Und erst als die Menge den Regenbogen umringte, ihn begrüßte und willkommen hieß, konnte man sehen, daß in seinem gut geschnittenen weißen Gesicht ein Paar pechschwarzer freundlicher Augen ebenfalls glitzerten. Obwohl mit klarer Stimme gesprochen, waren die Worte des Regenbogens kaum verständlich. Fortwährend unterbrach er sich mit »Hahaha« oder »Ahahah« und ließ seine schneeweißen Zähne im Munde aufblitzen.

Der Regenbogen ging hinein in unser Haus, trat vor den Kang und schaute mir »Hahaha, prächtig, prächtig!« ins Gesicht. Er mochte sich weder setzen noch einen Schluck Tee trinken, doch holte er mit seiner weißen zarten Hand aus der Brusttasche einen Geldschein im Wert von zwei Unzen Silber hervor und legte ihn neben mich. Von seinem Daumenring – nach der Art, wie ihn die Bogenschützen tragen –, der mit einem Jadestück in der Farbe von Eisvogelfedern besetzt war, ging ein warmer und weicher Glanz aus. »Prächtig, prächtig, hahaha!« Lachend wandte er sich zum Gehen: »Bleibt nur hier, begleitet mich nicht, hahaha!« Er schritt hinaus, durch unser Tor und bestieg die Kutsche. Auf ein leichtes Säuseln der Peitsche beschrieb die Kutsche ratternd einen Bogen. Das Lachen verhallte, die Kutsche bog um die Ecke und hinterließ nichts als eine Staubwolke.

Hastig lief die Tante ins Haus zurück und blieb vor dem Kang stehen. Stumm starrte sie auf die Banknote, als traue sie ihren Augen nicht. Als sich auch die anderen wieder drinnen eingefunden hatten, rief sie: »Der gnädige Herr Ding – was hat ihn hierher gebracht? Von wem hat er es erfahren?«

Jeder wollte etwas sagen, allein niemand fand die passenden Worte. Noch niemals hatte unser Hutong eine so stattliche Kutsche gesehen, und unsere Familie hatte noch nie ein Geschenk im Wert von zwei Unzen Silber erhalten – mit diesem Schatz konnte man damals ein fürstliches Bankett bezahlen!

Vater war voller Bedauern: »Wie konnte ich in diesem Jahr nur vergessen, ihm unsere Neujahrswünsche zu überbringen? Wie konnte ich nur?«

»Wenn Ihr Eure Aufwartung zum neuen Jahr dort nicht gemacht habt, wer hat ihm denn dann davon berichtet?« fragte die Tante noch einmal.

»Beruhigt Euch nur«, tröstete Mutter den Vater, »daß er gekommen ist, zeigt, daß er uns nicht zürnt. Herr Ding hat ein so großes Herz – ein Schiff könnte darin fahren.«

»Wer aber hat ihm davon erzählt?« wollte die Tante ein letztes Mal wissen.

Als ihr niemand eine Antwort geben konnte, kehrte sie schweigend in ihre Gemächer zurück – einerseits bewunderte sie mich, andererseits war sie voller Neid. Ein wenig ratlos steckte sie ein Pfeifchen Orchideentabak in Brand und verwünschte das kleine Glatzköpfchen.

Ich habe bereits erwähnt, daß die Urgroßmutter einen hohen mandschurischen Beamten in die Provinz Yunnan und in andere entlegene Gebiete begleitet und daß eben dieser Beamte ungezählte Silberbarren von seinen Reisen mit nach Hause gebracht hatte. Herr Ding war ein Nachkomme dieses hohen Beamten.

Der Name, den sein Siegel trug, war Ding Lu. Er hatte viele Höflichkeitsnamen: Zifeng – Reich an Söhnen, Yuzhai – Bescheidenheit im Überfluß, Fuchen – Wohlhabender Beamter, Shao Fu – Junger Herr. Er selbst bezeichnete sich, hatte er auch gerade erst seinen zwanzigsten Geburtstag gefeiert, hin und wieder als »Alter Herr des kristallklaren Reifes«. Schon als er sechs Jahre alt war, wurde er von drei namhaften Gelehrten unterrichtet. Einer brachte ihm Mandschurisch bei, der zweite unterrichtete ihn im Fach Geschichte, und der dritte wies ihn in die Kunst der chinesischen Prosa und Poesie ein.

Ohne auf die Größe des Anwesens seiner Familie einzugehen, will ich nur darauf hinweisen, daß die Bibliothek sechs von überdachten Korridoren verbundene Gemächer einnahm. Davor erhob sich ein exquisiter, kleiner künstlicher Berg, dessen Gipfel der »Alte Herr des kristallklaren Reifes«, war er guter Dinge, erklomm, um dort einen Handstand zu vollführen. Vor dem Berg erstreckten sich zwei Päonienbeete, in denen im Frühjahr auch Beifuß und Grasbüschel wucherten. In jenem Jahr hatte der »Alte Herr« die Wurzeln der Päonien aus dem Boden gezogen, um zu sehen, ob sie auch ohne Erde Blüten trieben. An einer weißgekalkten Wand östlich der Bibliothek wuchs zartgrüner Bambus, westlich sproß ein chinesischer Judasbaum. Die Söhne vieler hoher mandschurischer Beamter und zwei oder drei Nachkömmlinge reicher chinesischer Familien hatten hier studiert. Manche hatten die staatliche Prüfung des Kreises bestanden, andere hatten einen frei gewordenen Beamtenposten erhalten – nur der »Alte Herr des kristallklaren Reifes« hatte Außergewöhnliches geleistet. Er konnte die berühmte Peking-Oper »Verpfändete Streitaxt, verkauftes Pferd« zum besten geben und stellte damit unter Beweis, daß er sowohl die Feder als auch das Schwert wohl zu führen wußte.

Er hatte ein musisches Talent. Eine besondere Vorliebe verspürte er für die Kalligraphie. Wenn es ihm gefiel, trug er seinem Laufburschen auf, eine große Schale Tinte anzurühren; dann malte er drei Fuß groß die Zeichen »Fu« – Glück – oder »Shou« – Langes Leben – und verschenkte die Kalligraphien an seine Klassenkameraden. War er nicht so guter Dinge, mochte er eine halbe Ewigkeit keinen Pinsel mehr anrühren, so daß die ersten Zeichen nach einer solchen Pause – waren sie auch voller Spannung und Harmonie – manchmal einen Strich zuviel oder ein Häkchen zuwenig hatten.

Er liebte es, Gedichte zu rezitieren. Und wenn er eine Eingebung hatte, schrieb er auch selbst einmal eine Zeile, die die Kameraden dann zu einem Gedicht vervollständigen mußten. Sein Mandschurisch war nicht fließend, und auch Chinesisch sprach er nicht perfekt. Doch überzeugt davon, daß er diese Sprachen in Kürze erlernen würde, wenn er es nur wirklich wollte, verschob er übermäßigen Fleiß auf später. Es fiel ihm leicht, sich die eine oder andere bekannte Passage aus den Klassikern – wie

»Von leuchtendem Rot der Ente Gefieder am Abend,
von unendlichem Glanz sind Fluß und Himmel im Herbst« –

einzuprägen und sie gekonnt zu zitieren. War er guter Laune, so interessierte er sich für sämtliche Wissenschaften und Lehren und unterhielt sich angeregt mit Vertretern der drei Religionen und Verfechtern der neun Denkrichtungen[20]. Er selbst hielt sich für einen modernen Bannermann, der sich durch Bildung und Philanthropie auszeichnete. Ja er unterstützte sogar die Theorien und Methoden der beiden Reformer Kang Youwei und Liang Qichao[21]. Er hatte ein gutes Herz, und ein jeder, der ihn

---

[20] Die drei Religionen: Konfuzianismus, Taoismus und Buddhismus; die neun Denkrichtungen: Konfuzianer, Taoisten, Anhänger der Lehre von Yin und Yang, Legalisten, Logiker, Mohisten, Politische Strategen, Eklektizisten und Agronomiker.
[21] Diese national gesinnten radikalen Reformer wollten die Qing-Monarchie erneuern. Kang war enger Berater des reformfreudigen jungen Kaisers Guangxu, der in einem Staatsstreich der Kaiserinwitwe Cixi ausgeschaltet wurde. In Kangs 1897 verfaßter Utopie »Die große Einheit« übte er Kritik am Konfuzianismus und trat für die Beseitigung der Unterschiede zwischen den Menschen ein. Damit war er seiner Zeit weit voraus.

mit »Alter Herr« anredete, konnte sich ein paar Unzen Silber ausrechnen.

Ob das Vermögen seines Vaters das seines Großvaters übertraf und wie groß der Besitz war, den sie ihm hinterlassen hatten, entzog sich seiner Kenntnis. Er verließ sich ganz auf den knappen Haushaltsbericht, den der Verwalter ihm monatlich ablieferte. Auch ersparte er sich die Last, sich nach den Preisen zu erkundigen. Gefiel ihm etwas, dann war es bald sein, wie teuer es auch sein mochte. Da er schon als Kind mit kleinen Silberbarren und mit Murmeln von Achat und Jade gespielt hatte, wußte er als Mann diese Kostbarkeiten nicht mehr zu schätzen. So kam es, daß viele buddhistische Mönche und taoistische Priester in ihm einen Unsterblichen erahnten und sein weites Herz und seine Zufriedenheit priesen. Sah er jemanden, der das Leben schwernahm, so meinte er, nur Engstirnigkeit könne ihn davon abhalten, sich von diesem Leben loszusagen.

Nur ganz schwach konnte er sich noch an die guten und schlechten Eigenschaften der Ahnen erinnern, und er wußte kaum noch, wie diese jenen Berg von Silberbarren angehäuft hatten. Schon immer war er in Samt und Seide gekleidet gewesen, und ein ganzes Gefolge von Dienern und Dienerinnen hatte ihm seine Wünsche von den Lippen abgelesen. Seiner Meinung nach hatte er das allein seinem Glück und seinem Können zu verdanken. Seine mandschurische Abstammung konnte er nicht verleugnen, doch war er nicht besonders stolz auf sie. Manchmal verhöhnte er die Mandschu sogar mit spöttischen Bemerkungen. Vage fühlte er, daß er eine in der Geschichte beispiellose und besondere Persönlichkeit war. Er hatte sich ein paar mandschurische Wendungen eingeprägt und konnte einige chinesische Verse verfassen. Außerdem wußte er, daß er – gab er sich besondere Mühe – sich auch in einen Heiligen oder Buddha würde verwandeln können. Mit amtlichen Titeln konnte er sich nicht schmücken und schien auch gar nicht gewillt zu sein, sich einen solchen Titel zu erkaufen. Er wollte keinerlei Verpflichtungen übernehmen, sondern so frei wie Wolken und Flüsse seine eigenen Wege gehen.

Seine Verbindung zu unserer Familie war recht eigenartig. Hatte meine Großmutter auch für seine Familie gearbeitet, so waren wir doch nicht ihre Leibeigenen gewesen. Sein Großvater und sein Vater und mein Großvater und mein Vater hatten, wenn auch nicht oft, so doch dann und wann miteinander zu tun gehabt. Als der Sohn dann die Führung des Haushalts übernahm, brachen diese lockeren Bindungen nicht ab. Ob wir, wollten wir ihm einen Besuch abstatten, von ihm empfangen wurden, richtete sich ausschließlich nach seiner Laune. Manchmal gönnte er sich die Abwechslung, uns einen Gegenbesuch zu machen. Der wahre Grund für seine Gratulation an jenem Tage war, wie wir später erfuhren, daß er selbst Vater einer kleinen Tochter – sie war einen Tag früher als ich zur Welt gekommen – geworden war. Er war überglücklich und meinte, auf der ganzen Welt sei es nur ihm und seiner Frau vergönnt, ein kleines Mädchen zu bekommen – andere hätten diese Fähigkeit und dieses Glück nicht. Es war wohl Herr Wang vom Bianyifang gewesen, der, als er im Hause Ding eine Rechnung abgegeben hatte, auch die Nachricht von meiner Geburt dort verbreitete: »Als die Familie eines armen Bannersoldaten gerade dem Gott des Herdes opferte, ging entweder der Stern eines musischen Genies auf, oder es fiel ein Unglück verheißender Komet hernieder.«

Herr Wang und der Verwalter der Familie Ding waren eng befreundet. Immer wenn Herr Ding Appetit auf geräuchertes Huhn oder Peking-Ente verspürte, dachte der Verwalter an Herrn Wang. Daraufhin schickte dieser zwei oder drei zubereitete Hühner oder Enten zu den Dings – und schrieb vier oder sechs dieser Vögel an. Wenn es dann zur Jahreswende Zeit war, die Rechnungen zu begleichen, und auch die nicht gelieferten Köstlichkeiten bezahlt wurden, dann hatten beide Geschäftspartner einen Gewinn gemacht. Manchmal regte sich jedoch Herrn Wangs schlechtes Gewissen, wußte er doch, daß es mit seiner Redlichkeit nicht weit her war. Doch der Verwalter gab zu bedenken: »Überlegt doch: Wenn man Euch nur eine Unze Silber schuldet – wie soll ich das den Herrschaften erklären? Der Herr wird sagen: ›Wie kann jemand wie ich ihm nur eine einzige Unze Silber schulden? Das kann doch nicht sein! Zahl ihm gar nichts!‹ Ich sage Euch, mein lieber Wang, das mindeste sind zwanzig Unzen, erst diese Summe hat Stil!« Nach einer solchen Belehrung wurde Herrn Wangs schlechtes Gewissen träge, und in aller Seelenruhe stellte er eine stilvolle Rechnung aus.

Herr Ding blieb auch weiterhin mein Gönner. Als ich sieben Jahre alt war, aber noch niemand daran dachte, mich in die Schule zu schicken, fiel es ihm plötzlich wieder ein, uns einen Besuch abzustatten. Nach einigen »Hahas« und »Ahahs« brachte er mich in eine reformierte Privatschule und hielt mich an, Konfuzius und meinen Lehrer mit einem Kotau zu ehren. Auch zahlte er die erste Rate des Schulgeldes. Am nächsten Tag schickte er mir einen Kalligraphiepinsel, in dem die Zeichen »Erstklassige Aufsätze« eingraviert waren, einen Tintenstein mit der Inschrift »Stil des Edlen«, drei Bücher, die die Grundkenntnisse klassischer Literatur vermittelten, und einen Zhang[22] blauer Baumwolle – ob der Stoff für eine Büchertasche oder einen Anzug gedacht war, ist mir noch immer ein Rätsel.

Gleich welchen hohen Wert man seinem Besuch beimaß – von größerer Bedeutung für mich war die Gratulation von Onkel Jin. In Peking – anderenorts vielleicht auch – waren es die Moslems, die am meisten unter der Unterdrückung durch die Mandschu zu leiden hatten. Meiner Ansicht nach hätte Onkel Jin bei der kaiserlichen Prüfung der Kampfsportarten der erste Preis verliehen werden müssen, denn er hatte wirklich erstaunliche Fähigkeiten: Beim Ringen, beim Boxen und beim Fußkampf konnten

---

[22] Chinesisches Längenmaß: 3 1/3 Meter.

ihm acht oder zehn Kampfsportler nichts anhaben. Er war würdevoll, adrett und gewandt. Sein klares gelbes Gesicht war recht mager und glänzte an einigen Stellen, so daß es mir gefiel, ihn an bedeckten Tagen anzuschauen. Nicht nur er selbst war reinlich und adrett gekleidet, auch der Tisch, auf dem er Fleisch hackte, war so geputzt und poliert, daß die Maserung des Holzes deutlich zu erkennen war.

Als ich schon Einkäufe erledigen konnte, genoß ich es immer ganz besonders, bei ihm Hammelfleisch oder süße Sesambrötchen zu besorgen. Dort war es immer so sauber und ordentlich, daß ich meinte, wenn er in der ganzen Stadt für Ordnung zu sorgen hätte, würden sich nach einigen Tagen ohne Wind ganz gewiß nicht Staub und Schmutz drei Fuß hoch auftürmen. Er war sehr geschickt, so daß alles, was er in die Hand nahm, leicht und einfach aussah. Kaum hatte ich ihn irgendwo erblickt, mußte er mich schon huckepack tragen. Dann griff er mir unter die Arme, rief »Hoch!«, und schon war ich dem Himmel ein Stückchen näher. Und als ich erst einmal die ausgelassene Freude auf seinen Schultern zu schätzen gelernt hatte, ließ ich mich von anderen Leuten – mochten sie mich auch mit dicken Bohnen locken – nicht mehr auf die Schultern nehmen.

Mir war es unverständlich, daß die Kaiserliche Regierung die Moslems so schlecht behandelte. Den Moslems in Peking blieb nur, Hammelfleisch zu verkaufen, Sesambrötchen zu backen, ein wenig Handel zu treiben und vielleicht noch ein kleines moslemisches Restaurant zu führen.

Ich fragte Onkel Jin: »Onkel, warum seid nicht Ihr Sieger der kaiserlichen Kampfsportprüfungen?«

Er rollte mit seinen leuchtenden dunklen Augen, tätschelte mich am Kopf und entgegnete: »Vielleicht wird einmal der Tag kommen, an dem ich Sieger der Kampfsportprüfungen werde. Schau, Glatzköpfchen, weißt du nicht, daß ich ein Gehalt beziehe?«

Diese Antwort verstand ich nicht, und auch zusammen mit der Mutter konnte ich sie nicht ergründen. Die Mutter überlegte: »So ist es: Wir grüßen ihn, und er erwidert den Gruß nach Mandschuart. Ist er dann nicht wie wir? Doch warum...?«

Auch Fuhai, der Onkel Jin ebenso Respekt zollte, konnte mir nicht helfen: »Liegt der Grund vielleicht in seinem moslemischen Glauben? Doch diese Religion ist schon sehr alt und nicht schlechter als Konfuzianismus, Buddhismus oder Taoismus.«

Damals wußte ich weder, was sich hinter den Begriffen Konfuzianismus, Buddhismus und Taoismus verbarg, noch verstand ich, was Fuhai mir hatte sagen wollen. Für mich sah es jedoch so aus, als hätte er gegen eine Freundschaft mit Onkel Jin nichts einzuwenden.

Am späten Nachmittag des Tages, an dem ich einen Monat alt wurde, als das Gespräch meiner Familie über Herrn Dings Lebensgeschichte und seine Besonderheiten langsam verstummte – denn es gab nichts mehr, was man zu seiner Person noch hätte sagen können –, kam Onkel Jin. Anders als der vorige Besucher rief er kein Erstaunen hervor. Hatten wir geglaubt, Herrn Ding habe uns der Himmel gesandt, so sahen wir Onkel Jins Kommen als eine ganz normale Freundlichkeit an. Abgesehen davon, daß er einige für Moslems typische Wendungen benutzte, sprach er doch unsere Sprache. Mandschurische Bezeichnungen wie »Niulu« – Kompanie, »Jiala« – Major und »Gege« – junge Dame – verstand er nicht nur, er wußte sich ihrer sogar zu bedienen. Und wenn es für die mandschurische Form auch eine chinesische Entsprechung – wie zum Beispiel »Zuoling« für »Niulu« – gab, so bediente er sich trotzdem des Mandschurischen. Niemand wunderte sich daher, daß er ein Gehalt bezog. Natürlich sprachen wir dies in seinem Beisein nicht an – dann und wann kam er jedoch von selbst darauf zu sprechen und lachte herzhaft darüber.

An jenem Tag schenkte er mir zwei Münzschnüre und

wünschte mir ein langes Leben. Man bat ihn, sich zu setzen, und servierte ihm Tee. Da seine Religion ihm jedoch verbot, Tee aus unseren Schalen zu trinken, lehnte er höflich ab. Diese Frömmigkeit erhöhte unseren Respekt vor ihm um so mehr. Ein jeder dachte: Obwohl er ein Gehalt bezieht, ist er doch ein guter Moslem geblieben.

Pflegen Angehörige verschiedener Völker und Religionen keinen Kontakt miteinander, so hegen sie oft Vorurteile gegenüber den fremden Sitten und Gebräuchen. Wenn aber die einen über die Volks- und Glaubensgrenzen hinweg Freundschaften schließen, belohnen die anderen diese Achtung für die fremden Sitten mit Bewunderung. Meine Mutter machte sogar folgenden Vorschlag: »Onkel Jin, wenn ich die Teeschale mit dem Henkel allein für Euch aufbewahre und niemandem sonst gestatte, daraus zu trinken, dann bräuchtet Ihr doch unseren Tee nicht zu verschmähen, nicht wahr?«

»Nein, morgen werde ich meine eigene Teeschale mitbringen und sie bei Euch lassen«, lautete die angemessene Antwort Onkel Jins.

Er hatte eine schöne Stimme und konnte einige Arien aus der Oper »Die Dame Sanniang unterrichtet den Stiefsohn« zum besten geben. Obwohl er sich gegen eine Geigenbegleitung nicht durchsetzen konnte, riet ihm doch jeder: »Mit einer solchen Stimme solltet Ihr bei einem namhaften Lehrer Gesangsunterricht nehmen, und Ihr werdet gewiß ein berühmter Opernsänger werden.« Da er jedoch keinen Lehrer fand, blieb ihm nur, auf seinen Wegen am Fuße der Stadtmauer nach Herzenslust ein paar Arien zu schmettern.

Heute nun bat man ihn, zur Feier des Tages ein Stück vorzutragen.

»Hei, ich kann aber nur ein paar Strophen«, lachte Onkel Jin und begann, ohne sich noch einmal bitten zu lassen.

Da ich damals noch nicht in die Oper gehen, geschweige denn mich als Opernkritiker betätigen konnte, vermag ich die Qualität von Onkel Jins Gesangseinlage nicht zu beurteilen. Doch etwas erfüllt mich noch heute mit Stolz: Zur Feier meines ersten Erdenmonats war auch ein moslemischer Freund gekommen.

7

Die mandschurischen Kuchen wurden mit Butter zubereitet – wahrscheinlich hatten meine Ahnen eine besondere Vorliebe für Kuhmilch, Pferdemilch, Butter und Käse. Doch nachdem einige Mandschu-Generationen in Peking gelebt hatten, geriet der Brauch, Milch zu trinken, langsam in Vergessenheit. Als ich jung war – daran erinnere ich mich noch –, trank man zum Frühstück Mandeltee und aß Hirsebrei, und auch jene, die sich Milch leisten konnten – wie der Schwiegervater und der Schwiegersohn – gingen nur selten zum Milchhändler. Nur die Tante trank noch gelegentlich ein wenig Milch, doch auch nur um zu zeigen, daß sie es sich leisten konnte. Auch hörte man nicht davon, daß Babys mit Milch gefüttert wurden.

Das machte mir mein junges Leben schwer. Wie der Sohn des Kaisers konnte auch ich erst einschlummern, wenn mein Bäuchlein gefüllt war. Doch weil mein Hunger nicht gestillt war, schlief ich nur unruhig. Meine Mutter hatte nicht viel Milch, und Kuhmilch oder Milchpulver für Babys gab es nicht. Und so machte ich mich – trotz meiner musischen Begabung – ausschließlich durch Weinen bemerkbar. Sobald das Bäuchlein leer war, fing ich an, laut und tränenlos zu heulen. »Trockenes Geheul« nannte die Tante mein Weinen; es war ihr zuwider, und sie prophezeite, daß ich die ganze Familie ins Unglück stürzen würde.

Um mein Heulen zu dämpfen und die Wut der Tante zu lindern, kaufte die Mutter gezuckertes Reismehl aus dem Dorf Yang; mit dieser berühmten Kindernahrung gedachte sie, mein kleines Mündchen zu stopfen. Der

Schwiegersohn machte sich darüber lustig: »Wer mit Reismehl großgezogen wird, kann die kaiserlichen Kampfsportprüfungen wohl kaum bestehen.« Und immer wenn die Tante ihre Pfeife auf meinem Kopf ausklopfte, bemängelte sie, daß er nicht hart genug sei.

Die Tante war bei weitem nicht klüger als andere, und sie prophezeite mir ein tragisches Schicksal nur deshalb, weil sie mein Weinen so sehr verabscheute. Doch diejenigen, die einen Blick für das Wesentliche hatten, spürten sehr wohl, daß das Geschrei hungernder Kinder das erste Grollen eines herannahenden Sturmes war. Und wenn man genau hinhörte, vernahm man, daß allerorts ungezählte Kinder vor Hunger, Kälte, Schmerz oder weil sie verkauft wurden, in mein herzzerreißendes Wehgeschrei einstimmten.

Der Gelbe Fluß trat über die Ufer und wälzte sich wie eine vom Himmel gesandte Flutwelle über das Land. Er plünderte Äcker und Gärten, spülte Häuser und Höfe hinweg, umzingelte Kühe und Schafe und riß Junge und Alte, Tausende und Abertausende mit sich fort. Die von der Überschwemmung nicht betroffenen Gebiete wiederum litten Jahr um Jahr unter großer Dürre, so daß die Bauern auf den Feldern verdursteten und ungezählte Babys schon im Mutterleib den Tod fanden. Fast war es, als hallten in meinem Weinen das wilde Gebrüll des Gelben Flusses und das Wehklagen der Bauern wider.

In Peking, Tianjin und anderen großen Städten vereinigten sich das tyrannische Befehlsgeschrei der Machthaber, das schmeichlerische Kichern der Heuchler, das Lachen der Spieler und Verschwender, die ihre Titel und Ämter verkauften und das Geld zum Fenster hinauswarfen, das Köcheln und Brutzeln der in Töpfen und Pfannen zubereiteten Bärentatzen und Kamelhöcker, die geflüsterten Ausschweifungen und gesabberten Obszönitäten der Zügellosen, das Rasseln der Schlösser und Ketten in den Gefängnissen und das Knallen von Peitschen und Brechen menschlicher Knochen in den Gerichtssälen zu einem Getöse, als wären Himmel und Hölle nur durch eine schwache Wand voneinander getrennt, jauchzende Freude und Todesschmerz die nächsten Nachbarn und unvorstellbare Verkommenheit und nicht auszudenkendes Leid wie Bruder und Schwester. Damals hallte der Kanonendonner ausländischer Mächte, die in China eingefallen waren, in unseren Ohren, und das Land erzitterte unter ihrem Wetteifern bei der Aufteilung des Landes. Doch wie eine Flutwelle erfaßten auch wütende Flüche auf die Unterdrücker und die Landesverräter und haßerfüllte Anklagen gegen die ausländischen Invasoren die Dörfer und Marktflekken. Die gegen das Joch aufbegehrenden redlichen Bauern waren bereit, mit Fäusten, Steinen, Forken und Äxten für ein Leben in Freiheit zu kämpfen.

Zu jener Zeit, als meine Tränen nicht trocknen wollten, hörten wir zum ersten Mal von den »Fäusten der Gerechtigkeit und Harmonie«[23].

Je älter Herr Wang wurde, um so häufiger bemerkte er: »Ich sollte in meine Heimat zurückkehren und nach dem Rechten sehen.« Doch in den letzten drei Jahren hatte er seine freien Tage stets an jüngere Kollegen verschenkt. Nach großen Reisen stand ihm nicht mehr der Sinn, und quälte ihn das Heimweh auch noch so sehr, er mochte Peking doch nicht verlassen. Die Stadt übte eine magische Anziehungskraft auf ihn aus. Er sagte zwar oft, daß er sich wünschte, seine letzte Ruhe in der Heimat zu finden, doch wenn ihn jemand fragte: »Warum wollt Ihr Euch nicht in Peking begraben lassen?«, widersprach er kaum.

Am meisten hing er an seinem jüngsten Sohn Shicheng. Wenn er dessen Namen nannte, der »Zehn Teile« und zugleich »Vollkommenheit« bedeutete, schien dieser nicht

---

[23] Wie alle Geheimgesellschaften richtete sich auch diese an den chinesischen Faustkampfsport anknüpfende bäuerliche Verbindung gegen die Regierung. Bei ihrem Aufstand im Jahr 1900, im Westen hauptsächlich als »Boxeraufstand« bekannt, dominierte jedoch ihre patriotische Gesinnung: Er richtete sich gegen die Beherrschung großer Teile Chinas durch ausländische Mächte.

nur einfach sein Sohn, sondern Bezugspunkt seines Denkens zu sein. Ging es um ein bestimmtes Datum, so sagte er stets: »Im Jahr, als Shicheng geboren wurde ...« oder »Drei Jahre, nachdem Shicheng auf die Welt kam ...« Wollte er angeben, wie hoch etwas war, so hieß es: »Ein wenig größer als Shicheng ...« oder »Einen Fuß kleiner als Shicheng ...« Eigentlich war er Herrn Wangs drittes Kind; da »Sancheng« – «Drei Teile« – im übertragenen Sinn jedoch »Mißernte« bedeutete, hatte man ihn »Shicheng« genannt. Niemand hatte ihn jemals zu Gesicht bekommen, doch keinem, der Herrn Wang kannte, war dieser Sohn fremd. Und wenn Freunde und Bekannte sich erkundigten, ob er einen Brief von zu Hause bekommen habe, fragten sie: »Hat Shicheng geschrieben?«

In jenem Sommer – die Bauern brachten gerade die Ernte ein – tauchte Shicheng plötzlich in Peking auf. Bei seinem Vater mischte sich Freude mit Erstaunen. Der Besuch des Sohnes machte ihn glücklich, und er sah mit Wohlwollen, wie gut und kräftig er gewachsen war und daß er trotz seines jugendlichen Alters von kaum siebzehn Jahren den Vater schon um einen Kopf überragte. Daß sein Sohn jedoch ohne Gepäck erschien, seine Kleidung über und über von Sand und Lehm bedeckt war und die knappe Jacke mehrere Löcher zierten, beunruhigte den Vater. Eilig besorgte er ihm einen modernen Anzug aus blauer Baumwolle und ein Paar schwarze Baumwollschuhe und begann mit seinem Sohn eine Art Wanderausstellung, die sie zu einigen mandschurischen und chinesischen Familien führte. Ich weiß nicht, was Shicheng von seiner eigenen Zurschaustellung hielt, wohl aber, daß die Besuche nach zwei Tagen abgebrochen wurden. Da die Nachbarn aber schon um die große Neuigkeit wußten, wollten ihre Fragen kein Ende nehmen: »Warum stattet ihr uns keinen Besuch ab? Ihr haltet euch wohl für zu gut!«

Einerseits freute sich Herr Wang über die Anteilnahme, andererseits war sie ihm auch ein wenig peinlich. So einigten sich Vater und Sohn darauf, die Höflichkeitsbesuche zwar nicht ganz einzustellen, ihre Anzahl jedoch beträchtlich zu verringern.

Eines Nachmittags wusch meine Mutter im kühlen Schatten die Wäsche; ich lag dösend und mit einem nur halbwegs satten Bäuchlein auf dem Kang und lutschte am Daumen; der große gelbe Hund saß unter den Dattelbäumen und schnappte nach Hundefliegen – da kam Herr Wang.

»Das ist unser Shicheng!« sagte er ohne Umschweife.

Mutter wollte die Gäste hineinführen und ihnen im Haus einen Platz anbieten, doch sie lehnten ab, und die Unterhaltung mußte im Hof stattfinden.

Im Sommer war unser Hof einladender als die Zimmer. Ob die beiden Dattelbäume nun Früchte trugen oder nicht, einige grüne Blätter konnten sie auf jeden Fall aufweisen. Die Jasminsträucher, die sich am Fuße der Mauer einen Platz gesucht hatten und dort ohne Zutun gediehen, waren in diesem Jahr besonders üppig. Da auf meinem Speiseplan nun auch gezuckertes Reismehl stand, hatte Vater in diesem Jahr nur ein Wandelröschen, das mit größter Mühe ein paar Blüten hervorbrachte, kaufen können. Über uns zogen ein paar Schwalben geschwind ihre Kreise, und dann und wann ließen sich auch ein oder zwei rote oder gelbe Libellen im Hof nieder. Auf dem Dach hatten sich ein paar Grasbüschel eingerichtet, die – bekamen sie den Dachziegeln auch weniger gut – in hellem Grün wunderschön schimmerten. Kurz gesagt, unser Hof war voller Leben.

Trotz der sengenden Sommersonne hatte sich Herr Wang – ganz nach den Regeln des Anstandes – seiner hochgeschlossenen langen grauen Robe noch nicht entledigt. Von Shichengs Anzug – die Hose war zu lang, das Jackett dagegen zu kurz geraten – ging der durchdringende Geruch von Indigo aus. Mutter rückte Herrn Wang ein kleines Bänkchen zurecht; er setzte sich und richtete seinen Blick auf Shicheng. Dieser jedoch erklärte, daß er als geübter Kampfsportler nicht zu sitzen brauche. Und auch Mutters inständiges Drängen und Bitten war umsonst.

Die Mutter war bei ihrer Mutter und ihrer Schwiegermutter in die Schule gegangen; war sie auch keine große Rednerin geworden, so hatte sie doch gelernt, gegenüber Freunden und Verwandten stets das passende Wort zu finden und sich ihnen natürlich und zuvorkommend zu widmen. Bei Herrn Wangs vorangehenden Besuchen hatte sie ihn mit wortreichen Erklärungen über das Wetter unterhalten – doch heute blickte sie ihm nur sprachlos ins Gesicht. Herrn Wangs Blick hing suchend an seinem Sohn, als ob ihn etwas an ihm beunruhigte. Dieser stand unbeweglich wie eine schlanke Zypresse. Nur seine Hände schienen ihn zu stören: Mal stützte er sie auf die Hüften, dann wieder ließ er sie hinunterhängen. Er hatte ein offenes Gesicht, und seine Augen glänzten hell. Den Mund jedoch kniff er fest zusammen und wollte ihn nur öffnen, wenn es wirklich nicht zu vermeiden war. Mutter war vollkommen ratlos, so daß sie selbst über ihr Lieblingsthema nichts zu sagen wußte. Nach einer Zeit des Schweigens hockte Shicheng sich hin und stützte den Kopf auf beide Hände, als suche er die Lösung zu einem schwierigen Problem.

In diesem Augenblick eilte Fuhai in den Hof. Der große, gelbe Hund wurde plötzlich wieder munter und lief schwanzwedelnd umher, bis die Mutter ihn zur Ordnung rief: »Großer Gelber, sitz!« Daraufhin trabte er zurück zu seinem schattigen Plätzchen und setzte seine Fliegenjagd fort.

Als Fuhai sich setzte, richtete Shicheng sich auf und zwang sich zu einer halbwegs freundlichen Begrüßung. Fuhai holte einen schwarzen Fächer aus Papier und Bambus hervor und fächelte sich Luft zu: »Shicheng, ich habe es noch einmal überdacht: Zählt mich zu den Eurigen!«

»Zu den Unsrigen?« Shicheng schaute seinen Vater an und wandte sich, einmal kräftig schluckend, wieder an Fuhai. »Wie Ihr wollt!«

Mutter wußte nicht, wann Shicheng und Fuhai sich kennengelernt hatten, und verstand auch nicht, worüber die beiden sich unterhielten – so ging sie ins Haus, um Tee zuzubereiten.

Bedächtig sprach Herr Wang einen Gedanken aus, den er gerade erst gefaßt hatte: »Shicheng, die ausländischen Gewänder sind mir schon ein Greuel – den Ausländern selbst und ihrer Religion aber gehört mein ganzer Haß! Trotzdem ...«

»Vater!« Shicheng wischte sich die feuchten Handflächen an der neuen Hose trocken: »Wie lange seid Ihr von zu Hause fort – Ihr wißt nicht, was wir ertragen mußten. Die Ausländer hören auf die chinesischen Verräter, und unsere Beamten gehorchen den Eindringlingen aufs Wort. Ein einfacher Mann zählt kaum mehr als ein Hund.« Shicheng deutete auf den Großen Gelben. »Wie ich diese Verräter verachte, die ihre Herkunft vergessen haben!«

Lange blieben Herr Wang und Fuhai stumm. »Es gibt aber auch Aufrechte«, gab Fuhai dann endlich mit einem gezwungenen Lachen zurück.

»Die anderen aber sind Handlanger der Ausländer.«

Fuhai wich Shichengs Blick aus und tat so, als hätte er im Laub eines Dattelbaumes eine Raupe entdeckt.

Zögernd mischte sich Herr Wang ein: »Hast du ... aber du konntest doch nicht ...!«

Eilig fiel ihm Fuhai ins Wort: »Laßt nur, junger Freund!«

Noch immer blickte Shicheng Fuhai unverwandt an: »Nenn mich nicht ›junger Freund‹, meine Jugend habe ich lange hinter mir gelassen. Im Faustkampf habe ich mich geübt, das Schwert habe ich zu führen gelernt; und nun studiere ich die Kunst, aus der Abwehr heraus einen Angriff zu unternehmen. Nichts und niemand kann mich schrecken.«

»Gesiegt habt Ihr jedoch noch nicht«, lachte Fuhai kühl. »Einerlei, wie kühn und selbstsicher Ihr auch für Eure Sache kämpft – die Truppen des Kaisers werden den Ausländern stets zur Seite stehen und Euch schlagen. Ihr werdet stets im Nachteil sein.«

Herr Wang gab ihm recht: »Richtig, schau der Wahrheit ins Gesicht!«

»Es ist nicht diese Wahrheit, der ich diene, für die ich kämpfe. Auch wenn wir geschlagen werden, geben wir nicht auf.« Shicheng preßte die Lippen aufeinander. Seine Wangen zitterten, als würde er mit den Zähnen knirschen.

»Shicheng«, Herr Wang versuchte es mit Geduld, »hör auf mich: Bleib erst einmal bei deinem Vater und beobachte die Lage. Dann erst solltest du den nächsten Schritt tun. Ich bin nun schon so alt; wenn ich dich bei mir habe ...«

»Hört auf die Worte Eures Vaters!« Wenn Fuhai innerlich auch auf Shichengs Seite stand, durfte er als Bannersoldat doch nicht die Worte der Rebellion im Munde führen.

Shicheng hockte sich wieder hin und gab keinen Laut von sich. Mehrmals öffnete Fuhai seinen Fächer und ließ ihn wieder zuschnappen. Ganz wirr war ihm der Kopf, und beiläufig fragte er: »Wie viele seid ihr, Shicheng?«

»Hunderte, Tausende – alles aufrechte Männer ...«, antwortete dieser und fuhr, entschlossen auf Fuhai blickend, fort, »da es in der Provinz Shandong zur Zeit recht zwecklos ist, werden wir uns erst nach Zhili[24] aufmachen und von dort direkt nach Peking kommen.«

Herr Wang sprang auf und rief: »Unterstehe dich, so zu reden!«

Mutter kam mit einer Teekanne aus dem Haus. Da erhob Shicheng sich und ging, ohne auch nur ein Wort zu verlieren oder die verblüffte Mutter zu beachten, davon.

»Laßt Euch nicht aufhalten, um den Tee kümmere ich mich schon.« Fuhai nahm ihr die Kanne ab und schickte sie

---

[24] Die heutige Provinz Hebei.

fort. Dann bat er Herrn Wang, doch wieder Platz zu nehmen. Shichengs Gerechtigkeitssinn hatte ihm die Sprache verschlagen, doch in der Gesellschaft von Herrn Wang fand er sie wieder: »Herr Wang, nehmt eine Schale Tee und regt Euch nicht auf. Ich werde Euren Shicheng schon dazu bringen, bei Euch zu bleiben.«

»Ist es ..., ist es recht, daß er hier ist?« erkundigte sich Herr Wang.

»Er hat weder geraubt noch gemordet, noch hat er jemandem Gewalt angetan. Die Nachricht über die Aufstände der ›Gesellschaft für Gerechtigkeit und Harmonie‹ in Shandong sind mir schon vor geraumer Zeit zu Ohren gekommen. Auch habe ich gehört, daß die Regierung jegliche Unruhe im Volk im Keim ersticken will. Wenn Shicheng nun einmal seinen Weg hierher gefunden hat, solltet Ihr versuchen, ihn zu halten. Hier können wir ihn wieder auf die rechte Bahn bringen. Und solange er sich zurückhält und keine Dummheiten macht, werden die Leute auch keine Fragen stellen.« Als er dies sagte, drückte sich in seinem Gesicht die ihm eigene Weisheit eines Zhu Geliang [25] aus.

»Ihn zurückhalten?« lachte Herr Wang bitter. »Er hat so unrecht nicht – wir werden ihn von Dummheiten nicht abhalten können.«

Fuhai senkte den Kopf. Es ließ sich nicht abstreiten, daß Shicheng recht hatte. »Ach, wenn ich doch nur Anstreicher wäre und nicht auch noch Bannersoldat, so würde auch ich ...«

Herr Wang stieß einen tiefen Seufzer aus und verließ bedächtigen Schrittes den Hof.

Mutter kam herbei und wandte sich an Fuhai: »Was hat das alles zu bedeuten, Fuhai? Hat Shicheng etwas ausgefressen?«

»Nichts, gar nichts.« Fuhai errötete: War er auch oft

---

[25] Berühmter Staatsmann in der Zeit der Drei Reiche (220–265 n. Chr.).

frech, so war er im Lügen doch nicht geübt. »Alles ist in bester Ordnung, macht Euch keine Sorgen!«

»Da geht doch etwas vor! Du solltest Herrn Wang zur Seite stehen!«

»Dessen könnt Ihr gewiß sein.«

Mit ihrem »kleinen Packesel« – meiner zweiten Schwester – kehrte die Tante vom West-Tempel zurück. Wenngleich sie sehr knauserig war, war es ihr doch unangenehm, mit leeren Händen nach Hause zu kommen. So brachte sie ein Päckchen Zahnsalz mit.

»Wie wär's mit einem Spielchen, Fuhai?« lachte sie.

»Wie ist denn Eure werte Meinung, gnädige Frau?« hätte dieser normalerweise geantwortet, denn so schrieben es die Anstandsregeln vor. Doch an jenem Tag war ihm nach einem Kartenspiel nicht zumute. Shichengs Gesicht und seine Worte gingen ihm nicht aus dem Sinn. Sie verwirrten und beunruhigten ihn, ja beschämten ihn sogar. So erschöpfte sich seine Antwort allein in: »Gnädige Frau, entschuldigt mich. Ich habe noch etwas zu erledigen.« Und nachdem er noch ein paar Belanglosigkeiten dahergeredet hatte, klopfte er mit dem Fächer auf die Knie und sagte: »Nun muß ich aber wirklich aufbrechen.« Dann ging er fort.

Auf der Straße angekommen, verlangsamte er seinen Schritt. Er mußte seine Gedanken ordnen. Wie bei all seinen adligen Zeitgenossen beschränkte sich auch sein Wissen von der Welt allein auf die ungeheure Macht fremder Länder. Doch mochten sie auch noch so stark sein, klein beigeben wollte er dennoch nicht. Aus diesem Grunde bewunderte er Shicheng. Andererseits glaubte er nicht, daß die Kaiserliche Regierung es zulassen würde, wenn Shicheng an den Ausländern Verbrechen verübte. Sollte er Dummheiten machen, würde sie ihn gewiß zur Rechenschaft ziehen. »Müßte ich als Bannersoldat nicht auf seiten des Kaisers stehen? Oder ist es Shicheng, der meine Unterstützung verdient?« Ihm war, als schnürten ihm mächtige Hanfseile das Herz zusammen. Der Schweiß trat ihm aus allen Poren und klebte ihm das Hemd auf dem Rücken und die Strümpfe an den Fußsohlen fest.

Noch immer ganz verwirrt stand er bald vor dem Bianyifang. Und während er überlegte, ob er hineingehen oder der Gaststätte wieder den Rücken kehren sollte, trat Shicheng aus der Tür. Kaum hatte er Fuhai gesehen, blieb er wie angewurzelt stehen und kniff die Lippen fest zusammen, als wollte er sagen: »Wollt Ihr mich festnehmen? Nur zu!«

Fuhai lächelte und sagte mit fester Stimme: »Warum so argwöhnisch? Kommt, laßt uns ein paar Schritte gehen und uns unterhalten!«

Shichengs Lippen bewegten sich, doch er blieb stumm.

»Verdächtigt mich nicht!« Fuhai versuchte es ein weiteres Mal.

»Einverstanden, ich habe keine Angst und weiß, was ich tue«, willigte Shicheng endlich ein.

Geschwind schritten sie nach Norden und erreichten schon bald Jishuitan, einen abgeschiedenen kleinen Teich, an dessen schilfbewachsenen Ufern ein paar Angler von einem Fang träumten. Für einen Augenblick wurde die Stille von zwei Jungen, die eine schillernde Libelle erhaschen wollten, gestört. Fuhai setzte sich auf einen Stein und trocknete seine vom Schweiß feuchte Stirn; Shicheng hockte sich neben ihn und starrte auf das sich sanft wiegende Schilf.

In der Hoffnung, daß Shicheng seine Maske fallen lassen würde, legte Fuhai seine eigenen Karten offen auf den Tisch: »Auch mir ist die Art, wie die Ausländer mit uns umspringen, zuwider. Doch als Bannersoldat bin ich in meinen Entscheidungen nicht frei, sondern muß den Befehlen von oben gehorchen. Doch wenn unsere Armee eines Tages zum Kampf gegen Euch antreten wird und wir uns gegenüberstehen, werde ich das Gewehr nicht auf Euch richten. Ihr müßt wissen, Shicheng, daß ich, auch wenn man mich aus der Armee entläßt, nicht mittellos sein werde. Ich kann mein Geld als Anstreicher verdienen.«

»Als Anstreicher?« Shicheng blickte auf: »Fragt schon!«
»Eure Religion geht mich nichts an.«
»Welche Religion?«
»Gehört Ihr nicht der Sekte der ›Acht Dreifachzeichen‹ an? Ich dachte, daß Euch bei Glaubensdingen Schweigen geboten ist«, erklärte Fuhai, und mit einem verbindlichen Lächeln fügte er hinzu: »Schaut, ich bin Mitglied des ›Weißen Lotos‹ – damit sind wir Verschworene!«
»Ihr gehört dem ›Weißen Lotos‹ an und habt Angst, den Ausländern den Kampf anzusagen? Hört bloß auf mit Eurem Gerede von ›Verschworenen‹!«
Unter Aufgebot seiner ganzen Redekunst und Freundlichkeit versuchte Fuhai den mißtrauischen Shicheng zu überzeugen. Als er jedoch bemerkte, daß er gerade das Gegenteil erreichte, errötete er: »Ich gehöre der ›Gesellschaft der totalen Abstinenz‹ an.«
»Wenn Ihr dieser Gesellschaft angehört, dann sagt es auch. Was soll das Gerede vom ›Weißen Lotos‹?« war Shichengs unnachgiebiger Kommentar.
»Ja, lassen wir es«, Fuhai ließ sich nicht aus der Fassung bringen. »Sagt, was habt Ihr nun vor?«
»Ich werde Peking wieder verlassen. Mein Heimatdorf wurde von Ausländern und chinesischen Verrätern tyrannisiert – wir haben dagegen aufbegehrt. Daraufhin rückten die kaiserlichen Truppen ein und haben ein furchtbares Blutbad angerichtet. Ich muß nun wieder zurück und meine Freunde finden, denn wir geben nicht auf und werden die Ausländer samt den kaiserlichen Truppen besiegen. Gemeinsam schlagen unsere Herzen für eine edle Sache, und niemand kann uns aufhalten!« Shicheng erhob sich und ließ seinen Blick in die Ferne schweifen, als könnte er bis nach Shandong sehen.
»Könnt Ihr meine Hilfe gebrauchen?« Fuhai begann, den unerschrockenen jungen Mann ins Herz zu schließen. Er selbst war in Peking zur Welt gekommen und aufgewachsen und war doch nie einem derart aufrechten und freimütigen Menschen begegnet.

»Noch heute werde ich aufbrechen. Bitte unterrichtet meinen Vater von meiner Abreise und erklärt ihm, daß der einzige Ausweg im Kampf liegt. Und sagt ihm auch, daß ich nicht mutwillig Böses tue, sondern für eine ehrliche Sache streite. Wollt Ihr das für mich tun?« Er blickte Fuhai in die Augen.

»Darauf könnt Ihr Euch verlassen, Shicheng. Vergeßt nicht: Meine Ahnen fürchteten den Kampf nicht. Doch nun ..., ach, schon gut, man sollte keine Worte mehr darüber verlieren. Darf ich fragen, ob Ihr ausreichend Geld für die Reise habt?«

»Nein, ich brauche aber auch keins.«

»Was soll das heißen? Meint Ihr, man werde Euch die Sesambrötchen umsonst geben?« In Fuhai regte sich wieder der Spaßmacher, doch er hielt ihn noch im Zaume. »Niemand bekommt eine Reise geschenkt.«

»Seht«, Shicheng öffnete sein Jackett, so daß ein breiter Baumwollgürtel sichtbar wurde, dessen Rot vom Schweiß hier ausgeblichen, da dunkel verfärbt war, »dieses Band [26] wird mich vor Hunger bewahren.« Eilig knöpfte er das Jackett wieder zu.

»Wenn die Landesverräter oder die Armee des Kaisers jenes Band zu Gesicht bekämen, würden sie dann nicht ...?«

»Ja«, gab Shicheng mit einem hellen Lachen zurück, »habe ich das Jackett nicht schnell wieder geschlossen? Fuhai, Ihr gefallt mir. Rekrutierten sich die kaiserlichen Truppen aus Männern wie Euch, so wäre unsere Sache eine leichte. Doch eines Tages wird auch der Kaiser seine Krone niederlegen müssen.«

»Shicheng«, Fuhai holte einige Münzschnüre hervor, »nehmt, Ihr dürft nicht ablehnen!«

»Nun gut, ich werde nachzählen. Setzt den Betrag auf meine Rechnung – wenn die Ausländer vertrieben sind,

---

[26] Ein solches Band sollte zeigen, daß sein Träger auf seiten der Boxer stand.

werde ich in die Heimat zurückkehren und das Land bestellen. Von der Ernte soll ein Teil Euch gehören.« Shicheng nahm die Münzen entgegen und ließ sie durch die Hände gleiten: »Vier Schnüre und achtzig – lebt wohl!« Er steckte das Geld in seine Kleider und ging.

Fuhai sprang auf: »Kennt Ihr den Weg?«

Shicheng wies auf den Turm, der sich über dem Deshengmen-Tor erhob: »Ist das nicht das Stadttor? Vor der Stadt werde ich mich nach dem Weg erkundigen.«

Gen Osten schreitend, sah er nicht, daß Fuhai noch lange am Ufer des Teiches stehenblieb. Es war ein angenehmer, kühler Ort, mit Wasser, Bäumen, Schilf und einem kleinen Hügel. Doch Fuhai wurde immer wärmer; er setzte sich wieder auf den Stein. Je länger er über sein Gespräch mit Shicheng nachdachte, desto mehr zweifelte er an der Richtigkeit seines eigenen Verhaltens. Angst stieg in ihm auf, seine Stirn wurde feucht. Einerlei, ein Bannersoldat durfte sich nicht auf die Seite der Rebellen schlagen. Nun war er überzeugt, einen großen Fehler begangen zu haben. Was sollte er tun, wenn Shicheng in Gefangenschaft geraten und seinen Namen preisgeben würde? Wenn nicht sogar sein Kopf rollen würde, so würde man ihn gewiß in Unehren aus der Truppe der Bannersoldaten entlassen und in die Provinzen Xinjiang oder Yunnan verbannen.

»Dazu braucht es ja nicht zu kommen«, tröstete er sich, »wenn etwas passiert, können ein wenig Geld oder gute Beziehungen die Dinge wieder ins rechte Lot bringen.« Daß er Shicheng etwas Reisegeld gegeben hatte, sei ganz natürlich – redete er sich ein – und sei nicht etwa aus Sympathie mit den Rebellen geschehen. Alle Probleme ließen sich mit ein paar Silberstücken lösen. Man konnte einen Posten erwerben oder sogar sein eigenes Leben zurückkaufen. War das aber anständig und ehrenhaft? Er hatte zwar weder die klassischen Werke des Konfuzius noch die Chroniken der Dynastien gelesen, aber doch zahllose Peking-Opern gesehen und unzählige Male den

Geschichtenerzählern gelauscht. Hatte das Geschwulst der Korruption sich nicht von Dynastie zu Dynastie weitergefressen und eine nach der anderen vergiftet?

Shicheng wollte also die Ausländer besiegen. Damit verdiente er die Hochachtung eines jeden ehrenhaften Menschen, denn wie sehr litt das chinesische Volk unter der Ausbeutung durch die Ausländer. Auch wenn er sein Gedächtnis verlöre – würden sich der Japanisch-Chinesische Krieg und die Zerstörung des Sommerpalastes durch die alliierten Truppen niemals aus seiner Erinnerung tilgen lassen. Fuhai beruhigte sich. Shicheng hatte recht – er selbst jedoch nicht weniger; und jemand, der von seinem Recht überzeugt ist, sollte zuversichtlich sein.

Langsam erhob er sich von seinem harten Sitz und machte sich auf, um sein Versprechen einzulösen und Herrn Wang von Shichengs Fortgehen in Kenntnis zu setzen. Er war schon einige Schritte gegangen, da hielt er plötzlich inne. Nein, er konnte diesen Besuch nicht machen. Er hatte Herrn Wang sein Ehrenwort gegeben, Shicheng zum Bleiben zu bewegen. Herr Wang hatte jedoch ein loses Mundwerk und hätte überall verbreitet: »Mein Sohn ist wieder fortgegangen, und Fuhai kennt sein Geheimnis.« Ausgeschlossen!

Herrn Wang Shichengs Mission nicht zu erklären und ihn überall nach seinem Sohn suchen zu lassen war jedoch ebenso unmöglich. Was sollte er tun?

Hastig lief er nach Hause zurück und schrieb – mit der linken Hand – einen Brief:

> Verehrter Vater,
>
> Euer Sohn ist in die Heimat zurückgekehrt, um die Äcker zu bestellen. Aus Furcht, daß Ihr mir Eure Zustimmung verweigern würdet, habe ich mich nicht von Euch verabschiedet. Über meine Reise werde ich Euch später berichten.
>
> Ehrerbietig
> Euer Sohn Shicheng

Kaum war die Tinte getrocknet und der Umschlag mit einem Siegel versehen, brach Fuhai es wieder auf: »Vertrackt! Wer weiß, ob Shicheng überhaupt des Schreibens kundig ist?«

Auch nach langem Grübeln stellte der rettende Einfall sich nicht ein. Endlich rang Fuhai sich durch: »Einerlei, ich sende ihn einfach ab.« Und der Umschlag wurde ein zweites Mal versiegelt. Er beschloß, den Brief nach dem Dunkelwerden, wenn das Bianyifang schon geschlossen hatte, durch einen Spalt in der Tür zu schieben.

8

Herr Wang hatte schon früher nichts für Ausländer und ausländische Waren übrig gehabt; aber nachdem sein Sohn so sang- und klanglos wieder verschwunden war, verabscheute er sogar die Religion der Ausländer und auch die Chinesen, die mit ihnen gemeinsame Sache machten. Seit Dutzenden von Jahren wohnte er nun schon in Peking und verdiente sich sein Brot mit seinem kleinen Geschäft. Mit jedermann stand er auf gutem Fuße, und obwohl gewiß nie ein buddhistischer Mönch ihn grüßen würde, redete er die frommen Brüder mit »Eure Heiligkeit« an. Als jedoch seine Sorgen um Shicheng wuchsen, hörte er besonders aufmerksam zu, wenn die Rede auf die Unruhen kam, in die fremdländische Kirchen verwickelt waren, und er beschloß, den Anhängern dieser Glaubensrichtungen ein wenig reservierter entgegenzutreten. Wann immer er an einem dieser Gotteshäuser vorbeikam, verharrte er neugierig; und je länger er verweilte, desto unwohler wurde ihm: Kirchen hatten weder Ähnlichkeit mit buddhistischen Tempeln, noch erinnerten sie an taoistische Klöster. So wenig fügten sie sich in die sie umgebende architektonische Einheit ein, daß Herr Wang annahm, ihre Mauern würden die Kanonen und Gewehre der Ausländer, ihre

Geheimnisse und vielleicht sogar fremdländische Ungeheuer verbergen.

An Sonntagen blieb er stets noch ein wenig länger vor diesen eigentümlichen Gebäuden stehen, um zu sehen, wer den Gottesdienst besuchte. Viele Gläubige waren ihm bekannt. Einige gehörten den vornehmen Kreisen der Gesellschaft an, während andere eher seine Geringschätzung fanden. Herr Wang verstand die Welt nicht mehr. Warum bekannten sich diese hochrangigen Persönlichkeiten zum ausländischen Glauben? Und warum war es auch zweifelhaften Personen erlaubt, die Kirche zu betreten? Herr Wang fand keine Antwort. Die Tatsache, daß unter den Kirchgängern aber auch viele Mandschu waren, verblüffte ihn vollends. Obwohl er nicht genau wußte, welcher Religion die Mandschu üblicherweise anhingen, konnte er doch mit Sicherheit sagen, daß sie – abgesehen vom buddhistischen, taoistischen und konfuzianischen Glauben – noch eine eigene Religion besaßen. Reichten diese Religionen denn nicht aus? Warum mußten sie auch noch einen ausländischen Glauben annehmen? Je länger er darüber nachdachte, um so mehr schwirrte ihm der Kopf.

Er beschloß, den Jüngeren Duo, einen langjährigen Kunden des Bianyifang, zu fragen. Dieser wußte sich gut zu benehmen, und Herr Wang schätzte ihn sehr. Seine gänzlich unmoderne Kleidung – eine weite, von einem breiten Gürtel zusammengeschnürte Jacke – atmete den Hauch vergangener Zeiten. Da Herrn Wang der raschelnde, mit Bambusfasern durchwirkte Baumwollstoff so verhaßt war, freute er sich ganz besonders an den Kleidern, der Mütze und den Schuhen des Jüngeren Duo. Und wenn die beiden sich trafen, war es ihnen ein leichtes, stundenlang über Kleider zu fachsimpeln.

Der Jüngere Duo bekleidete beim Yamen ein Amt von minderer Bedeutung und lebte von einem schmalen Gehalt. Sein Geldbeutel reichte nicht aus, um sich neue Gewänder schneidern zu lassen, und so mußte er mit alten, ausgebesserten vorliebnehmen. Nie hätte er gedacht, daß diese Not von Herrn Wang als Tugend angesehen werden würde. Und wenn jemand ihm sagte, daß seine Kleider längst aus der Mode seien, und ihn als »Wirt der Motten« verlachte, entgegnete er lächelnd: »Herr Wang bewundert meine antiken Kostüme.«

So wurde die Freundschaft zwischen ihm und seinem Bewunderer immer enger – was nicht hieß, daß der Jüngere Duo bei Herrn Wang anschreiben ließ. Dieser forderte ihn zwar stets auf: »Nehmt es nur erst mit, wir schreiben an!« Doch sein Kunde schüttelte nur lächelnd den Kopf: »Nein, danke, Herr Wang, mein Leben lang werde ich mich nicht verschulden.« Er wußte wirklich, was sich gehörte. War er auch altertümlich gewandet, stets wirkte er sauber und adrett; und an den Stellen, wo sich besonders gerne Löcher zeigen, prunkten schon vorsorglich ein paar Flicken.

Er hatte ein langes Gesicht, das von dunklen Augenbrauen beherrscht wurde. Stets war er ernst, nie sprach er ein überflüssiges Wort. In Gesellschaft guter Freunde konnte er bei Plaudereien jedoch oft kein Ende finden und gab so manchen Scherz zum besten.

Mit seinem Bruder, dem Älteren Duo, lebte er nicht zusammen. Dieser war weder besonders ehrgeizig, noch mochte er Risiken eingehen. So hatte er auch noch niemals das Gesetz verletzt. Er war faul, selbstzufrieden und – versprach er sich einen Vorteil davon – auch schon mal korrupt. Auf den ersten Blick war er angenehm, fleißig und dienstbeflissen. Doch wenn er sich einige Tage hintereinander satt gegessen hatte, hatten Fleiß und Eifer sich schnell verflüchtigt. Er war sogar zu faul, vor dem Einschlafen die Lampe auszublasen, was er mit den Worten rechtfertigte: »Ohne den Schein der Lampe vermag ich nicht einzuschlafen.«

Der Ältere Duo war in die Kirche eingetreten, und obwohl seine Familie Einspruch dagegen erhob, wollte er von dieser Entscheidung nicht abrücken und begründete sie so: »Der Gott des Reichtums und der Gott des Herdes wollen mir ihren Segen nicht erteilen – warum soll ich es nicht einmal mit den ausländischen Unsterblichen versuchen? Heutzutage wird das Ausländische allerorts gepriesen, schaut Euch nur um!«

Die größten Einwände gegen diese religiösen Kapriolen hatte sein jüngerer Bruder. Das Christentum erschien ihm undurchschaubar, und es gelang ihm nicht, die Vor- und Nachteile dieser Religion auszumachen. Sein schlagkräftigstes Argument lautete: »Älterer Bruder, wollt Ihr etwa die Ahnen vernachlässigen? Sobald Ihr zum Christentum konvertiert seid, wird es Euch untersagt sein, auf ihren Gräbern Papiergeld zu verbrennen.«

Der Ältere Duo hatte ein volleres Gesicht als sein jüngerer Bruder, und wenn er sich aufregte oder lachte, zogen sich Augen, Brauen, Nase und Mund in der Mitte seines Gesichts wie zu einem gefüllten Teigbeutelchen zusammen. In eben so ein Beutelchen verwandelten sich seine Züge, als er dem jüngeren Bruder antwortete: »Wenn ich den Ahnen nicht opfern darf, kannst du es ja tun. Wir wollen uns doch nicht mit beiden Seiten anlegen, oder? Früher hat mich das Glück nicht verwöhnt. Doch eines Nachts erschien mir im Traum ein Engel und sagte: ›Das Glück wartet draußen vor der Stadt.‹ Daraufhin durchquerte ich am nächsten Morgen das Stadttor und wanderte am Fluß entlang, wo laut die Frösche quakten. Ich dachte, daß sich vielleicht in ihnen das verheißene Glück erfüllen sollte. Mit bloßen Händen und mit einer Angel fing ich zwanzig Stück dieser lärmenden Gesellen und machte mich wieder auf. Und wen, glaubst du, traf ich auf dem Heimweg?« Die Antwort des Bruders erwartend, hielt er einen Augenblick inne.

Das Gesicht des Jüngeren Duo wurde lang und länger, doch eine Antwort gab er nicht.

So nahm der Ältere den Faden schließlich wieder auf: »In der französischen Residenz ...«

»Welche französische Residenz?« fiel der Jüngere ihm ins Wort.

»Die französische Gesandtschaft!«

»Warum hast du das nicht gleich gesagt, sondern redest von der ›französischen Residenz‹?«

»Auswärtige Angelegenheiten sind dir fremd, jüngerer Bruder. So wirst du es nie zu etwas bringen.«

»Auswärtige Angelegenheiten? Li Hongzhang[27] waren sie nicht fremd, doch alle schimpfen ihn Landesverräter.«

»Jüngerer Bruder!« Augen, Brauen, Nase und Mund des Älteren Duo zogen sich zusammen und wollten sich gar nicht mehr voneinander trennen. »Wie kannst du Li Hongzhang einen ...? Laß nur, ich mag mich nicht ewig mit dir streiten. Zurück zu den Fröschen!«

»Älterer Bruder, erzählt von ernsthafteren Dingen!«

»Ich erzähle von äußerst ernsthaften Dingen. Nachdem ich also die fetten Frösche gefangen hatte, kehrte ich zur Stadt zurück. Ich dachte: ›Nun mag sich zeigen, ob der Traum wahr werden wird.‹ In diesem Augenblick stieß ich auf Chunshan, den Küchenchef der französischen Gesandtschaft. Er ist ein Bannermann und gehört dem Gelben Banner mit der Roten Zierkante an. Ihr solltet ihn kennen. Sein Bruder Chunhai ist Koch bei einem Ausländer in Tianjin.«

»Ich kenne ihn nicht.«

»Ihr kennt niemanden, der mit Ausländern verkehrt. Kaum hatte Chunshan die Frösche entdeckt, schon nahm er mich beiseite und sagte: ›Älterer Duo, verkauft mir Eure Frösche!‹ Seiner Miene sah ich an, daß ein gutes Geschäft in Aussicht war, und gab mich desinteressiert: ›Die Frösche habe ich gefangen, um ein wenig Arznei zu brauen. Sie werden nicht verkauft.‹ Nun wollte er sie erst recht haben. Ihr müßt wissen, jüngerer Bruder, für die Franzosen sind Frösche eine Delikatesse. Schaut, ist der Traum in Er-

---

[27] In der zweiten Hälfte des 19. Jahrhunderts leitete Li Hongzhang die chinesische Außenpolitik. Vergeblich versuchte er, die europäischen Mächte, die ihren Einfluß in China geltend machten, gegeneinander auszuspielen (»Beherrschung der Barbaren durch Barbaren«).

füllung gegangen oder nicht? Je desinteressierter ich tat, desto wichtiger wurden dem Küchenmeister die Frösche. Erst als er zwei Münzschnüre zückte, überließ ich ihm die glitschige Brut.

›Das Glück wartet draußen vor der Stadt‹, der Traum war Wirklichkeit geworden. Von dieser glücklichen Stunde an belieferte ich ihn alle paar Tage mit Fröschen. Doch als der Winter einbrach und die begehrte Ware sich zum Winterschlaf begab, war es mit dem einträglichen Handel vorerst vorbei. – Nun, meinen Engel hatte ich nicht vergessen, und auch er besann sich noch auf mich und erschien mir wieder im Traum: ›Dein Glück schlummert beim alten Bullen.‹ Was war nun zu tun? Die Frösche konnte man noch umsonst fangen – ein Bulle hingegen ließ sich nicht so einfach entführen. Eines Tages – es schneite ein wenig – wanderte ich ziellos durch die Straßen. Ich hatte keine einzige Münze mehr im Geldbeutel. Da sah ich in einiger Entfernung vor mir einen Ausländer. Da ich nichts Besseres zu tun wußte, beschleunigte ich meinen Schritt, um ihn einzuholen, denn bekanntlich haben Ausländer lange Beine und machen große Schritte. Während ich mich sputete, kamen mir die Worte des Engels wieder in den Sinn: ›Dein Glück schlummert beim alten Bullen.‹ Plötzlich drehte der Ausländer sich zu mir um und jagte mir damit einen heftigen Schrecken ein. Dann sagte er auf chinesisch: ›Habt Ihr mich gerufen oder nicht?‹ Seine Stimme und seine Worte waren so einzigartig und außergewöhnlich. Noch wußte ich nicht, was ich zur Antwort geben sollte, da fuhr er schon fort: ›Mein Name ist Niu Yousheng – Wiedergeborener Bulle.‹ War das nicht eine glückliche Fügung? ›Niu you sheng‹ – Dein Glück schlummert beim alten Bullen – und ›Niu Yousheng‹ – Wiedergeborener Bulle – unterscheiden sich nur durch ein Zeichen und sind fast ein und dasselbe. Er heißt tatsächlich Niu Yousheng, ist Pastor und ein echter Amerikaner. Als ich hörte, daß er Pastor war, beeilte ich mich zu sagen: ›Pastor Niu, ich habe gesündigt.‹ Sagt, war ich nicht schlau?

Merkt Euch: Pastoren sammeln Sünder wie Schrotthändler altes Kupfer und schadhaftes Eisen. Pastor Niu war hellauf begeistert und sehr freundlich zu mir. Er nahm mich mit in seine Kirche und nannte mich sein verlorenes Schaf. Er war der Bulle, ich das Schaf. Also waren wir uns recht ähnlich. Er betete für mich und lehrte mich, selbst Gebete zu sprechen. Er lud mich ein, an den Bibelstunden teilzunehmen, und schenkte mir eine Bibel und zwei Münzschnüre.«

»Habt Ihr vergessen, daß wir Angehörige des großen Qing-Reiches sind, älterer Bruder? Nie würde ich mich bei den ausländischen Teufeln einschmeicheln, müßte ich auch Hungers sterben«, rief der Jüngere Duo aufgebracht.

»Das große Qing-Reich? Hahaha!« lachte der Ältere Duo. »Sogar unser Kaiser fürchtet die Ausländer.«

»Wohl gesprochen«, regte sich der Bruder auf, »wenn Ihr wirklich dem ausländischen Glauben anhängt, verbiete ich Euch, noch einmal mein Haus zu betreten.«

»Das werdet Ihr kaum wagen. Ich bin Euer älterer Bruder, Euer eigener Bruder! Ich werde kommen, wann immer es mir beliebt.« Murmelnd ging der Ältere Duo von dannen.

Wenn ein an die Überlegenheit des mandschurischen Volkes glaubender Bannermann sein Selbstvertrauen verliert, ist das, als verlöre er die Zuversicht in alle Dinge dieser Welt. Da der Ältere Duo davon überzeugt war, die bemitleidenswerteste Kreatur weit und breit zu sein, hielt er es für angemessen, daß man ihm – welchen Fehler er auch machte – stets verzieh. Sein Eintritt in die Kirche erfolgte nicht aus ehrlicher Überzeugung, sondern war eine Herausforderung an die Gesellschaft, als wollte er sagen: »Keine Menschenseele kümmert sich um mich – dann konvertiere ich eben zum Christentum. Das habt ihr nun davon.« Sein plötzliches Bekenntnis zu dem fremden Glauben war mitnichten eine Entscheidung, die sein künftiges Leben bestimmen sollte. Wenn die christliche Religion seine Erwartungen nicht erfüllen sollte, würde er

wieder aus der Kirche austreten und dafür Mitglied des
»Weißen Lotos« werden – vorausgesetzt, diese Sekte teilte
ihm täglich zwei Mahlzeiten aus. Nachdem er zwei Tage
lang gegrübelt hatte, bat er Pastor Niu, ihn zu taufen und
zum Besseren zu bekehren.

Der Kirchengemeinde stand außer Pastor Niu noch ein
chinesischer Pastor vor – doch anders als sein ausländischer Bruder mochte dieser von »Gläubigen« nach der Art
des Älteren Duo nichts wissen. Er wagte jedoch nicht,
seine Bedenken zu äußern, da er Pastor Nius Kommentar
fürchtete: »Wenn die Kirche diese Sünder nicht retten
kann, wen soll sie dann retten?« Überdies stand die Kirche
unter der Leitung der Ausländer, die auch alle Kosten trugen. Was hatte er da schon zu sagen? Als er sein Amt übernahm, hatte er sich gelobt, Gott die Wahrheit anzuvertrauen und Pastor Niu Lügen auf die Nase zu binden. Was
Pastor Niu auch sagte, stets nickte sein chinesischer Kollege zustimmend – zu sich selbst sagte er jedoch: »Du irrst,
Bruder, und wirst in die Hölle kommen. Gott ist allwissend.«

Schon in seiner Heimat hatte Pastor Niu das Christentum verbreitet – denn zu etwas anderem war er kaum geeignet. Irgendwann hatte er einmal von einem fernen Land
namens China gehört. Da er jedoch keinerlei Interesse für
dieses fremde Land verspürte, vergaß er es bald wieder.
Erst die Rückkehr eines Onkels aus jenem Lande vermochte seine Neugier zu wecken. In jungen Jahren hatte
dieser als Viehdieb sein Unwesen getrieben und dabei ein
Ohr eingebüßt. In China hatte ihm der Handel mit Opium
und anderen fragwürdigen Waren ein kleines Vermögen
eingebracht, so daß er nach seiner Heimkehr von Freunden und Verwandten als China-Kenner bewundert wurde.
Die ihn früher als einen Vagabunden beschimpft hatten,
vermieden es nun, in seiner Gegenwart das Wort »Ohr«
auch nur zu flüstern. Sie waren eines Besseren belehrt worden: Wenn sich jemand in einer ausweglosen Lage befand
und nach China ging, um sein Glück zu machen, so war es

einerlei, ob er noch beide Ohren hatte oder ob ihm eines abhanden gekommen war. Auch Pastor Niu glaubte dies.

Damals lebte er von der Hand in den Mund, und als Weihnachten nahte, war es gar nicht sicher, ob ihm zum heiligen Fest ein gebratener Truthahn vergönnt sein würde. Da machte ihm der Onkel einen Vorschlag: »Du solltest nach China gehen. In Amerika kannst du dir selbst am Weihnachtsfest keinen Truthahn leisten – in China hingegen bekommst du täglich fette Hennen und große Eier serviert! Hier kannst du Diener nicht bezahlen – dort kannst du dich mindestens von einem Burschen und einer Magd bedienen lassen. Mach dich nur auf!«

So entschied sich Pastor Niu, nach China zu gehen. Nachdem die nötigen Vorbereitungen getroffen waren, begab er sich auf die Reise und traf auch bald in Peking ein. Der Onkel sollte recht behalten: Niu bewohnte bald ein eigenes kleines Häuschen und ließ einen Burschen und eine Magd die Hausarbeit erledigen; Hühner und Eier waren so billig, daß er fast jeden dritten Tag einen Weihnachtsschmaus halten konnte. Die ersten Fettröllchen stellten sich ein.

Zwar verspürte er keine Leidenschaft für seine christliche Mission, doch wollte er seine Arbeit auch nicht ganz vernachlässigen. Er wollte reich werden, erkannte aber auch, daß die Verbreitung der Himmlischen Lehre und der Verkauf von Opium unterschiedliche Dinge waren. Sich mit Leib und Seele der Arbeit verschreiben – das konnte er nicht. Doch eines wußte er genau: Ohne beruflichen Erfolg würde das gerade gewachsene runde Bäuchlein bald wieder verschwinden. Und so erledigte er die geistliche Arbeit einmal voller Eifer, ein andermal gelangweilt, heute mit heißem Herzen und morgen ohne jegliche Anteilnahme. Als er den Älteren Duo traf, war er gerade voller Enthusiasmus und hatte sich vorgenommen, alle Sünder der Stadt in Gottes Schoß zu führen.

Bei solchen Gelegenheiten beneidete er die katholischen Priester, die einer reichen und einflußreichen Kirche dienten. Sie bestachen die Gläubigen, unterstellten sie dem Schutz der mächtigen Kirche, ja sie bauten sogar Festungen und versteckten Gewehre. Die katholischen Priester führten sich wie kleine Kaiser auf, während Pastor Niu als protestantischer Geistlicher von soviel Ansehen und Macht nur träumen konnte. Unwillkürlich mußte er an die Worte des Onkels denken: »Chinesen gegenüber mußt du energisch sein. Je straffer du die Zügel spannst, desto leichter sind sie zu lenken.« War Pastor Niu auch kein katholischer Pater, so war er schließlich doch auch ein christlicher Prediger, jemand, der den lieben Gott vertrat. Von dieser Erkenntnis ermutigt, wetterte er in der ihm eigenen Variante des Pekinger Dialekts von der Kanzel herab so laut über Hölle, Satan und den Jüngsten Tag, daß der Putz vom Kirchengewölbe rieselte. Nach einem solchen Ausbruch war er ein wenig erleichtert. Wenngleich er nicht reich war, so hatte er doch seine Macht zeigen können – und auch das war ein kleiner Sieg.

Gegenüber den chinesischen Brüdern und Schwestern, die den Einfluß der Kirche und ihre Beziehungen zu den Ausländern ausnutzten, um sich zu bereichern, hegte Pastor Niu eine tiefe Abneigung. Je mehr sie in den Genuß der Vorteile kamen, die die Kirche zu bieten hatte, desto halbherziger besuchten sie den Gottesdienst. Doch beklagen mochte er sich auch nicht, waren es doch gerade diese Christen gewesen, die ihn am Weihnachtsfest reich beschenkt hatten.

Andere Glaubensbrüder kamen vielleicht nicht aus gutem Hause, hatten jedoch ein gutes Herz. Regelmäßig besuchten sie den Gottesdienst, aber nicht, um sich bei Pastor Niu einzuschmeicheln. Das Bild vor Augen, das der Onkel von den Chinesen gezeichnet hatte, betrachtete Pastor Niu sie jedoch als Ausnahmen und richtete, wenn er in der Predigt mit der Hölle drohte, seinen Blick dennoch geradewegs auf sie: »Ihr, die ihr voller Anmaßung und Dünkel steckt, werdet in der Hölle schmoren.«

Am liebsten waren ihm Christen vom Schlage des Älteren Duo. Sie entsprachen seinem Bild von den Chinesen: Arm, bescheiden und voller Respekt und Aufmerksamkeit für den Herrn Pastor. Von diesen vorbildlichen Chinesen umgeben, fühlte er sich wie ein kleiner Kaiser.

Im Grunde war Pastor Niu durchaus nicht von kleiner Gestalt. Da er aber in der letzten Zeit beim Essen tüchtig zugelangt und sich viel Ruhe und Schlaf gegönnt hatte, war er immer runder geworden und wirkte nun recht gedrungen. Der blonde Schopf hatte sich ein wenig gelichtet, und aus dem fleischigen Gesicht lugten zwei kleine helle Äuglein hervor. Pastor Niu war stolz auf seine ausländischen Gesichtszüge – mit einer gelblichen Gesichtsfarbe wäre er in China weniger erfolgreich gewesen. Wenn er lachte, quetschte er ein eigentümliches »Kachkach« aus seiner Kehle, fast so, als wäre ihm eine Gräte im Halse steckengeblieben. Und auch wenn er bei seinen Gängen durch die Stadt einen Glaubensbruder traf, nötigte er sich ein väterliches »Kachkach« ab.

Große Weisheiten kamen weder sonntags noch werktags über seine Lippen. Seine Bildung war recht beschränkt, trotzdem hielt er es nicht für notwendig, seine Kenntnisse zu erweitern. Als Amerikaner verdiene er einfach den Respekt der Chinesen. Seine Überlegenheit sei ihm angeboren, ja der liebe Gott selbst habe großen Respekt vor ihm. So waren ihm auch die Ehrlichen unter den Christen zuwider. Wenn sie ihm mit Worten oder durch ihre Miene zu verstehen gaben, daß China eine alte und hochstehende Kultur hervorgebracht habe, der die Welt Porzellan, Seide, Papier und Tee verdanke, dann brachte er die Rede schleunigst auf Eisenbahnen und Ozeandampfer, versetzte ihrem Stolz damit einen kräftigen Schlag und schloß die Debatte mit einem siegesbewußten »Kachkach« ab. Wenn sie aber auf patriotische Helden wie Yue Fei und Wen Tianxiang hinwiesen, blinzelte er in Unkenntnis darüber, von wem die Rede war, nur mit seinen kleinen Augen. Als er sich später kundig gemacht hatte, wurde er sehr ernst: »Wozu sind solche Helden überhaupt nütze? Sünder seid ihr allemal, und nur Gott kann euch retten.« Die Röte stieg ihm ins Gesicht, und seine Handflächen wurden feucht. Er verstand selbst nicht, warum er sich so erregte, doch mit rotem Gesicht und geschwollenem Hals fühlte er sich richtig wohl; dieses Auftreten schien ihm recht geeignet für die Verkündung der Wahrheit.

Der Ältere Duo war taktvoll und erwähnte die chinesischen Helden nie. Regelmäßig klemmte er seine in blaue Baumwolle eingeschlagene Bibel so unter den Arm, daß sie den Augen des Pastors bestimmt nicht entgehen konnte. Dann trippelte er vor ihm auf und ab und wartete auf das »Kachkach«. Auf dieses Zeichen hin schlug er ehrerbietig die Bibel auf und bat den Pastor um christlichen Rat. Und dieser, obwohl der Begrenztheit seiner Bildung nur allzu bewußt, verwandelte sich mit einem Schlage in einen belesenen Mann.

»Pastor«, sprach der Ältere Duo ihn ergeben auf den Beginn des Alten Testaments an, »Pastor Niu, hat Gott uns wirklich aus Erde gemacht?«

»Ja, mein Sohn. In der Schöpfungsgeschichte steht es geschrieben: ›Da machte Gott, der Herr, den Menschen aus Erde vom Acker und blies ihm den Odem des Lebens in seine Nase. Und so ward der Mensch ein lebendiges Wesen‹«, belehrte ihn Pastor Niu und zeigte ihm die Stelle in der Bibel.

»Pastor Niu, wie konnte die Erde denn zu Fleisch werden?« Die Stimme des Älteren Duo bebte vor Ehrfurcht.

»Hat der Herr dem Menschen nicht den Odem des Lebens in die Nase geblasen?«

»Ja, Pastor, das dachte ich auch, doch ich fürchtete zu irren.« Der Ältere Duo blätterte weiter bis zu den ›Geschlechtsregistern von Adam bis Noach‹, reichte Pastor Niu die Bibel und sagte: »Adam zeugte Set, Set zeugte Enosch, Enosch zeugte Kenan, Kenan zeugte Mahalalel ...«

»Vorzüglich, wunderbar«, hocherfreut unterbrach der Pastor die eifrige Aufzählung seines Schäfchens, »Ihr seid wirklich fleißig. Für einen Chinesen ist es nicht einfach, diese Namen zu behalten.« – »Nein, einfach ist es nicht: Man braucht ein gutes Gedächtnis und eine flinke Zunge. Ein paar andere Dinge habe ich ebenfalls nicht ganz verstanden, darf ich Euch bitten, sie mir zu erklären?«

»Natürlich, dafür bin ich doch Pastor!«

Der Ältere Duo schlug – ganz am Ende des Neuen Testaments – die ›Offenbarung des Johannes‹ auf: »Pastor, was bedeutet ›mitten am Thron und um den Thron‹ waren ›vier himmlische Gestalten, voll Augen vorne und hinten‹? Sind das lebende Kreaturen?«

»Heißt es danach nicht: ›Und die erste Gestalt war gleich einem Löwen, und die zweite Gestalt war gleich einem Stier, und die dritte Gestalt hatte ein Antlitz wie ein Mensch, und die vierte Gestalt war gleich einem Adler‹?«

»Doch, aber warum sind sie ›voll Augen vorne und hinten‹?«

»Nun«, Pastor Niu fuhr sich durch das spärliche Haar, »die ›Offenbarung des Johannes‹ ist nur sehr schwer zu verstehen. Bei uns zu Hause sagt man, daß die Bücher, die die ›Offenbarung‹ erklären wollen, auch in vielen Wagen keinen Platz fänden. Ihr solltet Euch zuerst an die vier Evangelien halten, und erst wenn Ihr sie verstanden habt, Euch wieder der ›Offenbarung des Johannes‹ zuwenden!« Pastor Nius Verstand mochte nicht sehr scharf sein, doch wußte er dieses stumpfe Schwert wohl zu führen.

»Ihr habt recht.« Der Ältere Duo nickte und fuhr ermutigt fort: »Pastor, mit meinen Lesekünsten ist es nicht weit her. Könnt Ihr es mich lehren?« Zwar hatte er nicht viel studiert, aber ein paar Zeichen mehr als der ausländische Pastor kannte er doch. Er war zutiefst beeindruckt von seinem Geschick, dem Pastor mit gewandter Zunge zu schmeicheln, und glaubte, daß er es mit dieser Fähigkeit noch weit bringen könne.

»Aber gerne!« Ohne mit der Wimper zu zucken, holte Pastor Niu vier Münzschnüre hervor. War er auch nicht reich, so brauchte er sich doch keine Sorgen um seinen Unterhalt zu machen, und wenn er in seine Heimat zurückkehren würde, würde er den Titel eines Professors tragen. Oder konnte er sich etwa nicht als anerkannter Sinologe betrachten, wenn sogar der Ältere Duo ihn bat, ihm bei der Lektüre der chinesischen Bibel zu helfen? Wurde der ehemals als vagabundierender Pferdedieb verschriene Onkel heute nicht allseits als großer China-Kenner geschätzt?

Nachdem die vier Münzschnüre in seiner Tasche verschwunden waren, erklärte der Ältere Duo ihm umständlich, daß er nicht nur ein Bannermann war, sondern daß sein Großvater einen hohen Beamtenposten bekleidet und eine Mütze mit roten Knöpfen getragen hatte.

»Oh, Ihr seid von königlicher Herkunft?« wollte Pastor Niu allen Ernstes wissen. Königliche Familien, Kaiser, ja sogar Fürsten übten eine unwiderstehliche Anziehungskraft auf ihn aus. Sein sehnlichster Wunsch war es, den Nachkommen eines Königs oder Fürsten zu seiner Gemeinde zu zählen. Dann hätte er in seinen Berichten nach Hause damit prahlen können, einen königlichen Nachfahren oder Fürsten getauft zu haben.

»Ich weiß zwar nicht, ob wir Könige in unserer Verwandtschaft hatten – doch von zwei Fürsten weiß ich gewiß.« Dank seiner blühenden Phantasie hatte der Ältere Duo flugs einen adligen Stammbaum parat. Es ging doch nicht an, daß er sich herabwürdigte, nur weil der Pastor ihm vier Münzschnüre zugesteckt hatte. Für den Nachkommen eines Königs wäre diese Zuwendung ja auch ein angemessenes Geschenk gewesen.

»Fürsten sind sehr einflußreich, nicht wahr?« Der Pastor überschlug sich fast vor Höflichkeit und erhöhte unter lautem »Kachkach« seinen Tribut an den Vertreter des Hochadels um fünfhundert Münzen.

Der Ältere Duo verstaute Bibel und Münzen, verabschiedete sich und machte sich auf den Weg zu einem zehn Li entfernten Gasthaus. Als er dort ankam, waren ›Schöpfung‹ und ›Offenbarung‹ in weite Ferne gerückt. Ein betörender Duft empfing ihn. Wenn Gott den Menschen unbedingt aus Erde hatte machen müssen, so hätte er diese doch wenigstens mit wohlriechendem Hirsegeist anstatt mit Wasser formen können. Kaum hatte Duo neben einem großen Krug mit diesem edlen Tropfen Platz genommen, da hatte der Duft ihn schon berauscht, und jede Faser seines wohlgenährten Körpers stimmte in seinen Ruf ein: »Her mit einem Gläschen Hirsegeist!« Als dies ihn ein wenig beruhigt hatte, ließ er sich gebratenen scharfen Sojabohnenkäse, gesalzene Krabben und noch einen halben Liter des guten Tropfens auftragen.

Als das Blut – vom würzigen Trunke angespornt – munter durch die eben noch dürstenden Adern sprudelte, lachte er laut: »›Voll Augen vorne und hinten‹, hihihi!« Wankenden Schritts verließ er das Lokal, wählte an der Theke zur Straße mit großer Sorgfalt ein Stück Schweinekopf, zwei schwarze Eier und ein paar Fladenbrote aus Weizenmehl aus und verzehrte diese deftige Mahlzeit, ohne sich unterbrechen oder aus der Ruhe bringen zu lassen. Nachdem er sich mit dem blauen Baumwolltuch, das sonst seine Bibel schützte, den Mund gewischt hatte, sagte er dem Wirt Lebewohl.

Jetzt war der Ältere Duo auf den Geschmack gekommen, und der Ehrgeiz packte ihn. Er überlegte: »Es wäre doch zu schön, wenn ich, so wie andere Bannerleute ihr monatliches Gehalt vom Kaiser beziehen, jeden Monat ein paar Unzen Silber von der Kirche bekäme!« Eingehende Erkundigungen ergaben jedoch, daß die protestantische Kirche zu einer solchen Regelung nicht allzuleicht zu bewegen sein würde. Enttäuscht warf er sich vor, sich einfach auf die Taufe eingelassen zu haben, ohne vorher andere Angebote dieser Art zu prüfen.

Entmutigen konnte ihn die unbewegliche Einstellung der protestantischen Kirche jedoch keineswegs. Man mußte die Dinge nehmen, wie sie kamen. Es galt eben, sich noch ein wenig den Kopf zu zerbrechen und einen anderen Weg zu suchen. Wäre es nicht möglich, mit Unterstützung des Pastors eine Stellung bei der amerikanischen Residenz zu bekommen? So schnell ihm diese Idee gekommen war, so schnell verwarf er sie wieder. Sich dem Diktat eines solchen Amtes unterwerfen – das würde er nicht überleben. Er wollte seine Freiheit genießen und sich an Speis und Trank erfreuen wie ein pensionierter Regierungsbeamter, der in die Heimat zurückkehrt. Sein Leben lang war er nicht auf Irrwege geraten – heute nun rann sein Blut lustlos und träge durch die Adern. Sein größter Wunsch war es, daß vom Himmel Sesambrötchen herabregneten, die – wie durch ein Wunder – direkt in seinen Schlund fielen.

Er wußte, daß viele Familien, die zum Christentum konvertiert waren, dank des Einflusses der Kirche ein stattliches Geschäft eröffnet hatten und durch den Handel mit ausländischen Waren beträchtliche Gewinne einstrichen. Manchmal machte er ihnen seine Aufwartung, denn von der Freundschaft mit diesen Brüdern und Schwestern versprach er sich manchen Vorteil. Doch ihre Nächstenliebe war bei weitem nicht so ausgeprägt, wie er sich vorgestellt hatte. Im Gegenteil, man gab sich recht zurückhaltend.

Viele dieser Glaubensbrüder sprachen Englisch. Der Ältere Duo hatte stets angenommen, daß er, wenn er die Bibelstelle »Adam zeugte Set...« dahersagte, englisch gesprochen habe. Doch zu seinem großen Erstaunen mußte er feststellen, daß dem nicht so war. Auch wenn er Pastor Nius Variante des Pekinger Dialekts nachahmte und »Yadam zeugte Saith« sagte, erntete er weit und breit nur verständnisloses Kopfschütteln. Und wenn er mit der Frage, welches lebende Wesen am ganzen Körper Augen habe, das wissenschaftliche Interesse seiner Glaubensbrüder zu wecken versuchte, antworteten sie einfach nur: »Keine Ahnung!« Nicht einmal eine Tasse Tee wollten sie ihm anbieten. Höchst sonderbar. Der Ältere Duo war niedergeschlagen. Seine ehrlichen Christenbrüder belehrten ihn, Religion sei die Suche nach der Wahrheit und nicht das Streben nach Reichtum. Doch was kostete ein Pfund Wahrheit?

Um der eigenen Bedeutungslosigkeit zu entrinnen, versuchte er, sich mit ein paar Leidensgenossen zu verbinden. Doch jeder von ihnen hatte seine eigenen kleinen Tricks, um sich ein Zubrot zu verdienen, und niemand beabsichtigte, ihn einzuweihen. Einige taten Freunden und Verwandten einen Gefallen, indem sie – mit Hilfe der Ausländer – Gerichtsverhandlungen absetzen ließen; andere betätigten sich als Vermittler beim Verkauf von Grundstücken; diese handelten mit Diebesgut, das ehrliche Menschen niemals berührt hätten: Meist waren es Antiquitäten, die bei den Ausländern sehr geschätzt waren; und jene erledigten die Bestellungen ihrer ausländischen Auftraggeber und stibitzten kleine Bronzebuddhas aus den Tempeln. Jeder hatte seine eigene Methode und wollte sie nicht verraten, schon gar nicht an jemanden wie den Älteren Duo. Daß er Adams Nachfahren auswendig aufsagen und über »Augen vorne und hinten« diskutieren konnte, fand in ihren Augen keine Anerkennung – im Gegenteil, sie neideten ihm die vier Münzschnüre, die der Pastor ihm zum Geschenk gemacht hatte, und fanden es ungerecht, daß der neue Glaubensbruder bevorzugt wurde.

Es dauerte nicht lange, bis alle ihn »Viel-Auge« nannten, und ihn bei Pastor Niu schlechtmachten. Dessen Strategie aber war es, zu teilen und zu herrschen – das Gerede der anderen konnte seine enge Beziehung zum Älteren Duo nicht trüben. Aber schon beim nächsten Gespräch über die »Offenbarung des Johannes« mußte sich der eifrige Christ mit einer einzigen Münzschnur begnügen, und selbst seine Anspielung »Meine Jacke hat so viele Löcher wie die Kreaturen in der ›Offenbarung‹ Augen« ließ den Pastor nicht tiefer in die Tasche greifen.

Was sollte er tun? Nur nicht verzagen, er würde sich den neuen Glauben schon zunutze machen; schließlich hatte er sich nicht umsonst zum Christentum bekehren lassen.

Er würde mit den kleinen Dingen beginnen. Bevor er in die Kirche eingetreten war, hatte er die Leckereien, die er sich im Bianyifang gönnte, anschreiben lassen und – wie es bei den Bannerleuten üblich war – seine Rechnung beglichen, wenn er sein monatliches Gehalt bekam. Nun aber beschloß er, seine Schulden nicht mehr zurückzuzahlen, um zu sehen, wie die Gläubiger darauf reagierten. Früher hatte er sich meist nur frisches Schweinefleisch für zweihundert Münzen oder eine Speisenschachtel für hunderteinundsechzig Münzen geleistet – demnächst würde er ein ganzes in Sojasoße eingekochtes Huhn bestellen.

Nachdem der Jüngere Duo Herrn Wang aufgeklärt hatte, wie es um die Aufrichtigkeit seines älteren Bruders stand, waren Herr Wangs Zweifel an dem, was sein Sohn Shicheng gesagt hatte, gänzlich ausgeräumt, und er dachte: »Jetzt ist Viel-Auge in Peking – wie rücksichtslos und tyrannisch würde er erst sein, wenn er auf dem Lande lebte? Da nimmt es einen nicht wunder, wenn Shicheng die Christen haßt.«

»Herr Wang, wie viele Monate stehen noch aus?« fragte ihn der Jüngere Duo verschämt.

»Schon drei Monate habe ich keinen Pfennig gesehen.«

»Ich werde die Schulden nach und nach begleichen, Herr Wang – er ist immer noch mein Bruder.« Seine Augen füllten sich mit Tränen.

»Wie soll Euch das wohl gelingen? Ihr wohnt weder mit Eurem Bruder zusammen, noch lebt Ihr im Überfluß.«

»Wir wohnen zwar nicht im gleichen Haus, stammen aber von den gleichen Ahnen ab.« Der Jüngere Duo schluckte.

»Macht Euch keine Sorgen, ich werde ein Wörtchen mit ihm reden!«

»Mein Bruder wagt es nur, so unhöflich zu sein, weil die Ausländer ihm den Rücken stärken – und die Ausländer können wir nicht schlagen. Herr Wang, ich werde die offenen Rechnungen begleichen. Wie sehr ich mich auch einschränken muß – Schulden lasse ich nicht auf unserer Familie sitzen.«

Als der Jüngere Duo gegangen war, ließ sich Herr Wang die Angelegenheit noch einmal durch den Kopf gehen und entschied, die Schulden des Älteren Duo erst einmal nicht zurückzufordern und sich so die Ausländer vom Hals zu halten. Vielleicht gaben sie sich mit solchen Lappalien ja auch gar nicht ab, aber konnte man sich darauf verlassen? »Besser auf Nummer Sicher gehen«, sagte er sich.

Gerade in diesem Augenblick überlegte sich der Ältere Duo: »Gut, gut, meine Methode ist so übel nicht, vielleicht führt sie zum Erfolg. Ich weiß zwar nicht, ob ich mich auf Pastor Niu verlassen kann, doch bevor ich ihn überhaupt ins Spiel gebracht habe, hat Herr Wang mir anstandslos ein ganzes in Sojasoße eingekochtes Huhn serviert, als wäre er mein pietätvoller Sohn. Einen Versuch ist es wert.« Aber er hatte noch nicht genug: »Kommt Wind auf, soll man schnell die Segel setzen.« Doch würde Pastor Niu auch wirklich mitspielen? Der Ältere Duo war sich nicht sicher. »Nun gut, ich werde mir ein wenig Mut antrinken.« Er trank einen ordentlichen Schluck, und das Teigbeutelchen in seinem Gesicht nahm eine kräftige rote Farbe an. Dann betrat er das Bianyifang, bestellte zwei gebratene Schweineschenkel und bat Herrn Wang noch um einen Kredit über vier Münzschnüre.

Dieser wurde ärgerlich. Er hatte lange genug Stillschweigen bewahrt. War er auch schon seit Jahrzehnten im Geschäft, so war er doch im tiefsten Herzen ein temperamentvoller, geradliniger Shandonger geblieben. Mit einem langen Blick versuchte er, dem Älteren Duo eine Antwort zu geben, und hoffte, daß dieser seine anmaßenden Wünsche zurückzöge. Der aber grinste nur. So war Herr Wang gezwungen, die Abfuhr auszusprechen: »Älterer Duo, Ihr bekommt keine Schweineschenkel auf Kredit, und auch vier Münzschnüre werde ich Euch nicht leihen. Zahlt erst einmal Eure alten Schulden zurück, oder haltet Euren werten Mund! Doch erst solltet Ihr Eure Rechnungen begleichen.«

Nun war es an der Zeit, daß der Ältere Duo Pastor Niu ins Spiel brachte, denn sonst wären ihm alle Felle davongeschwommen. »Gut, Herr Wang. Allerdings habe ich einen ausländischen Freund – Ihr solltet es Euch genau überlegen. Wenn Ihr wißt, was sich gehört, dann solltet Ihr mir die Schweineschenkel und das Geld gefälligst an meiner Tür abgeben. Ich erwarte Euer verehrtes Erscheinen«, sagte er und ging hinaus.

Es ist anzunehmen, daß Schulden einzutreiben und sich mit Bannerleuten auseinanderzusetzen zu Herrn Wangs Alltag gehörten. Stritt er mit ihnen, so wurde er manchmal laut – aus der Fassung ließ er sich jedoch niemals bringen. Hatten er und die Schuldner sich am Silvesterabend noch gegenseitig verwünscht, so machten beide Parteien einander am Neujahrstag doch schon wieder höfliche Aufwartungen, grüßten sich mit formvollendeten Ehrbezeigungen und entboten einander ein glückliches und erfolgreiches neues Jahr, als wären sie immer gute Freunde gewesen. Beim Älteren Duo konnte Herr Wang sich jedoch nicht mehr beherrschen. Der versuchte, sich der Macht der Ausländer zu bedienen und ihn zu erpressen. Das war einfach nicht mehr zu entschuldigen. Er dachte an Shicheng und war stolz, einen so mutigen jungen Mann seinen Sohn nennen zu dürfen.

Was aber sollte er tun, wenn der Ältere Duo die Ausländer tatsächlich einschaltete? Wie die meisten seiner Landsleute wußte er deren wirkliche Macht nicht einzuschätzen. Und je undurchschaubarer die Fremdlinge waren, desto mehr Furcht erregten sie. Eilig lief er zum Jüngeren Duo.

Nachdem Herr Wang ihm die Lage geschildert hatte, blieb dieser zunächst stumm. Er versuchte, die in ihm aufkeimende Wut im Zaume zu halten, und suchte nach einer Lösung. »Geht erst einmal heim, Herr Wang. Ich werde mit meinem Bruder reden«, beschwichtigte er ihn und machte Anstalten, diesen sogleich aufzusuchen.

»Ihr ...«

»Geht nur, ich werde die Angelegenheit schon regeln. Dann werde ich Euch in Eurem Geschäft aufsuchen.« Der Jüngere Duo hatte ein weiches Herz, doch wenn man ihn verstimmt hatte, konnte er sehr energisch werden.

Er begab sich zu seinem Bruder.

»Jüngerer Bruder, was führt Euch hierher?« fragte dieser betont unbekümmert; bei sich aber dachte er: »Dir gefällt es nicht, daß ich in die Kirche eingetreten bin – doch schau mich nur an: Wieviel besser geht es mir heute im Vergleich zu früher. Scharfer Sojabohnenkäse, gesalzene Krabben, Schweinekopf, Hirsegeist und in Sojasoße eingekochtes Huhn. Pardon, nur noch die Knochen habe ich übriggelassen. Und schaut, welch stattliche Figur ich bekommen habe!«

»Älterer Bruder, hört, was ich Euch zu sagen habe!« begann der Jüngere Duo mit so ernster Miene, daß das Grinsen auf dem Gesicht des Angesprochenen schnell verflog. »Ich habe Eure Schulden beim Bianyifang übernommen. Herrn Wang habe ich mein Wort und meine Unterschrift gegeben. Ich werde Eure Rechnungen zahlen, wie lange es auch dauern mag. Ihr aber solltet Euch unterstehen, dieses Spiel von neuem zu beginnen.«

Viel-Auge fuhr auf. Nie hätte er gedacht, daß Herr Wang sich so schnell bei seinem jüngeren Bruder beschweren würde. Wahrscheinlich hatte er die Nerven verloren und Angst bekommen. War der Ältere Duo sich auch nicht sicher, ob Pastor Niu gewillt war, ihm zu helfen – wenn Herr Wang derart aufgeregt war, führte einfach kein Weg an dem Pastor vorbei, er mußte ihn einfach um Hilfe bitten. Hatte dieser denn irgendeinen Grund, nicht einzugreifen? Und wenn er sich erst einmal für ihn eingesetzt hätte, wäre der Ältere Duo aller Sorgen ledig.

»Jüngerer Bruder, habt Dank für Eure Hilfe! Noch besser wäre es jedoch, wenn Ihr Euch nicht in anderer Leute Angelegenheiten einmischen würdet. Von internationalen Dingen versteht Ihr nichts.«

»Älterer Bruder«, redete ihm der Jüngere Duo ins Gewissen, »laßt die Ahnen nicht das Gesicht verlieren. Wagt es nicht noch einmal, mit Hilfe der Fremdlinge Eure eigenen Landsleute einzuschüchtern! Wie könnt Ihr so schamlos sein?« Er war kreidebleich geworden, seine Hände zitterten. Er wollte dem Bruder den Rücken kehren und hinausgehen, doch seine Beine versagten ihm den Dienst.

Verblüfft schaute der Ältere Duo ihn einen Augenblick an und ließ ein Lachen hören: »Jüngerer Bruder ...«

»Was wollt Ihr?« fragte dieser, hoffend, ihn überzeugt zu haben.

»Was ich will? Raus hier, verschwindet!« gab der Ältere Duo wütend zurück.

Der Jüngere Duo warf ihm einen haßerfüllten Blick zu und verließ langsamen Schrittes das Haus. Draußen wußte er nicht, welche Richtung er einschlagen sollte. Keiner Fliege mochte er etwas zuleide tun. Seinem Bruder hatte er verziehen, wann immer er konnte, und stets versucht, es ihm recht zu machen. Doch wer hätte gedacht, daß der Ältere Duo ein solcher Feigling war, sich bei den Ausländern einschmeichelte und die eigenen Nachbarn hinterging? Voller Groll murmelte er: »Wie kann so etwas geschehen? Und gerade uns? Kann ein aufrechter Bannermann so tief sinken? Müssen wir für die Sünden der kriegerischen Vorfahren büßen und als Schweine und Hunde unser Leben fristen?«

Auf verschlungenen Wegen gelangte er schließlich nach Hause. Er warf sich auf den Kang und brach in Tränen aus.

Aber auch der Ältere Duo hatte seine Sorgen: »Soll ich Pastor Niu in die Sache einweihen? Und wenn er mir eine Abfuhr erteilt? Wie aber kann ich ohne seine Hilfe zeigen, was in mir steckt? Hm ... ich werde ihn doch aufsuchen. Wenn er mich abweist, trete ich aus der Kirche aus – dann kann er dem lieben Gott nicht mehr in die Augen sehen. So soll es geschehen.«

»Pastor Niu«, der freundliche und sanfte Ton dieser Anrede war wie Balsam für seinen Hals und seine Kehle, so daß er sie gleich noch einmal wiederholte. »Verehrter Pastor Niu!«

»Nun sagt schon, was Ihr auf dem Herzen habt. Ich habe keine Zeit.« Wenn er anderweitig beschäftigt war, hatte Niu keine Lust, sich um sein verlorenes Schaf zu kümmern – am liebsten hätte er ihn mit ein paar Stockschlägen hinausgejagt.

»Wenn Ihr keine Zeit habt, komme ich später noch einmal wieder!« Tat der Ältere Duo auch so, als gehe es nur um eine Kleinigkeit, so konnte der Pastor doch in seiner Miene lesen, daß dringende Angelegenheiten ihn beschäftigten.

»Nun sagt schon, heraus mit der Sprache«, munterte der Pastor ihn auf.

Der Ältere Duo brachte die Sprache zunächst auf die Lage der christlichen Gemeinden im ganzen Land – insbesondere auf die gewalttätigen Zwischenfälle, in die Missionare verwickelt waren. »Diesen Pfaffen traue ich nicht über den Weg, Pastor Niu.«

»Ihr seid ein treuer Glaubensbruder und habt ein gutes Herz«, nickte dieser des Lobes voll.

»Richtig: Ich will nicht sagen, daß ich besser bin als andere, aber schlechter als sie bin ich auch nicht. Kurzum, ich bin eigentlich recht gutherzig.« Der Ältere Duo war mit dieser Einschätzung sehr zufrieden, sie traf ihn genau und war weder zu bescheiden noch zu übertrieben. Nachdem die Lage auf dem Lande geklärt war, wandte sich der Ältere Duo den Verhältnissen in der Hauptstadt zu: »Und wie steht es in Peking?«

Pastor Niu hatte den Zwischenfällen große Aufmerksamkeit geschenkt und war, gingen die Kirchen auch stets als Sieger aus ihnen hervor, zunächst doch ein wenig beunruhigt gewesen. Natürlich war ein Sieg der Kirchen erfreulich, doch was nützte das schon, wenn sein eigener Kopf rollen müßte? Er hatte seinem Onkel geschrieben, der – wie schon erwähnt – ein China-Kenner war und die Chinesen besser kannte als der liebe Gott, und ihn um Rat gebeten: »Man kann sich hier tatsächlich an fetten Hennen laben, doch was nützen sie einem, wenn man sein Leben lassen muß?«

Die Antwort des Onkels hatte gelautet: »Höchst seltsam – eine Katze, die Mäuse fürchtet. Die Katze bist Du.

Bei Unruhen wird unsere Armee eingreifen. Wovor hast Du eigentlich Angst? Gerade uns kommen die Aufstände in den unzivilisierten Ländern zugute. Frag nur den lieben Gott! Und dies solltest Du beherzigen: Ist alles ruhig und friedlich, solltest Du für Unruhen sorgen. Willst Du dich etwa aus dem Staube machen und alle Pastoren bloßstellen? Keinen Frieden sollst Du haben! Kein Friede soll auf Erden sein!«

Der Brief des Onkels hatte Pastor Niu die Wahrheit vor Augen geführt. Was immer man seinem Onkel auch nachsagen mochte – daß er in China reich geworden war, stimmte jedenfalls. So mußte auch dieser Vorschlag zum Erfolg führen. Pastor Niu faßte Mut. Einerseits meinte er, daß Chinesen es nicht wagen würden, sich zu erheben; andererseits gab er der Gesandtschaft den Rat, die Truppen auf den Notfall vorzubereiten.

»Wie es in Peking steht? Eins sage ich Euch: Die Stadt und ihre Bewohner sind dreckig und stinken! Kachkachkach!«

Als der Ältere Duo diesen offenen Kommentar hörte, der keinen Zweifel an der Einstellung des Pastors ließ, zeigte sich ein Lächeln auf seinem Gesicht – ein Lächeln, das aus seinem tiefsten Herzen kam: Pastor Niu war sein Busenfreund geworden. Hätte er ihm sonst so unverschleiert seine Meinung offenbart? Der Ältere Duo packte die Gelegenheit beim Schopfe und kam auf sein eigentliches Anliegen zu sprechen: »Herr Wang vom Bianyifang ist ein Halsabschneider, der Christen betrügt und die Kirche verleumdet.«

»Dann bringt ihn vors Gericht!« Pastor Niu wollte sich nicht noch einmal nachsagen lassen, eine Katze zu sein, die Mäuse fürchtete. Bei den meisten Zwischenfällen hatten bisher nur katholische Priester ihre Hände im Spiel, und er sah es als eine große Herausforderung an, der protestantischen Kirche zu mehr Ansehen zu verhelfen. Überdies kam es ja fast nur auf dem Lande zu Unruhen. Wenn es ihm gelingen würde, die Hauptstadt durch Aufstände zu erschüttern, so waren ihm Ruhm und Reichtum sicher. Außerdem hatten die Gesandtschaften ihren Sitz in Peking, und es wäre ihnen wohl ein leichtes, bei Unruhen in der Stadt die Armee zur Hilfe zu holen. Und dann ... Je länger er über diesen Plan nachsann, desto eindeutiger schien es ihm, daß Herr Wang ein Halsabschneider war!

Doch nun wurde der Ältere Duo nervös. Welche Beweise konnte er gegen Herrn Wang ins Feld führen? Wenn man seinen jüngeren Bruder in den Zeugenstand riefe, würde er womöglich gegen ihn selbst und nicht gegen Herrn Wang aussagen. Was war zu tun? Vielleicht könnte man Herrn Wang zu einem Bankett, auf dem er sich öffentlich zu entschuldigen hätte, verpflichten. Wenn er sich aber weigerte, konnte man immer noch vor Gericht gehen.

Pastor Niu starrte unentschlossen vor sich hin. Dann kam ihm eine Idee: »Laßt uns beten!« Er senkte den Kopf und schloß die Augen.

Der Ältere Duo tat es ihm nach und überlegte: »Soll man Herrn Wang anhalten, im Shandong-Restaurant außerhalb des Qianmen-Tors ein Bankett zu geben, oder sollte man es vorziehen, in einem großen Teehaus gekochtes Schweinefleisch zu essen?« Beide Möglichkeiten hatten ihre Vorteile, und eine Entscheidung wollte wohl überdacht sein und nahm ihn voll in Anspruch, so daß er das Zwiegespräch mit Gott für eine Weile hintanstellte.

»Amen!« sagte der Pastor und öffnete die Augen.

Der Ältere Duo dagegen kniff die Augen noch fester zusammen. Er war vollkommen leer – aber sonst ein Vorbild an Frömmigkeit.

»Gut, erst soll er sich entschuldigen.« Auch der Pastor verachtete eine gute Mahlzeit nicht.

9

Für das Studieren hatte Viel-Auge nicht viel übrig, und so war es mit seiner Bildung nicht weit her. Er hatte auch kein Rückgrat, und für Menschen mit Rückgrat hatte er ebenfalls wenig übrig. Sein einziges Interesse galt in Sojasoße eingekochtem Schweinefleisch.

Er kannte einige Anekdoten von zweifelhaftem historischem Anspruch. Eine von ihnen gab er besonders gern zum besten, handelte sie doch von jenem Lieblingsgericht.

Die Geschichte lautete ungefähr so: Der Holzklotz, auf dem im Bianyifang das Fleisch gehackt wird, ist so hoch wie ein halber Baumstamm. Warum? In alten Zeiten waren die Hauklötze stets recht niedrig. Ganz nach seinem Geschmack konnte sich jeder Kunde sein Stück Fleisch aussuchen und auch eine kleine Kostprobe nehmen. Bei all dem Hacken und Auswählen traf das Fleischerbeil bisweilen auch einen menschlichen Finger und verursachte eine böse Wunde, und nicht selten fand sich der Geselle, der das Beil so munter geführt hatte, vor Gericht wieder. Mit der Zeit wuchsen die Hauklötze in die Höhe, so daß neugierige Finger die Ware nicht mehr erreichten und den eifrigen Fleischerbeilen nicht mehr in die Quere kamen.

Wenn er diese Geschichte erzählte, ließ er offen, ob er es für gut hielt, daß flinke Hackebeile und vorwitzige Finger so weit voneinander entfernt waren. Bei einer anderen von ihm besonders geschätzten Anekdote hingegen konnte man einen stolzen Unterton nicht überhören.

Sie ging so: Viele Bannerleute fanden großen Gefallen an einer Prise Schnupftabak. Betrat man ein Tabakgeschäft und bat den Verkäufer, das Tabaksfläschchen zu füllen, bot dieser einem sogleich eine Prise Schnupftabak an, damit sich die Wartezeit recht kurzweilig gestalte. So war es Brauch. Alle Händler der Stadt hatten ihre Bräuche und Gepflogenheiten; Unhöflichkeit und Nachlässigkeit wurden nicht geduldet. Früher waren die Ladengesellen ungehobelt und kamen nicht auf den Gedanken, ihren

Kunden die Wartezeit mit einer Prise zu verkürzen, sondern ließen sie ungeduldig warten. Doch die Bannerleute schufen bald Abhilfe: Fehlte auf dem Ladentisch das gewohnte weiße Häufchen, das dem Kunden zum baldigen Genuß angeboten wurde, konnte sich der unaufmerksame Verkäufer auf eine Ohrfeige gefaßt machen. So entstand der gute Brauch der Schnupftabaksprobe.

Betrachtet man diese beiden Anekdoten, so kann man gewiß sein, daß Viel-Auge auch zu den unerreichbaren Hauklötzen eine Meinung hatte. Vielleicht dürfen wir sie an seiner Statt aussprechen: Von angemessener Behandlung der Kunden im Bianyifang könne man erst dann sprechen, wenn einem auch dort eine Probe in Sojasoße eingekochten Schweinefleischs verehrt würde.

Ob er im Register der Bannersoldaten aufgeführt war und ob Bannerleute ihre Würde bewahrten, war dem Älteren Duo einerlei. Doch wann immer ihm der schöne Brauch, dem wartenden Kunden eine Prise Schnupftabak anzubieten, in den Sinn kam, schloß er daraus nur allzugerne auf die Erhabenheit der Bannerleute. Man konnte sagen, was man wollte: Diese vornehme Gepflogenheit war – wie viele andere Bräuche auch – von den Bannerleuten eingeführt worden. Nachdem er sich zum Christentum bekannt hatte, war er überzeugt davon, daß die Bewohner der Stadt Peking die Schöpfung Gottes seien, daß aber die Bräuche der Stadt die Schöpfung der Bannerleute waren.

Doch wäre es falsch gewesen, es bei diesen Bräuchen bewenden zu lassen. Wenn Herr Wang ihm weder zwei Schweineschenkel auf Kredit verkaufen noch vier Münzschnüre leihen wollte, sollte er ruhig ein Bankett geben und ihn öffentlich um Verzeihung bitten. Und dies war erst der Anfang. Der Ältere Duo brach in ein nicht mehr enden wollendes Lachen aus, und sein Gesicht verzog sich zu einem mit Schweinefleisch, Fisch und Huhn gefüllten Teigbeutelchen.

Als Herr Wang es jedoch gar nicht einsehen wollte, daß

er sich zu entschuldigen hatte, war Viel-Auge einer Ohnmacht nahe.

Herr Wang war sehr beunruhigt. Noch einmal wollte er den Jüngeren Duo nicht um Hilfe angehen. Dieser war ehrlich und aufrichtig, und Herr Wang mochte ihm nicht schon wieder Kopfzerbrechen bereiten. Wußte er auch, daß die Ausländer an allem schuld waren, so besaß er doch keinerlei Erfahrung, wie er sich ihnen gegenüber zu benehmen hatte. Er brauchte dringend jemanden, der ihm zur Seite stand. Unwillkürlich dachte er an Fuhai – nicht weil dieser ein Bannermann war, sondern weil er ein Freund war, auf dessen Hilfe man zählen konnte.

Seit Shicheng die Stadt wieder verlassen hatte, vermied es Fuhai, Herrn Wangs Wege zu kreuzen. Als dieser ihn nun unangemeldet aufsuchte, bekam Fuhai einen gehörigen Schrecken: War Shicheng zurückgekehrt? War ihm ein Unglück widerfahren? Erst nachdem Herr Wang den Grund seines Kommens genannt hatte, faßte er sich wieder.

Fuhai erkannte, daß Herrn Wangs Probleme dieselbe Ursache hatten wie die Sorgen Shichengs und nicht leicht zu lösen sein würden. Er war machtlos. In den Provinzen scheuten sich selbst die Präfektur- und Kreisvorsteher, sich mit solchen Angelegenheiten zu befassen – und er war ja nur ein Bannersoldat und lebte noch dazu in der Hauptstadt. Doch er mochte Herrn Wang auch nicht vor den Kopf stoßen. Der Mensch konnte sein Schicksal selbst in die Hand nehmen, und ein starker Wille konnte manches bewirken. Schüttelte man jedoch verzagt den Kopf, so waren alle Möglichkeiten sogleich versperrt. Der Gedanke, vor Shicheng sein Gesicht verloren zu haben, ließ Fuhai keine Ruhe. Nun mußte er wenigstens dem Vater dieses heldenhaften jungen Mannes helfen. Überdies war Viel-Auge ein Bannermann, der Schande über sein eigenes Volk gebracht hatte. Dafür verdiente er besondere Verachtung. Fuhai hatte also mehrere gute Gründe, sich in die Sache einzuschalten.

»Was haltet Ihr davon, Herr Wang, wenn wir Herrn Ding befragen?«

»Geht denn das?« Herr Wang hegte keine Zweifel an Herrn Dings Einfluß. Ihn einzuschalten war ihm nur ein wenig unangenehm, trieb er doch regelmäßig am Silvesterabend und an Festtagen die Schulden bei ihm ein.

»Wir werden es so machen: Ich genieße leider kein hohes Ansehen, bin noch recht jung und unerfahren. Besser wäre es, wenn wir meinen Vater und meinen Schwiegervater – einen Hauptmann und einen Offizier – bitten würden, mit Herrn Ding zu reden. Sie werden bestimmt etwas erreichen. Laßt uns das versuchen! Ihr aber geht vorerst heim und regt Euch nicht auf. Ich werde Euch bald Nachricht geben.«

Für die Bannerleute, die sich zum Christentum bekannt und damit das eigene Volk verraten hatten, hatte Fuhais Vater – mein Onkel – nur tiefe Verachtung übrig: »Was kann ein Han-Chinese unternehmen, wenn Bannerleute sich zum Christentum bekehren lassen?« Im Alltag machte er niemals einen Unterschied zwischen Mandschu und Chinesen; sollten ihm die Köstlichkeiten der »Friedliebenden Erhabenheit« etwa vorenthalten bleiben, nur weil der Geschäftsführer und die Servierer Han-Chinesen waren? Doch wenn es um grundsätzliche Entscheidungen ging – ob zum Beispiel ein Mandschu eine Chinesin heiraten durfte oder ob Mandschu sich zum christlichen Glauben bekennen konnten –, war er doch überzeugt, daß sein Volk das der Chinesen an Intelligenz und Gerechtigkeitssinn bei weitem übertraf. Auf den Älteren Duo sah er herab – war dieser nun Viel-Auge oder Viel-Nase.

Als ihm jedoch zu Ohren kam, daß auch Ausländer in Herrn Wangs Problem verwickelt waren, schüttelte er heftig den Kopf und gab Fuhai einen seiner Lieblingskommentare zur Antwort: »Kümmere dich um deine eigenen Angelegenheiten!« Kamen ihm diese Worte über die Lippen, so fühlte er sich stets an seine langen Jahre als Beamter erinnert, und seine Erfahrung erfüllte ihn mit Stolz.

Fuhai blieb stumm. Schien sein Vater ihm auch in Güte zugetan und er selbst dem Vater in kindlicher Pietät verpflichtet, so ließ ihre Beziehung doch wirkliche Innigkeit vermissen. Fuhai suchte den Schwiegervater auf.

Wenn der August dem Ende zugeht, beginnt in Peking die schönste Jahreszeit. Der sachte, warme Wind fächelt erfrischende Lüfte herbei. Wie es in der Redensart heißt: »Im Februar und August gibt es keine Kleiderordnung«, werden die Farben der Roben kräftiger und verdrängen die kühlen pastellfarbenen Gewänder des Sommers. Die reifen, süßen Früchte von nah und fern glänzen auf unzähligen Ständen, tauchen Straßen und Plätze in die Farben des Regenbogens und hüllen den frühen Herbst in ein prächtiges Gewand. Die glasierten Dachziegel des Kaiserpalastes und die goldene Spitze der Weißen Pagode erstrahlen im hellen Licht des hohen Himmels. Ein schwacher Wind geht durch die Straßen, und anders als im Frühjahr bringt er nur wenige Staubkörnchen mit. Die Vorderfronten der Häuser, die Fassaden und die mit Inschriften versehenen Tafeln der großen Geschäfte sind frisch gestrichen. Stolz zeigen die Singvögel, die im Sommer von ihren Besitzern mit Heuschrecken verwöhnt wurden, ihr prächtiges rotes und gelbes Gefieder, das noch schöner glänzt als Seide. In Fuhais Hof stand eine ansehnliche Gruppe von Dattelbäumen, deren Äste sich unter der Last der überreifen roten Datteln bogen. Fuhai schüttelte ein paar Früchte herab und wickelte sie in ein Tuch, um sie den Schwiegereltern zu bringen.

Freunden und Verwandten Besuche abzustatten war den Bannerleuten – sofern sie nicht wichtigere Dinge umtrieben – ein wahrer Lebensinhalt. Die regelmäßigen Besuche brachten es mit sich, daß man genau Bescheid wußte, welche Familie in ihrem Hof einen krumm gewachsenen weißen Aprikosenbaum hatte oder vor wessen innerem Tor ein Zwergapfelbaum stand, dessen üppige Blüte im Herbst nie hielt, was sie im Frühjahr versprochen hatte. Brach endlich die Erntezeit an, hoffte jeder, einen Korb

Obst vor seiner Tür zu finden – denn die höfliche Geste der Freunde und Verwandten hatte auch ihren praktischen Vorteil.

Die Schwiegermutter hatte schon lange niemanden mehr mit Früchten bedacht, denn die Aprikosen- und Apfelbäume, die sie vor vielen Jahren gepflanzt hatte, waren unter ihrem strengen Blick eingegangen, und sie hatte sich geschworen, nie mehr ein Bäumchen zu setzen. Um so mehr galt ihr Interesse den Apfel- und Birnbäumen anderer Höfe, und wenn es irgend jemandem einfiel, ihr nicht einen gehörigen Teil abzuliefern, war er in ihren Augen ein Frevler. Fuhai hatte also guten Grund, den Schwiegereltern nicht ohne ein paar Datteln gegenüberzutreten.

Duofu war gerade im Hof und ließ seine Tauben aus den Käfigen. Den Kopf steil nach oben gerichtet, vollzog er mit dem Hals die gleichen kreisenden Bewegungen wie seine »fliegenden Silberbarren« am Himmel. Sein Hals begann steif zu werden; da er jedoch nur Augen für seine innig geliebten Tauben hatte, deren Anblick ihn mit unbeschreiblicher Freude erfüllte, wurde er den Schmerz nicht gewahr. Immer höher schwangen sich seine Vögel empor, immer weiter wurde der klare Himmel, so daß er meinte, um sie herum blitzten kleine goldene Sterne auf. So unendlich war der Himmel, so transparent, daß man die schwarzen und weißen Tauben selbst in den höchsten Lüften mühelos unterscheiden konnte. Ein entrücktes Lächeln umspielte seine Lippen. Mensch, Tauben und Himmel schienen sich zu einer einzigen Freude zu vereinen.

An jenem Tag hatte Duofu nur ungefähr zwanzig Tauben freigelassen: viele schwarzgefleckte mit weißem Körper und schwarzen Phönix-Köpfchen und Schwanzfedern, ein paar Purpurfleckchen und zwei Raben mit pechschwarzen Flügeln. Damit war die Fliegertruppe zwar nicht groß, aber mit viel Sorgfalt ausgesucht. Der hohe Himmel und der frische Hauch des jungen Herbstes verlangten geradezu nach dieser gewagten Zusammenstellung – einfarbig weiße Vögel oder Vögel mit weißen

Schwanzfedern wären einer solchen Kulisse nicht ebenbürtig gewesen. Wie tiefschwarz und kräftig waren doch die kurzen Schwanzfedern der Schwarzgefleckten! Und schien das Purpur ihrer Verwandten auch ein wenig blaß – sobald diese sich im Fluge wiegten und neigten, ging von ihren Schwanzfedern ein Glanz aus, wie er nur von purpurnen Schwanzfedern ausgehen kann. Überwog bei jenem Vogelschwarm auch die Farbe Weiß, so war die Rolle der beiden Raben nicht zu unterschätzen. Mit ihrem weißen Körper und den schwarzen Flügeln erinnerten sie an kräftige Blüten und setzten einen reizvollen Akzent im hellen Schwarm. Duofu hatte ein lebendes Kunstwerk geschaffen. Über die reichen Vogelbesitzer konnte er nur lächeln. Meist ließen sie über hundert Tauben frei, achteten nicht auf die Farbzusammenstellung und ließen die Vögel wild durcheinanderfliegen, so daß dem Betrachter beim Anblick des unbändigen Hinundherflatterns fast schwindlig wurde. »Nicht die Anzahl, sondern die Güte gibt den Ausschlag!« Eine alte Redensart kam ihm in den Sinn. Obwohl er sie niemandem zuordnen konnte, erfüllte es ihn doch mit Stolz, die Klassiker zitieren zu können.

Trotz der Freude über sein eigenes Kunstwerk war er auf der Hut. Der Lieblingsbeschäftigung durfte man nicht halbherzig nachgehen, Nachlässigkeit wurde übel bestraft. Obwohl der Ostwind gerade erst begonnen hatte, den Bäumen ihre welken Blätter abzufordern, band Duofu seinen Tauben keine Pfeifen mehr um. Er fürchtete, daß die hellen Töne bis in den Neunten Himmel – den höchsten aller Himmel – dringen und die »Rabentiger« – die Sperber, die zur Herbstzeit aus dem Norden kommen – herbeilocken könnten. Sie waren die größten Feinde der Tauben, und es galt vorsichtig zu sein, denn was sollte er tun, wenn sie in diesem Herbst früher als üblich nach Peking gekommen waren? Unentwegt beobachtete er den edlen Schwarm. Zeigten die Tauben auch nur die kleinste Unruhe oder änderten sie ihre kreisförmige Flugbahn, so mußte ein Feind in der Nähe sein. Dann rief er sie eilig zurück, denn ein Risiko mochte er nicht eingehen.

An diesem Tag konnte man den Tauben nicht die geringste Beunruhigung anmerken. Dennoch erlaubte ihr Besitzer es ihnen nicht, sich zu hoch aufzuschwingen: Sperber griffen besonders gern in großer Höhe an. Er öffnete einen Vogelkäfig und ließ ein paar betagte Tauben auf das Dach fliegen. Als das von ihren Verwandten in der Höhe bemerkt wurde, legten sie ihre Flügel eng an den Körper und setzten zur Landung an. Duofu atmete auf, sein Herz war aus dem Himmel wieder in seine Brust zurückgekehrt.

Fuhai hatte schon seit geraumer Zeit im Hof gewartet. Er wußte, daß Duofu, war er mit seinen Vögeln beschäftigt, für nichts anderes Augen oder Ohren hatte und erbost war, wenn man ihn unterbrach. Als Fuhai sah, daß die Vögel sicher auf dem Dach gelandet waren, faßte er sich ein Herz und sprach ihn an: »Duofu, das war fabelhaft.«

»Oh, Fuhai!« Erst jetzt bemerkte er den Gast. Er wollte sich entschuldigen, doch seine Gedanken waren noch ganz bei seinen Lieblingen, und so griff er Fuhais Bemerkung auf: »Was? Fabelhaft? Einfach nur fabelhaft? Das ist wahre Wissenschaft! Gebt acht, ich werde sie vom Dach herunterrufen. Man kann die Vögel stundenlang anschauen und ihrer dennoch nicht überdrüssig werden.«

Er streute eine Handvoll Hirsekörner in den Käfig, und schon flogen die Tauben herbei. »Schaut: Sucht Ihr die idealen Purpurfleckchen und Schwarzgefleckten – hier sind sie. Alle haben Phönixköpfe, prächtige, große Phönixköpfe. Ob sie ihren Flug beginnen oder ob sie landen – stets sind sie wunderschön, ja wahre Kunstwerke sind sie.« Noch bevor Fuhai die hübschen Köpfe der Tauben bewundern konnte, machte ihn Duofu schon auf ein Paar purpurner Tigerhauben aufmerksam: »Fuhai, seht Euch nur diese beiden Schätze an! Das Häubchen reicht bis zur

Schulter hinunter, welche Harmonie; nicht eine Feder gibt es, die fehl am Platze ist. Ich sage Euch, so etwas findet Ihr nicht noch einmal.« Er senkte die Stimme, als fürchte er neugierige Ohren: »Aus der Residenz des Prinzen Qing. Xiuquan, sein Haushofmeister, hat aus seinem Gelege ein Paar Eier mitgehen lassen. Ich habe also die gleichen Vögel wie der Prinz, nicht etwa einfache Tauben – nein, es sind wahre Phönixe.«

»Sie sind wirklich ganz erlesen. Xiuquan wird sich gewiß ein oder zwei Unzen Silber verdient haben.«

»Was stellt Ihr Euch vor? Zwei Unzen Silber – was ist das schon? Bei meiner Stellung – drei Unzen hat er von mir bekommen. Doch wieviel sind die beiden lebenden Schätze tatsächlich wert? Wenn Ihr mir immer noch nicht glauben wollt, Fuhai, so bietet mir zehn Unzen und seht, ob ich auf den Handel eingehe!«

»Ich werde mein Geld lieber für meine Hochzeit aufbewahren.«

»Das ist noch nicht alles«, Duofu sprach noch ein wenig leiser, »erinnert Ihr Euch an Boshengs zweiten Sohn, der seine Frau für zwei Blauköpfe verkauft hat?« Bei dieser Frage fiel sein Blick zum ersten Mal auf das Tuch, in dem Fuhai die Datteln eingeschlagen hatte. »Ist das Obst in Eurem Garten schon reif? Fein, Eure Datteln munden mir besonders gut, sie sind so süß, ihre Kerne so klein, die Haut so dünn. Einfach himmlisch. Habt Dank, habt Dank!« Er verbeugte sich förmlich und nahm das Bündel entgegen.

Im Hauptzimmer des Hauses angekommen, verneigte sich Fuhai vor den Schwiegereltern und sagte: »Nichts, was Euer würdig ist, nur ein paar rote Datteln aus dem eigenen Garten!«

Meine älteste Schwester kam herein, um Tee zu servieren. Nachdem sie ein paar inhaltlose Höflichkeiten gesagt hatte, trat sie zurück und verharrte mit herabhängenden Armen an einem der Schwiegertochter des Hauses angemessenen Platz in der Ecke des Raumes.

Duofu wollte unbedingt die Datteln kosten und wartete auf den Augenblick, in dem er seine Hand unbemerkt in das Bündel stecken könnte. Der gestrenge Blick der Schwiegermutter gebot ihm jedoch Einhalt. Meiner älteren Schwester befahl sie: »Schwiegertochter, legt das Obst in meinen Kasten!« Mit dem Bündel in der Hand verließ die Schwester das Zimmer, von den enttäuschten Blicken ihres Mannes gefolgt.

Aus Angst, die Schwiegermutter – sich ihrer Stellung als Tochter eines Adligen bewußt – könne ihm bei seinen Plänen Steine in den Weg legen, mochte Fuhai in ihrer Gegenwart den eigentlichen Grund seines Kommens, die Sache mit Herrn Wang, vorerst nicht erwähnen. Die Schwiegermutter hatte zu allem ihre eigenen Ansichten, ob sie nun etwas davon verstand oder nicht. Ertönte ein »Kümmere dich nicht darum!« aus ihrem Mund, wagte ihr Mann keinen Widerspruch. Das hieß nicht, daß der Schwiegervater seine Frau fürchtete – er wußte nur, daß die Probleme sich vermehrten, je mehr man sich für etwas einsetzte. Fuhai war geduldig. Machte die Schwiegermutter keine Anstalten, die Männer allein zu lassen, so würde auch er sich nicht von der Stelle rühren und ohne Unterlaß mit ihr schwatzen.

Meine Schwester hüstelte. Ein feines Ohr verstand, was sie mit diesem leichten Husten sagen wollte; ein weniger feines hätte ihm keine Bedeutung beigemessen, sondern sich nur an seinem melodischen Klang erfreut. Sich so verständlich zu machen war eines ihrer seltenen Talente. Die Schwiegermutter merkte auf und erhob sich langsam. Als Fuhai das Hüsteln der Schwester vernahm und sah, daß die Schwiegermutter sich aufrichtete, lächelte er und sagte: »Bitte laßt Euch nicht abhalten, wenn Ihr etwas zu erledigen habt.« Erhobenen Hauptes begab sich die Schwiegermutter in ein anderes Gemach, und Fuhai konnte sich dem Schwiegervater und dessen Sohn endlich eröffnen.

Bevor Fuhai geendet hatte, war Duofus Wut schon entfacht: »Wie bitte? Ausländer? Was bilden die sich eigentlich ein? Sie werden mich noch kennenlernen! Kein Land vermag sich mit dem großen Qing-Reich zu messen. Alle fremden Staaten sind verpflichtet, uns Tribut zu zahlen und dem Kaiser ihre Aufwartung zu machen.« Er wußte auch schon eine Lösung: »Laßt Ihr nur die Finger davon, ich werde der Sache nachgehen. Dreißig oder vierzig Kampfsportler oder Wächter des kaiserlichen Schatzes werden es ihnen schon zeigen. Und was das Viel-Auge anbetrifft: Selbst wenn er ein Buddha mit tausend Augen wäre, würde ich ihm den Garaus machen.«

»Plant Ihr einen Volksaufstand?« lachte Fuhai.

»Jawohl! Schlagt sie nieder! Schlagt sie, bis sie nach ihrer Mutter jammern! Und wenn sie es nicht tun, tötet sie!« Duofu sprang auf. Wild schwang er die Fäuste in der Luft und spie entschlossen auf den Boden, als wolle er seinen Worten mehr Kraft verleihen.

»Duofu, setz dich«, die Kultur der Mandschu hatte sich so verfeinert, daß der Schwiegervater – waren Gäste zugegen – seinen eigenen Sohn mit dessen vornehmen Beinamen und nicht mit dem offiziellen Namen ansprach. Als sein Sohn tat, wie ihm geheißen war, hob nunmehr der Schwiegervater zu einem der Situation angemessenen gekünstelten Husten an. Dann fragte er: »Wird Herr Ding in die Angelegenheit eingreifen?« – »Ich bin mir nicht sicher. Deshalb bitte ich Euch um Hilfe!«

»So, so, wenn man sich einer Sache nicht hundertprozentig sicher ist, sollte man am besten die Finger davon lassen«, antwortete der Schwiegervater langsam und bedächtig, als sei er ganz in Gedanken versunken.

»Laßt uns kämpfen! Was soll schon passieren?« Duofu ließ sich nicht von seiner Idee abbringen. »Ich werde die Kaiserliche Familie einweihen, so daß man uns, wenn der Kampf vorbei ist, nichts anhaben kann.«

»Duofu«, der Schwiegervater holte ein paar Banknoten im Wert von vier Münzschnüren hervor, »nimm und mach einen kleinen Spaziergang. Wenn gute kleine weiße Birnen feilgeboten werden, so bring ein paar mit. Seit ein paar Tagen leide ich unter ›Innerer Hitze‹[28].«

Duofu nahm das Geld. Um seine Pietät und Kühnheit zu zeigen, wandte er sich, bevor er das Zimmer verließ, noch an Fuhai: »Verweilt noch einen Augenblick, Fuhai! Ich werde für Vater ein paar Birnen kaufen. Sagt mir, wenn Ihr zum Kampf bereit seid, Ihr könnt auf mich zählen!« Mit wiegenden Schultern ging er hinaus.

»Schwiegervater, Ihr ... »

»Fuhai, wir sollten uns nicht in trübes Gewässer wagen.« In einem Punkt unterschieden sich der Schwiegervater und der Onkel. Daß letzterer Fuhai in dieser Sache jegliche Unterstützung versagte, rechtfertigte er mit seiner hohen Stellung, die es ihm nicht erlaubt, sich an einem so leichtsinnigen Vorhaben zu beteiligen. Das Leben des Schwiegervaters dagegen wurde von seinen Vögeln und der klassischen Oper bestimmt, so daß er – lehnte er auch ab, sich für die Sache einzusetzen – Fuhai mit einem Vorschlag, der auch ihm Spaß machte, trösten wollte: »Laßt uns zu den Geschichtenerzählern gehen! Shuang Houping und Heng Yongtong tragen ›Die Reise nach Westen‹ vor, es wird dir gefallen.«

»Ich werde Euch ein andermal begleiten. Heute ...« Fuhai ließ sich seine Enttäuschung nicht anmerken und setzte ein künstliches Lächeln auf. Er verachtete Duofus gespielten Elan. Obwohl dieser wußte, daß es mit seinen Fähigkeiten nicht weit her war, machte er große Worte, als würde er sich gerne selbst reden hören. Seine Idee, einen Volksaufstand anzuzetteln, bewies, daß er ein Wirrkopf war. Merkte er nicht, daß Glanz und Gloria der Bannerleute schon längst verblaßt waren? Noch mehr verachtete Fuhai jedoch den Schwiegervater: Herrn Wangs Schwierigkeiten und die Lage des Landes kümmerten ihn keinen

---

[28] In der traditionellen chinesischen Medizin bezeichnet »Innere Hitze« Symptome wie Verstopfung, Bindehaut-, Nasen- und Mundhöhlenentzündung.

Deut; allein »Die Reise nach Westen« konnte sein Interesse wecken.

Die Schwiegermutter, gefolgt von meiner ältesten Schwester, betrat das Zimmer. Die Schwester gab das Baumwolltuch, das zuvor die Datteln geborgen hatte, an Fuhai zurück. Da ein Einschlagtuch niemals leer an seinen Besitzer zurückgegeben werden durfte, verbarg sich auch jetzt etwas darin. Das gehörte zum guten Ton und erklärte die lange Abwesenheit von Schwiegermutter und Schwiegertochter. Da die Schwiegermutter einen guten Appetit hatte, war es mit der Vorratshaltung nicht weit her. Nach langem Suchen waren Schwiegermutter und -tochter auf eine kleine Schachtel Mandelpulver aus dem Jahre 1891 gestoßen, dem sechzehnten Regierungsjahr des Kaisers Guangxu. »Das Mandelpulver wird reichen«, redete die Schwester auf die Schwiegermutter ein, »solange wir ihm etwas in das Tuch einschlagen, brauchen wir uns nicht zu schämen.«

Fuhai nahm das Bündel entgegen, verbeugte sich und bat, sich zurückziehen zu dürfen. Draußen schlug er das Tuch auseinander, schaute sich die magere Gegengabe an und warf die kleine Schachtel auf einen Abfallhaufen. Damals gab es an jeder Ecke solche Haufen – äußerst praktisch, wenn man sich erleichtern wollte.

10

Fuhai sprühte nur so vor Tatkraft. Wenn es ihm zum Beispiel zu Ohren kam, daß die Apotheke »Halle des Wohlbefindens« ihre »Pillen zur Vollkommenen Genesung« ausverkauft hatte, begab er sich höchstpersönlich dorthin, um die Sache zu überprüfen, denn nur dem, was man mit eigenen Augen gesehen hatte, konnte man trauen. Fuhai war sich alles andere als sicher, ob Herr Ding ihn anhören würde. Er war doch nur ein ganz gewöhnlicher Bannersoldat. Dennoch wollte er sein Glück bei Herrn Ding versuchen. Willigte dieser ein, war es gut; schickte er ihn wieder fort, dann müßte Fuhai sich einen anderen Weg überlegen.

Fuhai wußte, daß er, wollte er bis zu Herrn Ding vordringen, dessen Haushälter nicht leer ausgehen lassen durfte. Im Bianyifang besorgte er sich ein Paar Brathühner. Herrn Wang weihte er jedoch nicht in seinen Plan ein, denn ihm zu helfen war kein leichtes, und Fuhai wollte nicht, daß er sich noch mehr sorgte.

Als die gebratenen Vögel verstaut waren – in einem ansehnlichen Schilfsack und mit Papier versiegelt, auf dem schwarz auf rotem Grund die Zeichen »Restaurant Bianyifang« prunkten –, lächelte Fuhai und dachte: »Verlogene Welt.« Im Grunde verabscheute er die Unsitte, jemanden mit Geschenken zu bestechen, andererseits begann die Sache, ihm langsam Spaß zu machen. Und konnte man den ehrwürdigen Brauch, Schilfsäcke und Brathühner zu verteilen, denn einfach aufgeben?

Fuhai trat auf den Haushälter zu, reichte ihm den gefüllten Schilfsack und erklärte: »Ich komme im Auftrag von Herrn Wang. Er hat ein kleines Problem – fast nicht der Rede wert – und hofft, daß Herr Ding ihm seine Hilfe nicht verwehren wird. Herr Wang ist ein bescheidener Händler. Da er es selbst nicht wagt, Herrn Ding aufzusuchen, hat er mich damit beauftragt.« Weit ausholend, ließ Fuhai den Haushälter wissen, daß sein Vater den dritten Offiziersrang hatte – wußte er doch, daß Herr Ding, war er auch wohlhabend und einflußreich, nie einen Posten bei Hofe innegehabt hatte. Auch versicherte er ihm, daß er Herrn Ding gewiß nicht verraten würde, wie viele Kupfermünzen man für eine Unze Silber bekam oder wie teuer ein gebratenes Huhn war. Er vermutete, daß der Silberkurs und die Warenpreise im Hause Ding in der Hand des Haushälters lagen und mit den Marktpreisen nur allzuoft nicht übereinstimmten. Sollte Herr Ding sich nach dem Preis der Brathühner erkundigen, würde Fuhai ihm antworten: »Brathühner sind entsetzlich teuer geworden.«

Natürlich sagte Fuhai all dies nicht, als befände er sich im Zeugenstand. Er schlug hier einen Bogen, ließ dort etwas durchblicken, schlug noch einen Haken, um schließlich zum Ausgangspunkt zurückzukommen. Nachdem er den Haushälter eine Stunde lang beschwatzt hatte, machte dieser jedoch noch immer keine Anstalten, Fuhai bei seinem Herrn anzumelden. Erst als Fuhai ihm erklärte, daß er mit Freuden bereit wäre, drei Tage und drei Nächte auf Herrn Ding zu warten, hatte der Haushälter – den Duft der gebratenen Hühner in der Nase – doch Skrupel, ihn wieder fortzuschicken. Er wurde ein wenig unruhig und erhob sich umständlich: »Nun gut, ich werde Euch anmelden.«

Das Glück wollte es, daß Herr Ding gerade in bester Stimmung war und Fuhai sofort hereinrufen ließ.

Herr Ding bildete sich ein, ein aufgeklärter Bannermann zu sein. Sein Großvater und sein Vater waren von der Regierung in entlegene Provinzen entsandt worden und hatten Gold- und Silberbarren, Perlen und Achat zusammengetragen. Herr Ding war jedoch nicht besonders darauf erpicht, Beamter zu werden, und da die von seinen Vorfahren aufgehäuften Schätze noch längst nicht aufgebraucht waren, konnte er sorglos in den Tag hinein leben. Während der Reformbewegung des Jahres 1898 hatte er mit den Reformern sympathisiert und die Bedenken des Schwiegervaters und des Onkels, daß die regelmäßigen Gehälter nach einer geglückten Reform der Vergangenheit angehören würden, nicht geteilt. Er hätte sich auch wirklich keine Sorgen zu machen brauchen, gehörte ihm doch die Hälfte aller Häuser der Nachbarschaft, und allein von den Einkünften, die ihm durch Vermietungen zuflossen, hätte er sich ein bequemes Leben machen können.

Er meinte, über weltliche Dinge erhaben zu sein, ja manchmal erwog er sogar – wie Jia Baoyu, der Held im

»Traum der Roten Kammer«[29] –, später einmal Mönch zu werden. So hatte er auch für den Handel nichts übrig. Wenn Freunde kamen, um sich für ihre Geschäftseröffnung von ihm finanzielle Unterstützung zu erbitten, lehnte er stets ab. Zu Förderern der chinesischen Industrie wie Li Hongzhang mochte er sich nicht äußern, konnte er sich unter Industrialisierung doch gar nichts vorstellen; er spürte aber, daß das Wort »Industrie« zu zeitgemäß war, als daß man es leichthin hätte abtun können.

Herr Ding war der weltfremde Sohn einer begüterten Familie; doch als die Wogen der Geschichte hochschlugen, konnte auch er Augen und Ohren nicht verschließen und spürte, daß er ein wenig von der starren Weltsicht der Bannerleute abrücken mußte. Die Gold- und Silberbarren und sein Hausbesitz trübten andererseits seinen Blick und hielten ihn davon ab, die politische Lage ganz zu durchschauen. So machte er sich heute ein zutreffendes Bild, und morgen tappte er wieder im Dunkeln – wie ein Knabe von zehn Jahren, bei dem Intelligenz und Einfalt einander abwechseln.

Nur von einer Sache war Herr Ding mehr oder weniger überzeugt: Um das Qing-Reich zu stärken, müsse man dem Volk die Möglichkeit zu einer besseren Bildung geben, denn erst ein des Lesens und Schreibens kundiges Volk könne eine kultivierte Gesellschaft hervorbringen. Wie vollkommen wäre doch das Leben, wenn am Drachenbootfest, am Mondfest und am Chongyangfest alle Leute Gedichte schreiben und Reiswein trinken würden. Dann würden Ruhe und Frieden wieder die Welt regieren. Er hatte durchaus die Möglichkeit, eine Schule einzurichten. Er bräuchte nur eines seiner Häuser zu stiften und ein weiteres zu verkaufen, um von dem Erlös Tische und

---

[29] Der im 18. Jahrhundert entstandene Roman »Der Traum der Roten Kammer« (Honglou meng), in dem der Autor Cao Xueqin das Bild einer feudalen Familie seiner Zeit zeichnet, gilt als das größte Werk der chinesischen Literatur.

Bänke anzuschaffen. Dies wäre ihm ein leichtes gewesen – für nur zwei Häuser wäre er als jemand, der »sein Haus für eine Schule aufgab«, berühmt geworden.

Aufmerksam lauschte er Fuhais Ausführungen und unterbrach ihn nur, wenn es nötig war, mit einem »Ah« oder »Soso«. Zu Beginn seiner Erklärungen war Fuhai sehr aufgeregt, doch als er sah, wie interessiert Herr Ding ihm zuhörte, zeigte sich ein erleichtertes Lächeln auf seinem Gesicht. Bei sich dachte er: »Wenn man sich nicht selbst zur Apotheke aufmacht, weiß man auch nicht, ob die ›Pillen zur Vollkommenen Genesung‹ wirklich ausverkauft sind.« Fühlte er sich auch ermutigt, so wollte er bei seiner Schilderung auch nicht übertreiben und Herrn Ding einen Schrecken einjagen, denn erstens war er sich seiner Sache selbst nicht ganz sicher, und zweitens war Herr Ding ein Günstling des Himmels mit einem unübertrefflichen Stammbaum.

Als Fuhai geendet hatte, schloß Herr Ding die Augen und dachte nach. Dann öffnete er sie wieder und klopfte sich mit seinem zarten hellen Daumen, an dem ein grüner Jadering – wie ihn die Bogenschützen tragen – steckte, auf den fleischigen Oberschenkel: »Ihr seid ein feiner Bursche – ah –, wollt Ihr nicht eine Schule für mich leiten?«

»Was?« fragte Fuhai erschrocken nach. »Hört erst einmal, was ich Euch zu sagen habe!« Herr Ding lächelte und fuhr hastig fort: »Warum ist das große Qing-Reich ... ah?« Wenn er etwas nur andeuten, aber nicht aussprechen wollte, beschränkte er sich auf ein »Ah«, dessen Bedeutung zu ergründen dann an seinem Gesprächspartner war. »Warum müssen einige Bannerleute, wie derjenige, von dem Ihr spracht – Viel- ..., wie hieß er doch gleich? – sich an die Ausländer hängen? Weil sie die Schule nicht lange genug besucht und das Denken nicht gelernt haben. Wir müssen einfach eine Schule gründen. Ihr werdet sie leiten, Ihr seid genau der Richtige dafür. Hahaha!«

»Ich soll einer Schule vorstehen? Noch nicht einmal von außen habe ich jemals eine Schule gesehen.« Fuhai scheute keine Schwierigkeiten, doch der Gedanke, daß ihm die Leitung einer Schule übertragen werden sollte, verwirrte ihn.

Herr Ding lachte abermals. Die Leute, mit denen er üblicherweise verkehrte, sprachen ganz anders als Fuhai. Was er ihnen auch befahl – selbst wenn er gewünscht hätte, daß sie ihre Ahnen ausgrüben –, stets willigten sie mit gehorsamem Kopfnicken ein, wußten sie doch, daß er seine Aufträge schon bald wieder vergessen würde und die Ahnen nicht in ihrer Ruhe gestört werden müßten. War Fuhai auch recht intelligent, so war er mit Menschen wie Herrn Ding bisher nur selten zusammengetroffen, und es fiel ihm schwer, sich nicht aus der Fassung bringen zu lassen. Herr Ding dagegen hatte seinen Spaß daran, Fuhais Worten zu lauschen, fast so viel Spaß, als äße er ganz einfache Maisbrötchen. »Ihr macht den Eindruck, als könnte man sich auf Euch verlassen, als gelänge Euch alles, was man Euch aufträgt. Überall habe ich gesucht, doch jemanden, dem ich vertrauen kann, habe ich nicht gefunden. Schaut Euch nur meinen Haushälter an: Wenn ich ihm auftrage, ein kleines Kaninchen zu kaufen, dann macht er dabei einen Gewinn, der ausreichen würde, um ein Kamel zu erstehen. Hahaha!«

»Warum entlaßt Ihr ihn nicht aus Euren Diensten?« lag es Fuhai auf der Zunge. Doch er hielt sich zurück, um einem weiteren Heiterkeitsanfall von Herrn Ding vorzubeugen.

»Ich weiß, was Ihr sagen wollt. Vor fünf Jahren war ich drauf und dran, ihn zu entlassen. Doch was hätte ich ohne ihn tun sollen? Wie hätte ich einen neuen Haushälter finden sollen, der ein kleines Kaninchen kauft, ohne einen Profit im Werte von drei Kamelen einzustreichen?

Vergeblich versuchte Fuhai, seine Enttäuschung über Herrn Dings mangelndes Interesse mit einem Lachen zu überspielen. Er kam wieder auf sein Anliegen zurück: »Nun ... Herr Ding, wie können wir Herrn Wangs Angelegenheit regeln?«

»Ach, er ist doch nur ein verkauzter Shandonger!«
Diese Worte verletzten Fuhai, er senkte den Kopf und blieb stumm.

»Was ist denn los?« fragte Herr Ding eilig. Wie ein kleiner Kaiser herrschte er in seinen Gemächern, doch teilte er auch dessen Einsamkeit. Eigentlich war es sein Wunsch, sich um den Staatshaushalt und die Wohlfahrt der Bevölkerung zu kümmern, um – böte sich später einmal die Gelegenheit – ein großer Staatsmann zu werden. Doch als Kind war er verwöhnt und verhätschelt worden und hatte den elterlichen Hof und Garten nicht verlassen dürfen. So glaubte er, Reis und Nudeln, Hühner und Enten, Fleisch und Fisch hätten keinen anderen Ursprung als die große Küche des Anwesens, und frische weiße Lotoswurzeln und saurer Pflaumensaft entstünden in den großen Eiskisten. Die Nöte der einfachen Leute kannte er nicht.

Er war niedergeschlagen und fühlte sich allein. Zu Hause befehligte er ein ganzes Heer von Dienern, und bei Gesellschaften stand er stets im Mittelpunkt. Doch immer waren es dieselben Personen, ewig die gleichen Gespräche. Er sehnte sich nach fremden Gesichtern und ehrlichen Freundschaften und betrachtete neue Bekannte wie einen Schatz, hoffte er doch, daß sie sich zu engen Vertrauten entwickeln würden und daß er bald neue Aspekte des Lebens kennenlernen könne. Wurde ein neuer Gärtner oder Goldfischzüchter eingestellt, dann fanden sie in den nächsten drei oder vier Tagen keine Ruhe. Von morgens bis abends mußten sie ihm von der Kunst des Gartenbaus oder der Fischzucht erzählen. Doch ihre ausgesuchte und kühle Höflichkeit ihm gegenüber stimmte Herrn Ding traurig. Und wenn seine Neugierde erschöpft war, mochte er vom Gartenbau und der Fischzucht nichts mehr hören, und die neuen Bediensteten verrichteten ihre Arbeit ohne seine aufmerksame Begleitung und schauten ihn kaum an – wie Vögel, die kein Interesse an einer fremden Art verspüren.

Nun hatte Herr Ding Fuhai zu seinem neuen Schatz auserkoren. Er war gut gewachsen und ein überzeugender

Redner; war er auch ein Bannermann, so unterschied er sich doch von den anderen Bannerleuten aus Herrn Dings Bekanntenkreis – zumindest von seinem Haushälter. Der trug sommers wie winters stets das selbe lange Gewand, das ihm bis über die Füße hing. Und wenn er ging, tat er dies fast so lautlos wie eine große zweibeinige Katze.

Fuhai fühlte sich in die Enge getrieben. Was konnte er noch tun? Nach langem Überlegen kam er zu dem Schluß, daß er Herrn Dings möglichen Unwillen leicht verkraften könne, denn schließlich war dieser ja nicht sein Vorgesetzter. Fuhai entschloß sich, offen mit ihm zu reden: »Herr Ding, ob Herr Wang nun aus Shandong oder aus Shanxi kommt – er ist einer von uns, und wir dürfen es nicht zulassen, daß die Ausländer ihn schikanieren. Verachtet Ihr denn nicht die Ausländer, die unsere Würde mit Füßen treten?« Nachdem er dies gesagt hatte, war er ein wenig erleichtert. Dies war eine nicht alltägliche Chance, und wenn Herr Ding ihn nicht gleich seines Hauses verwies, konnte er seines Sieges sicher sein.

»Dieser Frechdachs will mich belehren – das geht nicht an«, schoß es dem verblüfften Herrn Ding durch den Kopf. Doch er ließ sich nichts anmerken, hatte er doch eben diesen Frechdachs gerade erst zu seinem neuen Schatz auserkoren und wollte ihn nicht gleich wieder dieser Stellung entheben. »Was kann Haß allein schon bewirken? Ah? Zuerst müssen wir unser Land stärken.« Herr Ding meinte, selbst am besten zu wissen, was für das Land gut sei. Er gehörte nicht zu den Opiumrauchern, wußte er doch von dem Beamten Lin Zexu [30], der von der Regierung vor vielen Jahren den Auftrag bekommen hatte, die Einfuhr von Opium zu verhindern; auch hatte er nie einen Be-

---

[30] Der als gewissenhaft und unbestechlich geltende Lin Zexu wurde im Jahre 1839 als kaiserlicher Kommissar zur Regelung der Opiumfrage nach Kanton gesandt. Er ließ das Opium, das britische Schiffe ins Land bringen wollten, beschlagnahmen und vernichten – eine entschlossene Handlung, die den britischen Behörden einen Vorwand für folgenschwere militärische Unternehmungen (Opiumkrieg 1840–1842) gab.

amtenposten innegehabt und sich nie bestechen lassen. Ganz besondere Freude machte es ihm, Geld auszugeben, und da seine Väter und Vorväter, die den Reichtum angehäuft hatten, längst verstorben waren, konnte er das Geld zum Fenster hinauswerfen, ohne daß ihn jemand zur Sparsamkeit anhielt.

»Herr Ding, gewiß habt auch Ihr von den Plünderungen durch die Boxer gehört.«

Herr Ding war überrascht, daß Fuhai auf dieses Thema zu sprechen kam. Mit seinem Jadering strich er sich über die weichen feinen Härchen auf der Oberlippe, die nur jeden dritten Tag einer Rasur zum Opfer fielen. Er meinte, nur er selbst verstehe es, über nationale und internationale Angelegenheiten zu sprechen. Tatsache war: Viele seiner Freunde und Verwandten gehörten dem Adel an und sorgten dafür, daß er – auch wenn er sich nicht danach erkundigte – von den neuesten Ereignissen im Lande erfuhr. Um die guten Nachrichten ließ er seine Gedanken kreisen, den schlechten aber schenkte er keine Aufmerksamkeit. Dachte er über die Ereignisse nach, so konnte er von sich behaupten, sich um das Land zu sorgen; ließ er die Probleme Probleme sein, so ersparte er sich Aufregungen und brauchte sich keine Gedanken um anderer Leute Angelegenheiten zu machen.

Ein kleiner Bannersoldat sollte sich hüten, mit ihm so mir nichts, dir nichts über wichtige Staatsgeschäfte zu debattieren. Von den Zwischenfällen in den Provinzen, in die die Kirchen verwickelt waren, hatte Herr Ding schon längst gehört, hatte ihnen, da es in Peking bislang stets ruhig geblieben war, jedoch keine Bedeutung beigemessen. Im Gespräch mit Freunden und Verwandten, die hohe mandschurische Posten bekleideten, teilte er deren Verachtung für die Ausländer. Doch im tiefsten Herzen stimmte er mit den begüterten Verwandten überein: »Besser ein paar Beleidigungen hinnehmen als das Vermögen verlieren.« Ausländer waren nur auf ein paar Vorteile aus – sollte man sie ihnen doch gewähren, nichts war leichter als das. Und was die Boxer betraf – wer hätte jemals gedacht, daß sie eine Hungersnot hervorrufen könnten? Herr Ding wies Fuhai in seine Grenzen: »Ich habe davon gehört; sie hätten das nicht tun sollen. Denkt nur, können ein paar Bauern mit ihren Gewehren und Knüppeln den Ausländern den Garaus machen? Ah?« Er trat näher an Fuhai heran, so daß seine Nase fast dessen Stirn berührte, und fragte noch einmal: »Ah, ah?« Fuhai erhob sich eilig, und Herr Ding brach in selbstzufriedenes Gelächter aus. Über welche Macht das Ausland verfügte und wie groß die Macht des Qing-Reiches war, hatte Fuhai noch nicht durchschaut. Daß er jedoch auch seine eigenen Fähigkeiten nicht einschätzen konnte, nahm ihm jede Möglichkeit, mit Herrn Ding zu streiten. So schlug er einen anderen Weg ein: »Herr Ding, Ihr genießt hohes Ansehen, nur Ihr allein könnt uns helfen. Wenn selbst Ihr tatenlos zuseht – wer soll uns arme Leute dann noch retten?«

Fuhais erneuter Vorstoß stimmte Herrn Ding heiter, doch er unterdrückte ein Lachen und schüttelte bedächtig den Kopf: »So etwas bringt viele Ungelegenheiten.« Fuhai spürte, daß dieses Kopfschütteln kein striktes Ablehnen war, und flehte ihn ein zweites Mal an: »So helft uns, helft uns doch!«

»Wie soll ich das wohl tun?«

Fuhai war sprachlos. Er war überzeugt gewesen, daß allein Herrn Dings Erscheinung ausreichen würde, um den Einfluß der Kirche zu bremsen. Doch der machte keinerlei Anstalten, von seiner Macht und seinem Ansehen Gebrauch zu machen. Plötzlich kam Fuhai Herrn Wangs Sohn Shicheng wieder in den Sinn. Er hatte recht gehabt: Wenn die Beamten sich nicht um die Probleme des Volkes kümmerten, mußte das Volk seine Sache selbst in die Hand nehmen. Es gab keine andere Lösung.

»Laßt mich überlegen.« Herr Ding legte die Stirn in Falten: »Ich werde Pastor – wie hieß er doch gleich? – zum Essen einladen. Damit wird die Angelegenheit wohl bereinigt sein! Ah?«

Dieser Vorschlag konnte Fuhai nicht ganz überzeugen, doch gab er sich vorerst damit zufrieden und behielt seine Bedenken für sich: »Ihr habt Eure kostbare Zeit für mich verschwendet.« Er verbeugte sich und hatte es eilig, sich zu verabschieden. Herrn Dings Gemächer waren mit Möbeln aus Mahagoni ausgestattet, die Wände zierten raffiniert aufgezogene Rollen mit Zeichnungen und Kalligraphien berühmter Persönlichkeiten; und in regelmäßigen Abständen kamen junge Diener herein, die den Tee aufgossen und frische Teeblätter brachten. Herr Ding ließ seinen Gästen nur den besten zweifach parfümierten Jasmintee in Schalen aus zartem Jingdezhen-Porzellan servieren. Doch trotz all dieser Annehmlichkeiten fühlte Fuhai sich nicht wohl in seiner Haut. Er wußte Herrn Ding immer noch nicht einzuschätzen und tat sich bei der Wahl seiner Worte schwer. Er wollte sogleich aufbrechen. Waren die Straßen auch laut und schmutzig, stank der überall herumwirbelnde Sand auch nach Pferdeurin – draußen würde er wieder aufatmen können.

Doch Herr Ding wollte ihn noch nicht entlassen. Als Fuhai sich zum Gehen wandte, fragte er ihn: »Was macht Ihr in Eurer freien Zeit? Züchtet Ihr Blumen? Oder Fische? Oder vertreibt Ihr Euch die Zeit mit Grillen?« Bevor Fuhai ihm antworten konnte, setzte Herr Ding zu ausführlichen Erklärungen über die Zucht von Blumen und Fischen an, wechselte dann das Thema und ließ sich über seine weiße Tigerkatze mit den blauen Augen aus. Seine langen Ausführungen ließen erkennen, daß er zu den verschiedensten Gebieten etwas zu sagen hatte, aber doch auf keinem ein Fachmann war. Fuhai beschloß, Herrn Dings Monologe nicht zu unterbrechen und eine passende Gelegenheit zur Flucht abzuwarten.

Es war Herrn Dings Wortwahl, die Fuhai ein wenig befremdete. Er selbst benutzte zwei unterschiedliche Sprachstile: eine einfache Alltagssprache mit ungezählten umgangssprachlichen Ausdrücken und Redensarten, mit Ausdrücken aus dem Anstreicher-Jargon und mandschurischen Worten, die auch von den Chinesen verstanden wurden – sie war natürlich und lebendig und hatte Fuhais Herz erobert. Der zweite Sprachstil war sehr formal und ausschließlich dem Verkehr mit militärischen Vorgesetzten und dem Gespräch beim Empfang von Gästen vorbehalten. Und war Fuhai auch noch niemals beim Kaiser zur Audienz vorgelassen worden, so meinte er doch, daß er sich dieser Sprache bedienen müßte, wenn der Kaiser ihn einmal rufen ließe, um mit ihm die Staatsgeschäfte zu besprechen.

Die Sprache seines Onkels war ihm Vorbild für diesen an steifen Floskeln reichen Stil. Es galt, vornehme Wendungen wie »Euer werter Name« und »Eure teure Residenz« zu wählen und die Sätze mit mandschurischen Ausdrücken wie »Guiniulu« – Offizier – oder »Jizhalan« – Bataillon zu schmücken. Dieser Sprachstil verlangte nicht nur nach einer deutlichen Aussprache, man mußte seinen Worten auch einen melodischen Klang verleihen. Besonders ausgesuchte Höflichkeit ließ sich durch ein von Zeit zu Zeit geäußertes »Richtig, richtig!« zeigen. Für diesen aufwendigen und doch leeren Stil hatte Fuhai nichts übrig – und wenn er ihn doch benutzen mußte, meinte er stets, nicht ganz aufrichtig zu sein. So unpersönlich und kühl war dieser Stil, daß er sich wie ein hölzerner Beamtenjargon anhörte.

Daß Herr Ding nicht in diesen bürokratischen Ton verfiel und auch nicht von dem für Beamte des dritten und vierten Grades typischen leicht säuerlichen Geruch umgeben war, erleichterte Fuhai. Zwei andere Dinge freuten ihn jedoch weniger: Herr Ding gebrauchte viele Ausdrücke, die vor etlichen Jahren in aller Munde gewesen waren, heute aber kaum noch verwendet wurden. Fast meinte Fuhai, in Herrn Dings Stimme die eines alten Mannes zu vernehmen. Verwirrt schaute er ihm ins Gesicht und versuchte, sein wahres Alter zu ergründen. Überdies gefiel es ihm nicht, daß Herr Ding viele, wenn auch nicht grobe, so doch unfeine Ausdrücke in den Mund nahm. Er kam zu dem Schluß, daß möglicherweise der fehlende Kontakt zu Leuten aus der Mittel- oder Unterschicht dazu geführt hatte, daß Herr Ding sich veralteter umgangssprachlicher Ausdrücke bediente. Vielleicht aber konnte er auch mit den Veränderungen der jüngsten Zeit nicht mithalten. Warum ein gebildeter Sohn einer Beamtenfamilie auch unfeine Wendungen gebrauchte, konnte Fuhai sich überhaupt nicht erklären. Wurde die Sprache der mandschurischen Mittelklasse vielleicht immer kultivierter, während die der Oberklasse immer einfacher und ungehobelter wurde? Fuhai fand keine Antwort.

Noch unerquicklicher war, daß Herr Ding in seinen Monologen die Logik vermissen ließ – mitten in seinen Ausführungen über Goldfische wechselte er das Thema: »Wenn der Ausländer meine Einladung annimmt und morgen zu mir kommt, soll er dann durch das Haupttor gehen oder den Hintereingang benutzen?« Fuhai suchte angestrengt nach einer passenden Antwort, doch Herr Ding präsentierte seine eigene Lösung: »Er wird durch die Hintertür gehen müssen. Auf diese Weise haben wir ihn gleich in der Hand. Ich sage Euch: Wenn es hart auf hart kommt, können die rothaarigen Teufel gegen uns nichts ausrichten! Ah?«

Nachdem er Herrn Dings verschlungenen Gedanken für eine Weile gefolgt war, erkannte Fuhai, daß Herr Ding, auch wenn er sich über Belanglosigkeiten ausließ, stets ein paar Bemerkungen von grundsätzlichem Interesse einzuflechten pflegte, um zu zeigen, daß er sehr wohl Wesentliches von Unwesentlichem zu unterscheiden wußte. Auf den ersten Blick wirkte Herr Ding sehr unbefangen, ja sogar naiv, doch wenn es darauf ankam, ließ er sich nicht übervorteilen. Durch den täglichen Kontakt mit hohen Beamten und Adligen hatte er sich ein umfangreiches, aber oberflächliches Wissen aneignen können.

Fuhai jedenfalls konnte diesem übereilten Themenwechsel nichts abgewinnen, und ob der ausländische Teufel nun durch das Haupttor oder die Hintertür gehen sollte, war ihm einerlei. Sein größter Wunsch war es, Herrn Dings Fängen endlich zu entfliehen, denn erstens war ihm nicht recht wohl, und zweitens fürchtete er, daß Herr Ding ihn ein weiteres Mal bitten würde, die Leitung seiner Schule zu übernehmen.

11

Herrn Dings Einladung lag bald in Pastor Nius Händen. Nachdem er in Erfahrung gebracht hatte, welch vornehmen Kreisen Herr Ding angehörte, konnte er seine Aufregung kaum noch zügeln. Als Amerikaner hatte er große Hochachtung vor begüterten Leuten und Millionären, ohne sich jemals Gedanken darüber zu machen, wie ihr Reichtum zustande gekommen war. Wenn daheim jemand an die unstete Vergangenheit seines inzwischen wohlhabend gewordenen Onkels erinnert hatte, widersprach er sofort heftig: »Wozu habt Ihr es eigentlich gebracht? Ihr könnt es ja nicht einmal mit einem Vagabunden aufnehmen!« Pastor Niu mochte die außergewöhnliche Einladung gar nicht aus der Hand legen, und fast hätte er vergessen, daß Herr Ding ein unwürdiger Chinese war. Plötzlich erwärmte ihn ein demokratischer Hauch. Warum sollte ein gelbhäutiger Millionär nicht der Freund eines Weißen werden? Überdies hoffte er, daß Herr Ding ihm Zugang zu den Kreisen hoher Beamter und vornehmer Persönlichkeiten verschaffen konnte. So könnte er vielleicht einige wertvolle Neuigkeiten erfahren, die er an die amerikanische Gesandtschaft weitergeben könnte. Diese Kundschafterrolle würde mit Sicherheit auch seinem eigenen Ansehen zuträglich sein. Rasch befahl er seinen beiden Hausangestellten, seine Schuhe zu putzen und den Umhang zu bügeln, und wählte eine schöne Ausgabe des Alten und Neuen Testaments aus, die er Herrn Ding überreichen wollte.

Mit welcher Absicht Herr Ding ihn zu sich bat, wußte

der Pastor nicht; er war auch nicht gewillt, viele Gedanken darüber zu verlieren. Viel-Auge hätte ihm wohl einen Hinweis geben können, doch kam er nicht dazu, mit dem Pastor über die Sache zu sprechen. Er war sogar noch aufgeregter als dieser: »Pastor Niu, bestimmt werdet Ihr in Haifischflossen schwelgen! Da möchte ich mit Euch wetten!« Viel-Auge konnte den Wohlgeschmack dieser Delikatesse schon auf seinem Gaumen spüren und mußte kräftig schlucken.

Voller Eifer schlug er Pastor Niu vor, ihn zu diesem Ereignis als seinen Leibdiener einzustellen; als solcher würde er eine mit roten Troddeln verzierte Beamtenmütze auf dem Haupte tragen, auf einem großen Schimmel reiten und auf die Geschenke achtgeben. Wäre er selbst zu Pferde, so würde der Pastor eine Kutsche benutzen. »So sollten wir es halten, Pastor Niu. Ich werde eine Sänfte mieten, die Euer würdig sein wird. Darauf könnt Ihr Euch verlassen. Und ist das Anwesen erreicht, werde ich rufen: ›Der ehrenwerte Pastor Niu.‹ Ist meine Stimme nicht wie geschaffen dafür?« An anderen Tagen hätte Viel-Auge es nicht gewagt, in einem solchen Ton mit Pastor Niu zu sprechen. Doch als er spürte, in welche Erregung die Einladung Pastor Niu versetzt hatte und daß er selbst als Begleiter auch eine Rolle spielen würde, wurde er mutig. Standen nicht die Reste eines vorzüglichen Mahls oder zwei Münzschnüre als Geschenk in Aussicht?

»Eine Kutsche?« Pastor Niu verdrehte die Augen.

»Jawohl, eine Kutsche!« Viel-Auge wußte nun plötzlich selbst nicht mehr, was er von seinem Vorschlag halten sollte, und fügte schnell hinzu: »Wenn Herr Ding ausgeht, benutzt er nichts anderes als eine Pferdekutsche – Ihr solltet Euch mit nichts Geringerem zufriedengeben!«

»Wenn er sich schon in einer Kutsche spazierenfahren läßt, so ist nichts unter einer Sänfte meiner würdig.«

An diese Möglichkeit hatte Viel-Auge nicht gedacht, für einen Augenblick war er sprachlos. »Eine Sänfte? Nicht jeder kann sich einfach in eine Sänfte setzen ...«

»Wartet nur ab! Ich werde Euren Kaiser schon dazu bringen, daß er mir eine Sänfte mit acht Trägern schickt.«

»Recht so, Pastor, wie ein Beamter des ersten Ranges müßt Ihr auftreten. Doch vergeßt nicht: Wenn Ihr die rote Mütze tragt, darf auch ich nicht ohne Amtstitel bleiben. Erlaubt, daß ich Euch jetzt schon meinen Dank ausspreche!« Viel-Auge machte eine förmliche Verbeugung.

Pastor Niu gab ihm nur sein »Kachkachkach« zur Antwort.

Nach langer Debatte wurden die beiden sich endlich einig. Der Pastor kam ohne eine Sänfte aus und verzichtete auch auf die berittene Eskorte; lediglich einen ansehnlichen Eselswagen wollte man mieten. Auch Viel-Auge machte Abstriche, denn zum einen war es nicht ausgeschlossen, daß das hohe Roß – wäre es auch ein noch so alter Gaul gewesen – ihn abgeschüttelt hätte; zum anderen hätte der Pastor vielleicht seine Pläne geändert und Viel-Auge seines gerade erst erworbenen Amtes enthoben, wenn dieser von seinen protokollarischen Vorstellungen nicht abgerückt wäre – und dann wären ihm die leckeren Bissen oder die Münzschnüre entgangen.

Das Mahl sollte um elf Uhr mittags beginnen. Eigentlich hatte Pastor Niu sich etwas verspäten wollen, um dem Gastgeber zu zeigen, wie wenig ihm an erlesenen Speisen lag. Doch er hatte sich schon früh von seinem Nachtlager erhoben und sich mit aller Sorgfalt rasiert. Seine Gedanken kreisten um die wertvollen Bilder und Kalligraphien und die von Künstlerhand gefertigten Möbel, die er in wenigen Stunden würde bewundern dürfen. An nichts anderes konnte er denken als an unermeßliche Haufen von Gold- und Silberbarren und in allen Farben schimmernde Perlen. Seine Spannung wuchs so sehr, daß er sich beim Rasieren zweimal in das fleischige Gesicht schnitt.

Vom Jüngeren De, dem Nachtwächter, lieh Viel-Auge sich eine abgetragene Beamtenmütze. Sie war ihm viel zu groß, und sobald er seinen Kopf ein wenig bewegte, verdeckte sie ihm die Augen. Schon früh hatte er sich zur Kirche begeben und das dort vor dem Tor lagernde Landvolk und ein paar Kohleschlacke auflesende Kinder aufgescheucht: »Dies hier ist eine Kirche, hier wird nicht einfach herumgelungert. Beine machen werd' ich euch. Da kommt gleich ein Ausländer heraus, wollt ihr seine Fußtritte zu spüren bekommen?«

Als die Leute verschreckt das Weite suchten, glühte Viel-Auge vor Stolz auf seine Macht und Autorität. Er rief Pastor Nius Burschen herbei: »Ein bißchen Fegen würde dem Vorplatz guttun. Gleich kommt der Pastor heraus... und dann?« Üblicherweise behandelte er Pastor Nius Diener recht gut – und konnte so stets mit einer geschwind aufgetragenen Tasse Tee rechnen. Nun aber zierte eine Beamtenmütze sein Haupt, und er mußte den Pastor zu einem Bankett begleiten – so stand es ihm nur zu, den kleinen Burschen ein wenig zu scheuchen. Ohne ein Wort zu erwidern, schielte der Diener mit dem Weißen seiner Augen auf die Mütze, die ihn an ein Windrad erinnerte.

Als es halb elf schlug, war Pastor Niu angekleidet und bereit zum Aufbruch. Er war ein wenig ungeduldig. Sein Beruf brachte es mit sich, daß er sich tagaus, tagein um arme Glaubensbrüder kümmern mußte. Er verabscheute und verachtete sie, konnte jedoch auch nicht auf sie verzichten, denn sie waren sein täglich Brot. So strafte ihn Gott. Wie sehr beneidete er die Zivil- und Militärbeamten der Gesandtschaften! Ihr Stolz machte sie zu beispielhaften Abendländern. Was für ein Abendländer aber war er? Fast hätte er Gott darum gebeten, daß Herr Ding sein Freund würde und er selbst Zutritt zu den vornehmen und begüterten Kreisen erhielte. Dann wäre er ein gemachter Mann. Er mußte an die vielen billigen »literarischen Werke« denken, die er in seiner Kindheit studiert hatte. Die Abenteuergeschichten und Liebesromanzen zwischen Dienern konnten doch nicht alle erfunden sein. War nicht, nachdem Bursche und Magd geheiratet hatten, aus dem einfachen Mann ein Prinz und die junge Frau die Erbin eines großen Vermögens geworden? Die Geschichten konnten einfach nicht alle erfunden sein.

In diesem Augenblick trat Viel-Auge herein. Der Eselskarren stehe bereit, ob man nun zum Bankett aufbrechen solle? Früher hatte der Pastor auf Viel-Auge stets hinabgesehen, doch heute brauchte er ihn, um sein Mitleid und seine Barmherzigkeit und Gottes Allwissenheit und Allmacht zu zeigen. Als seine Gedanken noch einmal zu den billigen Liebesromanen zurückwanderten, entdeckte er, daß Viel-Auge auch einige liebenswerte Seiten hatte – wie ein lächerlicher und doch possierlicher räudiger Straßenköter, der ein paar menschliche Züge hatte. Ihm gefiel Viel-Auges verschlissene Beamtenmütze. Würde er jemals reich werden – so schoß es ihm durch den Kopf –, würde er ein großes Heer von Untergebenen haben, maßgeschneiderte Anzüge und eine Mütze mit roten Troddeln tragen. Als sein Blick jedoch auf die Mütze auf Viel-Auges Haupt fiel, die ihre besten Tage schon gesehen hatte, brach er in das übliche »Kachkach« aus. Viel-Auge fühlte sich von der unerwarteten Aufmerksamkeit, die ihm zuteil wurde, geschmeichelt. Die Freude darüber ließ seine Knie erzittern, so daß er Mühe hatte zu stehen.

Hoch über der Stadt wölbte sich der klare Herbsthimmel. Gegen elf Uhr hatte die wärmende Sonne den kühlen Tau der Nacht längst getrocknet. Der Nordosten schickte einen frischen leichten Wind, der mit den Sonnenstrahlen spielte.

Leider waren die Straßen damals sehr unwegsam. Zu beiden Seiten senkte sich die Straße manchmal um drei bis vier Fuß. Dort reihten sich übelriechende Schlammlöcher aneinander. Wenn das Unglück es wollte und der Wagen umkippte, brachen sich die Passagiere entweder fast das Genick oder landeten in den ungezählten schlammigen Pfuhlen. War die Straße in der Mitte auch eben, so war sie doch mit einer dicken Schicht von Staub und Schmutz bedeckt; allein wenn der Kaiser mit seinem Gefolge eine Prozession abhalten wollte, wurden die Straßen mit Wasser gesprengt und die Löcher mit Ton ausgebessert, so daß sie sich für drei bis fünf Stunden seiner würdig erwiesen.

Der Eselskarren, den Viel-Auge für den großen Auftritt geliehen hatte, war recht ansehnlich. Aus Furcht, daß im letzten Augenblick vielleicht kein schöner Wagen mehr aufzutreiben wäre, hatte er ihn schon am Vortag bestellt.

Ehrfürchtig nahm er Pastor Niu die Bibel ab und wollte ihm auf den Wagen helfen. Doch der Pastor wollte nicht im Wagen, sondern auf dem Kutschbock sitzen.

»Pastor, Pastor Niu! Ich bitte Euch: Kein Leibdiener nimmt im Wagen Platz, während sein Herr auf dem Kutschbock balanciert. Das verstößt gegen den guten Ton.« Viel-Auge war die Sache bitterernst.

Der Pastor hatte keine andere Wahl, als in den Wagen zu klettern. Viel-Auge schwang sich behend auf den Kutschbock. Für ihn war die Welt im Lot, denn sein sehnlichster Wunsch war in Erfüllung gegangen: Er war Bediensteter eines Ausländers.

Kaum setzte sich das Gefährt in Bewegung, gab es einen dumpfen Knall, der von einem kurzen Schrei gefolgt wurde. Auf des Pastors Stirn begann sich eine Beule zu wölben. Als Viel-Auge den Karren aus vielen dicht aneinandergereihten Wagen ausgesucht hatte, hatte er nicht bemerkt, daß zu dem Wagen seiner Wahl ein lahmender Maulesel gehörte. Bis dieses angeschlagene Tier nun seinen Rhythmus gefunden hatte und mit stetem Schritt seine Last ziehen konnte, verging eine ganze Weile. Vorher wurde der Pastor noch so heftig hin und her geschüttelt, daß er den Halt verlor und mit dem Kopf hart an die Innenwand des Wagens stieß.

»Alles in Ordnung! Alles in Ordnung!« lachte der Kutscher. »Bleibt lieber still sitzen! Auf der Straße wird es besser werden. Macht Euch keine Sorgen um sein lahmes Bein, einige Dutzend Li machen ihm nichts aus. Ihr werdet sehen: Je länger wir unterwegs sind, desto schneller und ruhiger wird er.«

Der Pastor hielt sich den Kopf, und Viel-Auge verlegte

seinen Sitzplatz ins Wageninnere. Beide schwiegen. Schon bald fuhren sie auf der Straßenmitte. Der Wagen war eng, so daß Pastor Niu seine Beine nicht ausstrecken konnte. Zuerst hielt er sie gekreuzt, krallte sich mit der einen Hand an der Bodenmatte fest und hielt sich mit der anderen den schmerzenden Kopf; nachdem er eine Weile so verharrt hatte, versuchte er, ein Bein auszustrecken. In diesem Augenblick aber schwankte der Maulesel aus unerfindlichen Gründen hinab zum Straßenrand, so daß Pastor Nius Bein nach vorn schnellte. Viel-Auge war gerade voller Stolz damit beschäftigt, seine Beamtenmütze zurechtzurücken, so daß die Leute auf der Straße seine erhabene Erscheinung auch bewundern konnten, als er meinte, ein Geschoß oder eine Streitkeule hätte seine Lenden getroffen. Doch bevor er Zeit fand, seinem Schmerz mit einem »Au weh« Luft zu machen, sauste er in hohem Bogen geradewegs auf ein stattliches Schlammloch zu. Er versuchte noch, seine Flugbahn zu verändern, doch ehe er sich versah, saß er genau in der tiefsten Stelle des schmutzigen Pfuhls. »Zur Hilfe, zur Hilfe!« rief er zu Tode erschrocken. Mit vereinten Kräften zogen ihn ein paar Passanten an Land. Pastor Niu ergriff die Gelegenheit, den frei gewordenen Platz auf dem Kutschbock zu besetzen. Als die Helfer ihn sahen, stießen sie Viel-Auge kurz entschlossen wieder in seine Pfütze zurück. Einem Speichellecker, der einem Ausländer zu Diensten war, wollten sie nicht helfen. Pastor Niu ermahnte den Kutscher zur Eile. Nach erbittertem Kampf mit dem Morast gelang es Viel-Auge, dem verhängnisvollen Loch zu entsteigen. Er war über und über mit Schlamm bedeckt. Die Beamtenmütze in der Hand, machte er sich, Verwünschungen ausstoßend, auf den Heimweg.

Vor Herrn Dings Anwesen hatten sich schon etliche elegante Wagen mit schmucken Mauleseln eingefunden. Eigentlich hatte Herr Ding den Pastor durch die Hintertür eintreten lassen wollen, um den arroganten Ausländer zu demütigen, doch die weiblichen Familienangehörigen hatten ihn angebettelt, einen heimlichen Blick auf den »ausländischen Bonzen« werfen zu dürfen. Die Bezeichnung »Pastor« war ihnen fremd, und nur schwach erahnten sie, was sie mit einer Religion verband. So hatten sie ihn »ausländischer Bonze« getauft. Herrn Ding gefiel diese Idee, und er gewährte Pastor Niu den Eintritt durch das Haupttor; dieser freute sich über das öffentlich gewonnene Ansehen, wußte er doch nicht um das heimliche Kichern über den »großen Affen«.

Ein junger Diener von vielleicht dreizehn oder vierzehn Jahren geleitete den Pastor in den Hof. Sein langes, ungefüttertes Gewand, das ihm bis zu den Füßen reichte, ließ ihn sehr erfahren wirken, konnte aber den Lausbuben in ihm nicht ganz verbergen. Pastor Nius helle Augen spähten hierhin, lugten dorthin – er hielt den Atem an: Vor ihm erhob sich eine mit Reliefs reich verzierte Wand, die den äußeren Hof von den inneren Höfen trennte. In ihrer Mitte hing – in Holz gerahmt – ein großer Bogen roten Papiers, auf dem zwei schwarze Zeichen prangten. An den Seiten gaben weite Türen den Blick in die inneren Höfe frei. Pastor Niu wußte weder das wunderschöne Relief zu schätzen, noch konnte er die von geübter Hand kalligraphierten Zeichen lesen, doch vage spürte er eine ihm fremde Erlesenheit. Er befand sich im Anwesen eines Millionärs.

»Bitte tretet ein!« sagte der junge Diener mit einer Stimme, die weder laut noch leise war und keinerlei innere Beteiligung erkennen ließ, und ging auf die linke Tür zu. Ihre Schwelle war recht hoch. Da der Pastor jedoch nur Augen für die reichen Verzierungen über ihm hatte, versäumte er es, nach unten zu schauen, und stieß mit den Schuhen an die Schwelle, was ihren polierten Spitzen ein paar gehörige Kratzer einbrachte.

Diesen Hof teilte ein gepflasterter, schmaler Weg. Seine Seiten zierten bunte Kieselsteine, zwischen denen sich flaches Moos zu behaupten wußte. In alle vier Wände des Hofes waren runde »Mondtore« eingelassen, und auf den Mauerkronen wuchs zartgrüner Bambus. Hinter dem offenstehenden Mondtor auf der rechten Seite erhob sich ein kleiner künstlich angelegter Berg, der einen weiteren Hof verbarg. Von dorther scholl helles Frauenlachen herüber. Pastor Niu blickte den Diener an und meinte für einen Moment, in seinen Augen ein leichtes Zwinkern – weise und spitzbübisch zugleich – entdeckt zu haben.

Einmal mehr gelangten sie an eine – diesmal recht zierliche – Tür, deren Verzierungen und Bemalung den Schmuck der ersten Tür noch übertrafen. Durch sie trat man in einen ausgedehnten Hof, den rechts und links elegante Wandelgänge begrenzten. Hierhin drang keines Menschen Stimme, nur vom breiten Dachvorsprung des nach Süden ausgerichteten Hauptraums des Anwesens klang aus einem Vogelkäfig das Lied einer einsamen Singdrossel. Vor dem nördlichen Gemach reckten sich zwei Zierapfelbäume, die zahllose rosafarbene Früchte trugen. In ihrem Geäst haschte eine Katze mit samtigem, weißem Fell nach einer Feder, doch als sie die sich nähernden Schritte vernahm, huschte sie eilig davon.

Der Diener geleitete Pastor Niu an der nordöstlichen Ecke des Hauptraumes vorbei in einen Hinterhof, wo sich im Schatten eines üppigen Bambusstrauchs eine unscheinbare Tür verbarg. Hinter ihr erstreckte sich ein weiter Garten, über dem der Duft von Jasmin lag. Vom Haupttor bis hierher – so schätzte der Pastor – hatten sie bestimmt einen Li zurückgelegt. Unweit der Tür ruhte auf weißem Marmor ein Stein, den man jahrzehntelang im Taihu-See versenkt hatte, um ihm seine schlanke, wunderschöne Form zu geben. In der Ferne lag ein kleiner Hügel, der sich bizarr in die Höhe reckte. An seinen Hängen kletterten sonderbar geformte Steine, die man wie zufällig dort gruppiert hatte, empor. Auf seinem kleinen Gipfel wuchsen Büsche und Blumen, und in der Mitte erhob sich ein strohgedeckter Pavillon, von dem der Blick bis zu den Bergen im Osten und den Höhen im Norden reichte. Am Fuße des Hügels erstreckte sich ein Lotos-Teich; ein paar welke Lotosblätter trieben kraftlos auf dem Wasser, doch es zeigten sich bereits einige Knospen, die nur darauf warteten, sich in ihrer ganzen Pracht entfalten zu können. Der Diener führte Pastor Niu auf einem gewundenen, moosbedeckten Pfad an dem Teich vorbei auf die Rückseite des Hügels, wo eine Weißkiefer ihre Äste schützend über ein großzügiges Gartenhaus legte. Den Eingang schmückten je zwei goldene und silberne Schalen mit Jasminsträuchern, die in voller Blüte standen.

»Pastor Niu!« rief der Diener. Auf ein leichtes Husten aus dem Inneren des Gartenhauses schlug er einen Vorhang beiseite, der als Tür diente, und bat den Pastor einzutreten. Dann ging er zur Kiefer hinüber und wartete – an ihrer hellen Rinde kratzend – auf eine Anweisung.

Pastor Nius Blick fiel auf Möbel aus duftendem Nanmu-Holz mit blauen und grünen Verzierungen. Eine Tafel – ebenfalls aus Nanmu-Holz – schmückte ein von oben nach unten in grünen Zeichen geschriebener zweizeiliger Spruch. Auf den Tischen und Anrichten stand blau-weißes Porzellan; aus einer kleinen Vase schauten zwei rote Herbstrosen hervor. Wie enttäuscht war der Pastor, nachdem er alles in Augenschein genommen hatte: von goldenen Tellern und silbernen Schalen keine Spur.

Herr Ding und zwei Scholaren der Kaiserlichen Akademie bewunderten gerade einen antiken Tuschestein. Als der Gastgeber Pastor Niu erblickte, legte er zum Gruß seine Hände in Brusthöhe übereinander und rief: »Pastor Niu! Ich bin Ding Lu. Nehmt bitte Platz!« Dieser hatte sich noch nicht gesetzt, da fügte der Gastgeber hinzu: »Ah, erlaubt mir, daß ich vorstelle: Dies ist Lin Xiaoqiu, und das ist Na Yusheng. Beide sind Mitglieder der Kaiserlichen Akademie. Nehmt Platz, nehmt Platz!«

Beide Scholaren – einer groß, der andere klein; einer dick, der andere dünn; einer Mandschu, der andere Chinese – trugen einen spärlichen Bart. Der chinesische Scholar war von Natur ein wenig scheu, doch Herrn Dings Einladung hatte er nicht ausschlagen mögen – auch wenn er über Pastor Nius Anwesenheit alles andere als erfreut war.

Der mandschurische Scholar war von gedrungener Gestalt. Seine Ahnen hatten das Chinesische Reich erobert, und er war beileibe nicht so schüchtern wie sein chinesischer Kollege. Er selbst hatte so viel chinesische Kultur aufgesogen, daß er sogar in die Kaiserliche Akademie aufgenommen worden war. Er betrachtete sich als Günstling des Himmels und meinte, daß ein so vielversprechendes musisches Talent wie er es mit jedermann aufnehmen könne. Alle Bewohner dieser Erde – einschließlich der weißhäutigen und blauäugigen – betrachtete er als Unterlegene. Um die wahre Macht des Westens wußte er nicht – daß man sich vor den ausländischen Gewehren und Kanonen in acht nehmen mußte, hatte jedoch auch er erkannt, und so stand er den »Fremden Teufeln« nicht ohne Furcht gegenüber. Auch die Fremden Teufel aber waren nur Fremde: Wie furchterregend sie auch schienen, sie waren doch alle Barbaren. Man brauchte ihnen nur einige bedeutungslose Zugeständnisse zu machen, ein wenig nett zu ihnen zu sein, und schon konnte man mit ihnen in Frieden und Eintracht leben. Und wenn es doch zu einem Zweikampf mit ihnen käme, würde er, selbst wenn ihn die Angst packen würde, die Fremden Teufel schon zu bändigen wissen.

Der mandschurische Scholar starrte auf Pastor Nius Waden, um zu überprüfen, ob Fremde Teufel wirklich so stockgerade Beine hatten, wie man ihnen nachsagte. Träfe dies auf alle Ausländer zu und könnten sie sich – einmal gestürzt – ohne fremde Hilfe nicht wieder erheben, hätte man leichtes Spiel mit ihnen. Man bräuchte ihnen nur mit einer Bambusstange in die Knie zu stoßen, und schon würden sie umfallen – sich ihrer zu bemächtigen wäre dann so einfach, wie einen auf dem Rücken liegenden Käfer zu fangen. Zur Enttäuschung des mandschurischen Scholaren waren Pastor Nius Beine jedoch alles andere als stockgerade. So wandte er sich wieder dem antiken Tuschestein zu.

»Welcher Stein eignet sich in Eurem Land am besten als Tuschestein?« fragte er den Pastor, um zu zeigen, daß er sich von einem Ausländer nicht einschüchtern ließ.

Lange sann der Pastor nach einer Antwort. Da ihm die passenden Worte jedoch nicht einfallen wollten, beschränkte er sich zunächst auf ein »Kachkach«. Doch plötzlich hatte er eine Idee: »Wieviel ist dieser Stein wert?« fragte er Herrn Ding.

»Das Antiquitätengeschäft Zhenxiuzhai hat ihn mir geschickt. Sie verlangen achtzig Taels[31], meinen Preis habe ich noch nicht genannt. Verehrter Yu, sagt Ihr, wieviel er wert ist!« Herr Ding gab die Frage an den mandschurischen Scholaren weiter.

»Gebt ihnen fünfzig Taels, das ist ein guter Handel!« sagte dieser, und um seinen chinesischen Kollegen nicht zu übergehen, fügte er hinzu: »Wie ist Eure werte Meinung, lieber Qiu?«

Herr Qiu wußte, daß er selbst diesen Stein für nur zehn Taels würde kaufen können. Da er mandschurischen Bannerleuten jedoch nicht zu einem guten Geschäft verhelfen wollte, nickte er zustimmend.

Auf Pastor Nius Nase zeigten sich feine Schweißtröpfchen. Er meinte, einen großen Fehler gemacht zu haben. Es gab doch wirklich Leute, die bereit waren, für ein zerbrochenes Stückchen Stein fünfzig Taels auszugeben. Warum hatte er nicht schon früher die Bekanntschaft dieser Herren gemacht, sondern seine Zeit für Habenichtse wie Viel-Auge verschwendet? Er beschloß, die neuen Bekannten für seine Pläne zu gewinnen – auch wenn es ihn ein paar Verbeugungen kosten würde. Hatte er das Geld erst einmal in der Tasche, blieb immer noch Zeit, ihnen seine Verachtung zu zeigen. Jetzt aber galt es, ihre Gunst zu erwerben. Während er sich einen Plan zurechtlegte, drang ein leises Klappern an sein Ohr. Er warf einen

---

[31] Alte chinesische Münzeinheit.

schnellen Blick in das angrenzende Gemach und sah, daß ein taoistischer und ein buddhistischer Mönch am Fenster saßen und miteinander Go spielten. Sie waren so vertieft in ihr Spiel, daß sie seine Anwesenheit gar nicht zu bemerken schienen.

Der buddhistische Mönch hatte die Fünfzig schon überschritten. Die hochgeschlossene, graue Kutte konnte seine auffallende Erscheinung nicht verbergen. Sein Kopf war kahlrasiert, die Stirn glänzte; sein Gesicht war bar jeder Falte. Die Mütze und das Gewand des taoistischen Mönchs waren von größter Kostbarkeit, auf seiner gelben Haut lag ein heller Schimmer. Und obwohl sein voller, langer Bart schneeweiß war, schien auch er noch keine fünfzig Jahre alt zu sein.

Pastor Niu packte die Wut. Er und seine Glaubensbrüder wußten, daß außer ihrer eigenen Religion kein anderer Glaube – auch nicht der mosaische und der katholische – den Namen »Religion« verdiente. Buddhismus und Taoismus aber waren Hexenzauber, denen man den Garaus machen mußte. Und Herr Ding besaß die Frechheit, die Vertreter dieses Hokuspokus mit ihm zusammen zum Essen einzuladen. Damit beleidigte er ihn und lästerte den Herrn. Pastor Niu beschloß, auf die zu erwartenden Köstlichkeiten zu verzichten, sich auf der Stelle zu verabschieden und so den verblüfften Gastgeber sein Gesicht verlieren zu lassen.

Eine junge Magd trug ein blaues Lacktablett mit einer Schüssel aus blau-weißem Porzellan herein, deren Inhalt durch einen Deckel verborgen war. Mit gesenktem Kopf stellte sie die Schüssel neben Pastor Niu auf ein kleines Tischchen und schwebte lautlos davon.

Pastor Niu hob den Deckel an. In der Schale schwammen ein paar lange grüne Teeblätter. Er war es jedoch gewohnt, schwarzen Tee mit viel Sahne und Zucker zu trinken, und wußte grünen Tee nicht zu schätzen. Im Gegenteil, er empfand ihn als weitere Beleidigung und hatte es nun noch eiliger, sich zu verabschieden.

»Neue Gäste!« ertönte die Stimme des jungen Dieners.

Herein traten zwei lamaistische Priester. Ihre leuchtend roten Gesichter, die Roben aus Atlas, die bei jeder Bewegung raschelten, und die bestickten Mützen und Beutelgurte verliehen ihnen Glanz und Farbenpracht.

Nun konnte Pastor Niu nicht mehr ruhig sitzen bleiben. Es war nicht nur die Wut, die an ihm nagte, auch die Angst ergriff ihn jetzt. Waren diese Verfechter des Irrglaubens zusammengekommen, um über Religion zu sprechen? Was sollte er tun? Er wußte ja selbst, daß es mit seiner Bildung nicht weit her war und daß er es gerade mit Viel-Auge aufnehmen konnte.

Einer der beiden lamaistischen Mönche war recht wohlbeleibt. Seine gedämpfte Stimme und das ewige Lächeln, das seine Mundwinkel umspielte, waren Zeichen seiner Vergeistigung. Sein Glaubensbruder hingegen war lebhafter und sprach mit voller Stimme. Kaum hatte er den Raum betreten, rief er schon: »Herr Ding, nach dem Mahl werde ich Euch zu Ehren die Oper ›Yang Liulang enthauptet seinen Sohn vor dem Tor des Yamen‹ zum besten geben.«

»Vortrefflich«, antwortete Herr Ding hocherfreut, »ich werde die Rolle des Jiao Zan singen. Was haltet Ihr davon? Wunderbar, doch nun laßt uns erst speisen.« Und zum Garten gewandt, rief er: »Die Herrschaften sind bereit. Tischt auf!«

Von dort erwiderte der junge Diener: »Ja, Herr, es ist angerichtet.«

»Wenn ich bitten darf!« Herr Ding bat zu Tisch.

Als der Pastor hörte, daß man sich zu Tisch begeben wollte, beschloß er – war sein Ärger auch nicht ganz verflogen –, den Besuch bei Herrn Ding nun doch nicht so jäh zu beenden. Er würde die Führung des auserwählten Zuges übernehmen und die buddhistischen, taoistischen und lamaistischen Mönche und die Scholaren der Kaiserlichen Akademie hinter sich lassen. Da ertönte Herrn Dings Stimme: »Nur zu, nur zu! Abt Li ist der Älteste in unserem Kreis, bitte sehr.«

Die Regeln der Bescheidenheit auf ein Mindestmaß beschränkend, schritt der taoistische Mönch hinaus. Schnell eilte der junge Diener herbei, um ihn zu stützen. Herr Ding lachte: »Abt Li zählt nun schon achtundneunzig Jahre und ist noch so rüstig.«

Pastor Niu fuhr zusammen. Gar keine Frage, sein jugendliches Aussehen hatte der taoistische Mönch der schwarzen Magie zu verdanken.

Der buddhistische Mönch wartete nicht ab, daß Herr Ding ihn zu Tisch bat, sondern folgte seinem taoistischen Kollegen auf dem Fuße. Er wurde als nächster vorgestellt: »Dies ist Meister Yuelang. Er ist nicht nur ein großer Gelehrter und ein kultivierter Herr, sondern auch ein großer Musiker, Schachspieler, Kalligraph und Maler.« – »Das wird ein schwer verdauliches Mahl geben«, dachte der Pastor, als auch die beiden Scholaren und die zwei lamaistischen Mönche sich in Bewegung setzten. Er kräuselte die Stirn – Herr Ding aber lächelte zufrieden. Gerade als auch der Pastor sich zur Tafel begeben wollte, trat Herr Ding einen Schritt vor: »Ich zeige Euch den Weg.« Wie gern hätte Pastor Niu ihm einen Fußtritt verpaßt. Da er nach so langer Zeit des Wartens aber nicht mehr auf die erlesenen Speisen verzichten mochte, fand er sich damit ab, die Nachhut zu bilden.

Die Tafel war unweit vom Gartenhaus in einem runden Pavillon gedeckt. Früher war er offen gewesen; später hatte man Glasscheiben eingelassen, so daß man auch an sonnigen Wintertagen dort verweilen konnte. Dies war der Ort, an dem Herr Ding bisweilen Zuflucht vor sich und der Welt suchte. Und konnte er selbst hier keine Ruhe finden, so standen doch genug kleine Dinge herum, mit denen er um sich werfen konnte. Die gesamte Einrichtung stammte aus dem Westen: die Standuhr, die Lampe, die Porzellanfiguren. Den Boden bedeckte ein Teppich aus dem Abendland.

Nachwort

Niemand kann bestreiten, daß Peking ein Meisterwerk geheimnisvollen Schaffens ist. So richtet sich der dreifache Plan seiner Städte nicht nach den Gesetzen eingeschlossener Menschenmassen noch nach den Wohnbedürfnissen von Leuten, die essen und sich vermehren. Die Hauptstadt des größten Reiches unter dem Himmel ist um ihrer selbst willen gewollt – gezeichnet wie ein Schachbrett, ganz im Norden der gelben Ebene, umgeben von geometrischen Wällen, durchzogen von breiten Straßen, in rechten Winkeln zerschnitten von Gassen und dann gebaut in einer einzigen monumentalen Anstrengung.« So beginnt Victor Ségalen (1878–1919) in dem posthum 1921 veröffentlichten Roman »René Leys« seinen Lobgesang auf das alte Peking, in welchem er u. a. als Arzt von 1909 bis 1914 tätig gewesen war und in den Jahren 1913/14 mit diesem Werk einen sehnsuchtsvollen Rückblick auf den Vorabend der Revolution von 1911 geworfen hatte. Sicherlich war er nicht der erste, der Peking »liebte«, aber vielleicht war er der erste Schriftsteller, der dies in einer großen literarischen Vision äußerte.

Der eilige Wanderer, den es heute – wer weiß warum – durch Peking treibt, wird diese »Liebe« wenig nachvollziehen, denn die Stadt wird seit langem nicht mehr geliebt, statt dessen Stück um Stück um die Sehenswürdigkeiten herum abgetragen und nach der jeweiligen Mode durch schlecht imitierte Narreteien aus dem Westen ersetzt. So blicken seit den 50er Jahren finstere Gebäude sowjetischer Machart mit blinden Fenstern und zerschlagenen Türen auf den melancholischen Betrachter, die 80er Jahre wissen mit riesigen Staubfängern in Leichtbauweise zu erschrecken, wo ab und zu ein Fahrstuhl oder ein Licht funktioniert, und die 90er Jahre machen sich auf die international gelackte und unterschiedslose Manier als Hotel, Handelszentrum oder Bank breit. China ist das nicht oder nur, soweit es nicht so arbeitet, wie es der Schein vorzugeben bemüht ist.

Und dennoch hat es die »Liebenden« gegeben, aber man hat ihnen ihre Liebe zu nehmen versucht. So zum Beispiel dem im deutschen Sprachraum neben Lu Xun (1881–1936) bekanntesten und am meisten übersetzten chinesischen Schriftsteller des 20. Jahrhunderts Lao She (1899–1966). Sein Frühwerk, das gleichsam mit dem auch international erfolgreichen großen Roman »Der Rikschakuli« (1936/37, deutsch 1987) abschließt, ist ganz dem heute versunkenen Peking gewidmet. Der Humor, der hier bei aller Kritik an den damaligen Zuständen liebevoll und spöttisch waltet, ist im modernen China nicht selbstverständlich. Die Revolution von 1911 und die Studentenbewegung vom 4. Mai 1919 hatten sich, angesichts der gescheiterten Reformversuche von 1898; die Zerschlagung des alten China vorgenommen, die Durchführung oblag letztlich der Kommunistischen Partei, die sich dabei gern auf eine These von Lu Xun berief: Auch im Wasser gehört ein Hund weiter geprügelt. Da war weder Platz für das von Lin Yutang (1895–1976) geforderte Fairplay noch für den Humanismus des von Lao She vertretenen Humors, sondern nur für einen Haß auf alles vermeintlich Alte und Überlebte. Wiewohl dieser Haß oft nachvollziehbar und mitunter gerechtfertigt war, so war er dennoch in seiner Konsequenz und in seiner bis heute propagierten Gültigkeit überzogen. Als moralisch verstandener Klassenkampf zwischen Gut und Böse richtete er sich nach 1949 u. a. auch gegen die Literaten.

Es wäre falsch, die gescholtenen Schriftsteller immer nur als Opfer zu verstehen, sie haben sich oft selbst zum Opfer gemacht. Lao She ist da ein gutes Beispiel. Während einer kurzen Phase seines Lebens, vermutlich zwischen 1922 und 1931, ist unser Autor Christ gewesen und hat sich, beeinflußt vom Neuen Testament, das Pseudonym gegeben, unter welchem er heute bekannt ist. Lao She heißt nicht – wie oft zu lesen – »Alte Hütte«, sondern das Zeichen *she* – im dritten, nicht im vierten Ton zu lesen – ist die Verkürzung aus den beiden Zeichen *she yu*, was soviel bedeutet wie »Das Ich fahren lassen«. Das Binom *she yu* ist nun nichts anderes als die Aufspaltung des eigentlichen Familiennamens Shu in die besagten zwei Bestandteile. Shu Qingchun, so der bürgerliche Name des Autors, hat sich im Alter von 23 Jahren in einer Art jugendlicher Selbstüberhebung mit Jesus verglichen und seine künftige Aufgabe folgendermaßen umrissen: »Jesus hatte nur ein Kreuz zu tragen, aber ich, bereit zum Opfer, trage deren zwei: das eine ist die Zerstörung der alten Welt, das andere der Aufbau einer neuen.« Sichtbare Form nimmt diese Opferbereitschaft erst nach 1937 an, als Lao She im Rahmen des Antijapanischen Widerstandskrieges (1937–1945) meinte, von seinem Metier der Erzählkunst Abstand nehmen und sich dem Theater als Agitationsform bzw. der Organisation von Kunst verschreiben zu müssen. Das Ende des Krieges hat all seine Propagandastücke überflüssig gemacht.

Lao She hat sich einmal als »Spezialist für verpaßte Revolutionen« bezeichnet: zur Zeit der Studentenbewegung vom 4. Mai 1919 war er unbeteiligter Zuschauer, Mitte der 20er Jahre weilte er als Lektor für Chinesisch an der School of African and Asian Studies in London (1924–1929), vor dem Sieg der Kommunisten im Bürgerkrieg gegen Chiang Kai-shek (Jiang Jieshi) und die Kuomintang (Guomindang) hielt er sich zu Gastvorträgen in den USA auf (1946–1949). Dennoch hat er, der sich letztendlich als unpolitischer Schriftsteller verstand, es als seine Pflicht angesehen, der von höchster Stelle geäußerten Bitte nach einer Rückkehr aus den USA unverzüglich nachzukommen und sich im Sinne der Tagespolitik erneut hauptsächlich als Stückeschreiber und in hohen Ämtern als Verwalter von Literatur einspannen zu lassen. Im Gegensatz zu anderen Kollegen seiner Generation ist Lao She nach 1949 nicht verstummt, ganz im Gegenteil ist er wie kaum ein anderer Schriftsteller seiner Zeit produktiv tätig gewesen. Dabei ist ihm das Wunder gelungen, neben einer Fülle von Auftragsarbeiten zwei Werke geschaffen zu haben, die ihn zu Recht überdauern werden. Das Stück »Das Teehaus« (1957), das im Jahre 1980 auf einer Tournee des Pekinger Volkstheaters auch in der Bundesrepublik zu sehen war, ist nicht nur das beste Beispiel für gelungenes chinesisches Sprechtheater im 20. Jahrhundert, sondern vielleicht auch dank seiner Geschlossenheit und Suggestivität das perfekteste Kunstprodukt, das einem Chinesen in diesem Jahrhundert gelungen ist.

Das zweite hier zu nennende Werk ist der autobiographisch angelegte Roman »Sperber über Peking«, mit welchem der Autor in den Jahren 1961/62 zu seinem eigentlichen Metier zurückzukehren gedachte. Mit nur elf Kapiteln blieb der Roman, in einer ganz kurzen Phase gewisser künstlerischer Freiheit begonnen und alsbald unterbunden, ein Torso; als solcher signalisiert er die Problematik der Opferideologie des Autors: Lao She hat eine alte Welt zerstört, die ihm Kreativität erlaubt hatte, er hat eine neue mit aufbauen helfen, die ihn nicht nur geistig, seelisch und zu guter Letzt körperlich vernichtet hat, sondern vielleicht schlimmer noch auch zum Narren werden ließ. Aus heutiger Sicht sind all die Ergebenheitsadressen der 50er Jahre, u. a. an Stalin, leicht zu kritisieren, doch man sollte diese selbst bei liebgewonnenen Schriftstellern aus China nicht länger verschweigen, weil man damit auch einen wesentlichen Aspekt unterschlüge, nämlich den des Selbstbetruges bzw. der Torheit.

»Was die Partei sagte, glaubte er.« So ist von der in Peking lebenden Familie zu erfahren. Sie weiß auch von einem seiner letzten Sätze zu berichten. Nachdem Lao She von den Rotgardisten am 23. August 1966 öffentlich gedemütigt und blutig geschlagen worden war, suchte er sich und seine Frau mit folgenden Worten zu trösten: »Das

Volk versteht mich! Die Partei und der Vorsitzende Mao verstehen mich! Und der Ministerpräsident Zhou Enlai versteht mich am besten!« Es ist belegt, daß keiner ihn verstanden hat, und niemand wird ihm verzeihen können, daß er sich im Jahre 1966 in der Aprilausgabe der Literaturzeitschrift *Beijing wenyi* mit einem Sprechgesang auf »Die Schweinezucht von Chen'gezhuang« künstlerisch folgendermaßen verabschiedet hat. Ein Auszug:

> Liebt die Schweine, liebt sie heiß,
> Seid euch nicht zu schade.
> (...)
> Scheißt eins trocken, liegt's faul rum,
> Holt 'nen Arzt, ja holt ihn schnell.
> (...)
> Eilt voran, studieret gut,
> Hoch das Banner Maos.

Am 24. August 1966 ging Lao She mit den eigenhändig kalligraphierten Gedichten des Mao Zedong in der Hand ins Wasser. Statt am Morgen, wie von den Rotgardisten gefordert, sich im Schriftstellerverband erneut zu einer Kritik einzufinden, hatte er sich in den damaligen Jishuitan-Park vor das Stadttor Deshengmen begeben und einen ganzen Tag regungslos an den Ufern des Taipinghu verbracht. Hier im Norden von Peking war er einst Anfang der 20er Jahre als Schulrat tätig gewesen, und nicht weit von seinem Büro entfernt hatte in einem der Göttin der Barmherzigkeit gewidmeten Heiligtum die Mutter ihren Lebensabend verbracht. Man fand die Leiche am nächsten Tag und mit ihr die Gedichte des Mao Zedong, die Blatt für Blatt auf dem Wasser trieben. Sie wurden genausowenig der Familie überlassen wie später die Asche des Verstorbenen. Die Literaturkritik interpretiert die Form des Todes im Rahmen der chinesischen Tradition: Wie einst Qu Yuan (ca. 332–295 v. Chr.) sei auch Lao She zum Zeichen der Loyalität gegenüber dem Herrscher in den Tod gegangen. Aber vielleicht handelt es sich hier um mehr als nur eine letzte Demutsgeste. Lao She war als Über-Jesus aufgebrochen, seine Ideologie von den beiden Kreuzen mußte er als Maxime der Kulturrevolution wiedererkannt haben, allerdings zu den vier Zeichen *po jiu li xin* (das Alte zerstören, das Neue errichten) verkürzt und frei vom christlichen Rahmen. Manche Verse des Mao Zedong geben das Objekt der Zerstörung erschreckend deutlich zu erkennen. »Es gilt, alle Schädlinge auszurotten, / Bis befriedet die ganze Welt.« So oder ähnlich ist in faschistoider Manier des öfteren allgemein von unliebsamen Personengruppen die Rede, die dann tatsächlich Angriffen oder gar der Vernichtung ausgesetzt waren. Lao She war nicht nur Opfer, er war gleichzeitig Täter in einer langen Kette von Unterdrückungsmaßnahmen, an deren Ende er selber als Geschädigter stand. Er hatte mit anderen eine Welt geschaffen, die in den 50er Jahren seine Weggefährten maßregelte, in den 60er Jahren seinesgleichen beseitigte und bis heute nicht aufgehört hat, Andersdenkende zu töten, zu vertreiben oder in die Gefängnisse zu werfen.

Dem Beispiel des Freitodes von Lao She folgten innerhalb einer Woche an die hundert Personen. Vielleicht ist dies ein Grund, warum der Park später aufgelassen und inzwischen durch einen Bahnwartungsabschnitt der U-Bahn ersetzt worden ist. Die heutigen Stadtpläne wissen weder etwas von einem Jishuitan-Park noch von einem Taipinghu. Dies ist verwunderlich, denn in Peking pflegt zumeist als Name noch zu überleben, was im Zuge der Modernisierung beseitigt wird. Dazu gehört auch das Viertel, in welchem Lao She aufgewachsen ist, nämlich der westliche Teil zwischen dem heutigen Xisi und Xinjiekou nahe dem Tempel Huguosi, der, wenn auch hinter Ladenfronten verschwunden, doch noch Straßenzügen seinen Namen gibt. Und wer von hier Richtung Zoo radelt, trifft bald auf Xizhimen, das ehemalige westliche Stadttor, von dem nur die Bezeichnung für Haltestellen und ähnliches blieb. Dort vor so häßlichen wie baufällig wirkenden Betonüberführungen findet sich unter ein paar Bäumchen, umgeben von dem Verfall überlassenen alten Häusern und im Anblick geschäftiger Abrißbirnen, eine Spur der versunkenen Welt des Lao She. Vogelliebhaber pflegen hier, besonders am Sonntagmorgen, inmitten des Straßen- und Baulärms ihre Käfige aufzuhängen. Meist sind es alte Männer, Verkörperungen einer Kultur, die nicht mehr gefragt ist und wie durch ein Wunder überlebt hat. Wie haben sie über die Jahrzehnte erschwerter bzw. verbotener Vogelhaltung die Gabe bewahrt, die Käfige beim Kommen und Gehen so zu schwenken (vgl. Kap. 1, S. 16), daß selbst der Fremde weiß, er hat einen Fachmann vor sich?

Vor dem Menschen hat man in der VR China in großangelegten Aktionen die Vögel als unnötige Esser und Gefahr für die Ernte getötet. Was in den 50er Jahren begonnen worden war, wurde in der Kulturrevolution vollendet. In ganz Nordchina traf man keine Vögel mehr, selbst in Südchina waren sie die Ausnahme. Begegnete man zum Beispiel in den Duftenden Bergen bei Peking jungen Männern mit Leimruten, so war ihre Aufgabe bis in die 80er Jahre hinein nicht der Vogelfang, sondern die Suche nach unbotmäßigen Liebenden, die sie durch ganz Peking zu verfolgen pflegten. Da sie mit ihren an Querstange und Gepäckträger längs befestigten Ruten für einen Wettkampf zu Rade wenig prädestiniert schienen, war ihnen gut zu entkommen. Doch inzwischen sind die Vögel nach Peking zurückgekehrt, nicht nur in die Käfige nahe Xizhimen oder gegenüber dem Freundschaftshotel, sondern auch auf freie Gelände wie zum Beispiel auf den Campus der Universität Peking. Und in der Luft vernimmt man wieder den wohltuenden Pfeifton, den Tauben im Flug mit ihren Flöten am Körper erzeugen. Ob damit auch die hohe Kunst der Vogelzucht, wie sie Lao She so liebe- und humorvoll in seinem Romanfragment beschreibt, zurückgekehrt sein wird, bleibt fraglich. Nicht nur unser Autor hat der genießerischen und übersteigerten Hingabe an die kleinen Dinge als unproduktiver Lebensweise eine Absage erteilt. Seine Generation verbat sich im Angesicht der allgemeinen Not die weitere ästhetische Perfektionierung von Vogelhaltung, Blumenarrangement, Fischzucht, Opernarien und ähnlichem. Sicherlich nicht ganz zu Unrecht, doch in Zeiten, wo die immer erfolgreicher betriebene Materialisierung des Lebens als höheren Wert nur noch den der Anpassung an die gegebene Ordnung zuläßt und wo die über Jahrhunderte gewachsenen Gassen mit ihren kunstvoll verzierten Hofhäusern eilig aufgeschütteten Betonlandschaften zu weichen haben, in Zeiten, wo man in Peking mit der Numerierung der alten Bäume begonnen hat, kommt vielleicht nicht nur dem Achten auf die Farben bei der Zusammenstellung der chinesischen Küche eine Bedeutung zu.

Lao She beschreibt oft kauzige Gesellen, doch die Mehrzahl von ihnen ist verarmt, ihnen bleibt nur die Freude an den einfachen Dingen, welche der chinesische Geist als Form der Selbstbescheidung über die Jahrhunderte kultiviert hat, sei es das Farbenarrangement der Taubenzucht am Himmel (Kap. 9, S. 153 f.) oder der klare Wintertag mit seiner klirrenden Kälte (Kap. 4, S. 59). So viel ist in Peking verlorengegangen, daß selbst die dort Lebenden schon nicht mehr um die Fülle der Verluste wissen. Sie werden die Begeisterung nicht nachvollziehen können, mit der unser Autor den blauen Winterhimmel oder die Frühlingsstürme entwirft. Heute schleudern die Hochhäuser aus ihren Schornsteinen Rußpartikel in die Luft, die den Horizont in ein fades Grau tauchen; der grüne Gürtel, im Norden als natürlicher Schutzwall gegen den Wind aus der Wüste Gobi angelegt, hält die Winde fern; so sind die Winter in Peking wärmer und unscheinbarer geworden, trist liegen sie über der Stadt, und wenn der Fremde von der einstigen Höhe des eisigen Himmels spricht, der mit seinem milden Licht monatelang Peking zwar einen der kältesten, aber dennoch schönsten Orte sein ließ, so wird er mitunter verständnisloses Gelächter ernten.

Lao She hat einmal den Humoristen als »Reisenden in einem fremden Land« bezeichnet. Mit seinem Roman

»Sperber über Peking« hat er eine doppelte Reise entworfen. Als Erzähler ist er in die entschwundene und damit fremd gewordene Welt der mandschurischen Bannerleute zurückgekehrt. Hier ist er nach dem chinesischen Mondkalender am 23. Tag des 12. Monats des Jahres 1898 (d. i. der 3. Februar 1899) geboren worden, und von hier ist er am Vorabend der 20er Jahre in ein neues Leben aufgebrochen: zunächst ins Schulwesen von Peking, schließlich nach der Rückkehr aus England als Dozent an verschiedene chinesische Universitäten, ehe er sich im Jahre 1936 als Berufsschriftsteller selbständig machte und nach 1937 in den Provinzen den Kampf gegen Japan auf kulturellem Sektor zu organisieren begann. Erst nach der Rückkehr aus den USA (1946–1949) sollte Peking bis zu seinem Tod wieder seine Heimat werden. Die zweite Reise ist in dem Roman den Bannerleuten vorbehalten: Sie stehen in einer Übergangsphase und gleiten wohl oder übel aus einer feudalistischen in eine um Modernisierung bemühte Welt, der Reformversuch von 1898 ist gescheitert, die Boxer erheben sich im Jahre 1900 gegen das mandschurische Kaiserhaus und die imperialistischen Mächte in China, das Ende der Qing-Dynastie (1644–1911) ist nur noch eine Frage der Zeit.

Die hier so detailliert, mal schwelgerisch, mal mit kritischem Unterton geschilderte genießerische Lebensweise der Mandschu ist Folge der sozialen Probleme, in welche die Bannerleute als Stand am Ende der Qing-Dynastie geraten waren. Bevor die Mandschu sich zur Eroberung des Ming-zeitlichen China (1368–1644) anschickten, hatte Nuerhaci (1559–1626) Militäreinheiten gegründet, die zunächst (1601) in vier, später (1615) in acht Banner gegliedert waren. Ihre Aufgabe bestand im Schutz strategisch wichtiger Punkte sowie in der Sorge für Recht und Ordnung. Diese Art Kadertruppen, welche bis ins 19. Jahrhundert hinein den entscheidenden Machtfaktor im eroberten China darstellten, waren äußerlich nach den vier Farben Gelb, Weiß, Rot und Blau eingeteilt und wurden weiter mit Hilfe eines Saumes unterschieden, indem man vor die jeweilige Farbe das Zeichen *zheng*, welches gegen seine Schreibung im dritten Ton gelesen wird, oder ein *xiang* setzte: so bedeutete zum Beispiel *zhenghong* »zur Gänze rot« und *xianghong* »rot mit weißem Saum«. Der eigentliche Titel des Romans »Zhenghong qi xia« (Unter rotem Banner) besagt also, daß die Familie des Lao She zu den Bannerleuten gehörte, die »zur Gänze rot« gekleidet waren. Nun war es den Bannerleuten, die ein festes Gehalt und eine feste Lebensmittelration bezogen, untersagt, ihre Truppe zu verlassen und einem anderen Lebenserwerb nachzugehen.

> »Während die Zahl der Bannerleute begrenzt blieb, nahm die Zahl der Mandschu jedoch unaufhaltsam zu. So konnten zwar die beiden ältesten Söhne einer Familie frei gewordene Posten besetzen und ihr Gehalt und die Reiszuteilungen bekommen – die nachfolgenden Söhne aber fanden keine Arbeit.«
> (Kap. 3, S. 47)

Unmittelbare Folge war ein Zweifaches: Auf der einen Seite nahmen Personen ohne militärische Fähigkeiten, die den Sinn ihres Lebens in der Vervollkommnung ästhetischer Gaben sahen (Kap. 1, S. 22), nur nominell Posten ein (vgl. Kap. 1, S. 16), auf der anderen Seite verarmte ein großer Teil, der dennoch krampfhaft darum bemüht war, den Schein zu wahren (Kap. 1, S. 27). Ab Kapitel 7 versucht der Autor einen Ausweg aus dem Dilemma aufzuzeigen. Fuhai nimmt wider die Etikette eine Arbeit an und wird Anstreicher (Kap. 3, S. 45), und Wang Shicheng, der Sohn des Geschäftsführers des Entenrestaurants, schmiedet Umsturzpläne (Kap. 7). Dabei fällt zwei Leitmotiven eine besondere Rolle zu: Es geht um die Christen in China und um das Ausländische an sich. Der Autor verfällt hier, was sonst weniger seine Art ist, in die Form der Satire, wie sie für den chinesischen Roman der Jahrhundertwende kennzeichnend ist. Die kurze christliche Phase gehört zu den bis heute unbekannt gebliebenen Episoden im Leben Lao

Shes. Es scheint jedoch so, daß auch nach der Abwendung vom Christentum zumindest die Gestalt des Pfarrers eine Art Trauma geblieben ist; sie läßt sich nämlich nicht nur in diesem Roman, sondern auch in zahlreichen früheren Werken nachweisen. Man kann hier nur mutmaßen, daß Lao She in England über mögliche Zweifel an bestimmten Kirchenvertretern zur Absage an den christlichen Glauben gekommen ist. Die Ausfälle gegen das Ausland, den Helden unkommentiert in den Mund gelegt, sind auf dem Hintergrund der Zeit verständlich, müssen jedoch in dieser Pauschalität bei jemandem überraschen, der lange in England und in den USA gelebt hat. Da hat sich ein Lu Xun viel differenzierter geäußert. Möglicherweise ist hier Lao She dem allgemeinen Verdammungsschema aufgesessen, das die chinesische Literatur besonders nach 1949 immer wieder hat provinziell aussehen lassen und oft dazu herhalten mußte, die selbstverschuldeten Zerstörungen zu verschweigen oder zu bemänteln. Es ist eine Art von Selbstbetrug, bis heute dem Ausland die Brandschatzung des Alten und Neuen Sommerpalastes vorzuhalten (vgl. Kap. 7, S. 122), ohne gleichzeitig auch von den viel größeren Verwüstungen zu reden, die Chinesen im Namen von Revolutionen seit 1912 in die Wege geleitet haben.

Lao She war es weder vergönnt, seinen Entwurf fortzuführen noch zu überarbeiten, dennoch hat er mit »Sperber über Peking« ein Werk hinterlassen, welches einzigartig in der neueren chinesischen Literatur das Peking mit seinen Menschen in den Jahren um 1900 einzufangen vermag. Er ist der letzte Bote einer entschwundenen Zeit, mit ihm hat Peking seine Wärme, seinen Humor, seine Erinnerung verloren. Die »Liebenden«, die jetzt nach Peking gehen, sind Reisende in einer fremden Zeit, sie blieben besser daheim und studierten die Bücher – nur hier ist Peking, was es einmal für Lin Yutang war: eine Stadt des Geistes.

Bonn, im Oktober 1991   *Wolfgang Kubin*

Benutzte Literatur

Cyril Birch, »Lao She: The Humourist in his Humour«, in: China Quarterly, Nr. 8 (1961), S. 45–62.

Irmtraud Fessen-Henjes, »Das dramatische Schaffen Lao Shes im antijapanischen Krieg (1937–1945)«, in: Berichte der Humboldt-Universität (Arbeiten ... zu Ehren der Professoren Fritz Gruner ...), Berlin o. J., S. 35–49.

Petra Großholtfort, Chinesen in London: Lao She's Roman Er Ma, Bochum: Brockmeyer 1985.

Alfred Hoffmann, »Vogel und Mensch in China«, in: Nachrichten der Gesellschaft für Natur- und Völkerkunde Ostasiens, Nr. 88 (1960), S. 45–77.

George Kao, Two writers and the Cultural Revolution. Lao She and Chen Jo-hsi, Hongkong: Chinese University 1980.

Volker Klöpsch, »Lao She«, in: Wolfgang Kubin (Hg.), Moderne chinesische Literatur, Frankfurt: Suhrkamp 1985, S. 366–373. (Zur Biographie und Bibliographie s. hier auch S. 473–475.)

Lao She, »Zhenghong qi xia« (Unter rotem Banner), in: Lao She wenji, Bd. 7, Peking: Renmin 1984, S. 179–306.

–, Das Teehaus, deutsch von Volker Klöpsch, Reinbek: Rowohlt 1980.

–, Das Teehaus, hg. von Uwe Kräuter u. a., Frankfurt: Suhrkamp 1980.

Shu Yi, Lao She zuihou de liang tian (Die letzten beiden Tage von Lao She), Kanton, Huacheng 1987.

Ranbir Vohra, Lao She and the Chinese Revolution, Cambridge/Mass. 1974.

Wang Huiyun u. a., Lao She pingzhuan (Kritische Biographie des Lao She), Shijiazhuang: Huashan 1985, bes. S. 332–345.

Wang Xingzhi, Meine Ansichten zu Lao She, in: minima sinica 2/1989, S. 156–159.

Wang Yi u. a. (Hg.), Life in the Forbidden City, Hongkong: Commercial 1985.

Chinesische Literatur im Verlag Herder

Ding Ling
Jahreszeiten einer Frau
Roman
144 Seiten, gebunden.
ISBN 3-451-22157-8

Duo Duo
Der Mann im Käfig
China, wie es wirklich ist
144 Seiten, gebunden.
ISBN 3-451-22055-5

Li Ping
Zur Stunde des verblassenden Abendrots
Roman
2. Auflage, 192 Seiten, gebunden.
ISBN 3-451-21154-8

Worte, die Berge versetzen
Weisheit der Chinesen
128 Seiten, gebunden.
ISBN 3-451-21823-2

Xiao Hong
Der Ort des Lebens und des Sterbens
Roman
160 Seiten, gebunden.
ISBN 3-451-21414-8

Verlag Herder Freiburg · Basel · Wien